Le Bulletin de l'Université de Miskatonic

5

LES ÉDITIONS DE L'ŒIL DU SPHINX
36-42, rue de la Villette
75019 PARIS, France
ods @ oeildusphinx.com
http://www.oeildusphinx.com

Illustration de couverture et iconographie par Emmanuel THIBAULT

© 2016 LES ÉDITIONS DE L'ŒIL DU SPHINX
ISSN : 16772-4457
ISBN : 979-10-91506-54-0
EAN :979 10 91506 540
Dépôt Légal: octobre 2016

Jacky FERJAULT

MOI, HOWARD PHILLIPS LOVECRAFT
A
NEW YORK

Biographie romancée

L'architecte Hoppin déclare que des gratte-ciels de cent étages pourront un jour devenir une réalité...

Jeudi 14 mars 1929

J'amène à l'embarcadère mon ami Samuel Loveman, venu passer quelques jours avec moi dans ma bonne ville de Providence. Comme d'habitude, entre deux excursions (à Boston, Salem, Marblehead), nous avons « refait le monde ». Je connais Sam depuis dix-sept ans. Il était alors militaire à Camp Gordon, en Géorgie, et je l'ai connu lors d'une de ses permissions, durant laquelle il assista à une réunion de l'United Amateur Press Association (l'UAPA), association littéraire où il fut mon parrain. Il réside aujourd'hui à Cleveland (Ohio), où il est commis en librairie, tout en écrivant de la poésie. Je lui vouais — et lui voue toujours — une admiration sans borne. Tout dans son attitude et dans son mode vie me donne à penser qu'en tant qu'Américain, il a renoncé à ses liens culturels avec le judaïsme. Sa sensibilité est douloureuse, mais ses nerfs et ses émotions sont profondément organisés. Un mot aimable a sur lui l'effet d'un baume, un mot cruel l'anéantit complètement...

Des lambeaux de brumes s'effilochent au-dessus des eaux calmes du port. Le printemps n'est pas loin, mais la température est encore fraiche. Tout en remontant le col de mon pardessus, je vois s'éloigner le ferry qui disparait peu à peu jusqu'à n'être plus qu'un point gris absorbé par le brouillard.

Je tourne alors les talons pour rentrer chez moi. C'est comme un retour à la réalité. Je me retrouve face à moi-même et à ce problème épineux que j'appréhende de devoir régler, moi, « l'honnête homme » — au sens qu'on donnait à l'expression au XVIIIe siècle — pas fait pour deux cents à traiter ce problème existentiel qu'est un divorce et que je dois pourtant conclure. Il est vrai que mon histoire conjugale peut sembler hors norme, mais elle est le reflet des personnalités, de l'atmosphère et des réalités du moment. Mon épouse et moi sommes séparés depuis quatre ans, après avoir vécu ensemble environ un an, par intervalles. Je reviendrai sur toute cette époque. Disons pour l'heure, que j'avais déjà comparu, à Providence, le 6 février (avec mes deux témoins : ma tante Annie Gamwell, et un ami, Clifford M. Eddy). Leur témoignage corrobora mon affirmation : ma femme m'avait quitté et je n'étais pas dans mon tort. Mais les chemins de la justice (et des justiciables) sont tortueux ! Notre façon d'agir était nécessaire. Des lois réactionnaires régissaient encore l'Etat de New York, où s'étaient déroulés les faits. Dans des Etats plus éclairés comme celui où je vis (le Rhode Island), les lois relatives au divorce autorisent des adaptations rationnelles lorsqu'aucune solution ne semble adéquate. Or, dans l'Etat de New York, les seules causes possibles de divorce sont soit l'adultère ou la condamnation à la prison d'une des deux parties, ou alors c'est l'annulation du mariage s'il avait été effectué « sous la force, la contrainte ou la fraude ». Aucun cas n'était adapté à notre situation. Nous nous étions séparés d'un commun accord. D'où notre subterfuge. J'ignorai si mon épouse s'était rendue le 1er mars à la convocation du juge. Et, alors que le soleil commençait timidement à caresser le haut des façades, je tentai, perdu dans mes pensées, tout en cheminant, d'asseoir mon raisonnement lorsque j'allai devoir me rendre à la convocation du même Tribunal. J'avais beau tourner et retourner le problème dans ma tête, j'en arrivai toujours à la même conclusion : pour moi, un gentleman ne divorce pas, c'est-à-dire n'appose pas signature au bas d'un document, sans raison. Et lorsque je poussai la grille du jardin, j'en arrivai à l'inéluctable conclusion que dans cette affaire, je tournais en rond.

Je mets dans l'évier les deux tasses du petit déjeuner que Sam et moi avons pris avant son départ, puis m'installe à mon bureau en attendant l'heure de passage du facteur. Je classe quelques papiers mais m'arrête très vite.

Cet épisode du divorce mit fin à ma période new yorkaise. Je ne suis plus revenu à New York que pour de courts séjours, principalement chez mes amis les Long, ou alors je n'ai fait qu'y passer pour aller ailleurs, vers le Sud. Providence, ma ville natale et mon lieu de résidence, est située sur la côte est des Etats-Unis, à environ quatre-vingt kilomètres de Boston, au nord, et trois cent cinquante kilomètres de New York, au sud. Mes activités littéraires, les seules que je sache faire, devaient fatalement, un jour ou l'autre, m'amener vers l'une ou l'autre de ces deux métropoles. Dois-je confirmer que je n'étais guère impatient de quitter ma bonne ville ? Songez que je n'ai pas dormi ailleurs que là avant mes vingt ans, pour la première réunion de l'United Amateur Press Association (UAPA), à Boston. C'est ce qu'on appelle être casanier !

Ce fut, comme cela arrive souvent, un concours de circonstances qui m'amena pour la première fois à New York. Une certaine Sonia Haft Greene, née Shafirkin, d'origine russe, m'avait été présentée, en 1917, par James F. Morton (je vous reparlerai de lui) lors d'une convention, de la National Amateur Press Association (NAPA), organisation littéraire concurrente mais — selon le terme consacré — néanmoins amie de l'UAPA. Peu de temps après, elle devint une fervente adepte de la cause amateur, qu'elle concrétisa en rejoignant, en août 1921, l'UAPA. Je me dois d'avouer que j'en étais alors le rédacteur en chef et que je l'y ai un peu poussé A ce titre, je la rencontrai régulièrement et la vivacité de son esprit aiguisé, réceptif et bien rempli, alliée à un impressionnant positivisme existentiel, en firent rapidement une amie précieuse au sein de l'Association. Elle résidait à Brooklyn (259, Parkside Avenue, à Flatbush, le quartier alors à la mode), gagnait, semblait-il, très bien sa vie, dans un magasin de prêt-à-porter pour femmes de la 5e Avenue. La chose vaut d'être signalé au moment, où, à partir de 1919, les prémisses d'une crise économique atteignirent les agriculteurs dont la production de blé, trop forte, entraîna une baisse des cours de plus de cinquante pour cent et où le coton fut de surcroît concurrencé par les fibres artificielles. Cette situation semble à première vue n'avoir aucun rapport avec la grande crise de 1929, mais elle en fut pourtant, en dépit des mesures de protectionnisme instaurées par le président Herbert Hoover, le détonateur. Pour l'heure, Sonia H. Greene, comme des millions de ses concitoyens, l'ignorait.

Un de mes amis, Reinhardt Kleiner, qui était entré en contact avec moi en mars 1915, lors de la sortie de ma revue amateur The Conservative, l'évoquait souvent dans ses lettres, car lui aussi résidait à Brooklyn et, à ce titre, la croisait souvent. Il m'écrivait entre autres, qu'elle lui parlait très souvent de moi. Elle lui déclara même une fois que, lors de notre première rencontre, elle avait admiré ma personnalité, mais franchement pas ma personne (sic). Reinhardt avait « pris des gants » pour me rapporter ce trait, mais je ne m'en offusquai guère. Je sais pertinemment que j'ai un physique ingrat (dégingandé, visage trop allongé) et, pour tout dire, je préfère de loin les jeux de l'esprit, indéniables chez ceux des individus qui les maîtrisent, à la superficialité d'un Apollon.

Et, lorsque j'y repense, je peux affirmer que c'est Sonia qui prit « les choses en main ». S'invitant à Providence les 4 et 5 septembre 1921 — elle prit une chambre au Crown Hotel — elle me rendit évidemment visite et fit à cette occasion la connaissance de ma tante Lillian, qui vivait avec nous depuis la mort de ma mère quatre mois auparavant.

Ce fut comme si les rayons de soleil avaient investi notre logis, d'ordinaire assez (trop ?) calme depuis que ma mère nous avait quittés, Sonia était vêtue d'une robe, à festons, bleu pastel, qui s'accordait tout à fait à ses cheveux blonds, serrés, que couronnait un bibi de feutrine d'un ton légèrement plus foncé que la robe. Le tiède soleil (le vrai celui-là) de la fin de l'été pénétrait dans le salon à cette heure de l'après-midi, et rehaussait l'éclat de notre visiteuse, que renforçait encore sa vivacité.

—   Howard, dear, j'espère que je ne vous dérange pas, au moins ?

Je n'eus même pas le temps d'amorcer une réponse qu'elle poursuivit :.

—   Ma visite doit vous surprendre, n'est-ce pas ? Eh bien quoi ? Dans le commerce, le samedi est un jour essentiel, non ?

Ma tante ne disait mot, certainement impressionnée par l'entregent de notre hôtesse. Recroquevillée dans un fauteuil, elle s'éclipsa rapidement, prétextant qu'elle allait préparer du thé. Sonia reprit :

—   C'est qu'on m'a adjoint depuis déjà quelque temps une jeune vendeuse, maintenant apte à me remplacer. Alors j'en ai profité ; d'ailleurs, dans mon secteur, on est dans le creux de la vague ; l'été se termine et les achats pour les fêtes n'ont pas encore démarré…

Nous prîmes le thé, agrémenté de chocolats de chez Gibson, bavardant surtout, elle et moi, des tribulations de nos associations littéraires, dont évidemment ma tante était exclue. La voyant ainsi délaissée, Sonia, comme pour se racheter, nous invita à dîner. Prétextant qu'elle ne mangeait que peu le soir, ma tante déclina l'invitation. Le courant passait peu entre les deux femmes, de tempérament différent.. Pour faire diversion et mettre fin à ce que je voyais comme le calvaire de ma tante, j'emmenai Sonia faire un tour dans Providence. Sonia était réellement douée. Admirer les ruines antiques de ma ville ne l'empêchait nullement de penser : à son travail, à l'écriture, au journalisme amateur. Ce n'est que dans le calme monacal du campus de la Brown University qu'elle se calma, tout en m'exposant un projet qui lui tenait à cœur :

— Howard, pourquoi n'organiserions-nous pas une convention de monstres et d'exotisme — ce furent ses propres termes — à New York. On contacterait Samuel Loveman, Alfred Galpin, Frank B. Long, Reinhardt Kleiner, James F. Morton...

Tous faisaient partie de l'Association et correspondaient avec moi. J'hésitai un moment, reconnaissant la beauté de l'idée mais j'ajoutai que cela me paraissait difficilement réalisable.

A l'heure de reprendre son train, je la conduisis à la gare. Avant de monter dans le wagon, elle me glissa :

— A bientôt, à New York, avec les autres...

Samuel Loveman était arrivé à New York le 1er avril, non seulement en réponse aux encouragements répétés de Sonia, mais aussi à la recherche d'une situation commerciale. Son hôtesse s'étant trouvée absente, il était si déprimé qu'il en était presque à rentrer chez lui immédiatement ; mais un de ses amis l'avait persuadé d'attendre dans un hôtel. Sonia Greene était rentrée deux jours plus tard et avait trouvé le malheureux, désespéré, sur le pas de sa porte ! Elle parvint à le réconforter quelque peu, mais pas à lui trouver de situation ; et le lendemain soir il était sur le point de repartir, en proie au plus sombre découragement. Sonia lui avait alors abandonné tout son appartement en descendant elle-même chez une voisine, mais même cette super-hospitalité ne semblait pas capable de le retenir. Alors, puisque le barde m'avait fait l'honneur immérité de souhaiter ma présence, Sonia m'avait appelé sur l'Inter, voyant là un expédient pour redonner du courage à son hôte. Vous pouvez imaginer ma joie extatique en entendant enfin la voix véritable du poète que j'admirais depuis sept ans — et à qui j'avais écrit un éloge en vers avant même de savoir s'il était vivant ou mort ! Ce fut une conversation merveilleuse, mais je ne me serais jamais attendu à voir de mes yeux la célébrité qui se trouvait au bout du fil. Il était résolu à rentrer immédiatement chez lui ! Mais James Morton et Reinhardt Kleiner, avec qui il était en rapport, insistèrent de leur coté ; et il décida de rester encore un jour. C'est ainsi que le 5 au soir j'avais été appelé par les forces conjuguées Loveman-Greene-Morton-Kleiner et invité à les rejoindre. La présence par la suite de mon jeune protégé d'alors, Frank Belknap Long Jr, fut promise et Loveman dit qu'il ne resterait à New York qu'à la condition que je vienne. C'est ainsi que je fis mon premier voyage hors du Rhode Island. Le tir groupé d'invitations de Sonia avait fonctionné. C'est la soudaineté et le caractère inattendu de la chose qui finit par emporter ma décision et je pris à Providence, le 6 avril 1922, le train de 10 heures 06.

Je passai le voyage de cinq heures à lire une œuvre de mon mentor Dunsany, dont j'avais encore en tête la conférence, à laquelle j'avais assisté l'hôtel Copley-Plaza de Providence trois ans plus tôt. Levant de temps à autre les yeux, j'observai les quelques voyageurs, peu nombreux, autour de moi et regardais défiler les gares. New London est un petit bourg crasseux — une relique de l'époque victorienne. New Haven vu de la gare semble vivant et important. De même Bridgeport. Peu après trois heures, lorsque le train atteignit le colossal et haut viaduc de Harlem River, je pensai, au vu du profil que la ville découpe sur le ciel, que l'homme est comme le polype du soleil — destiné à construire de vastes édifices, magnifiques, minéraux, pour que la lune se plaise à les éclairer après sa mort. Ainsi, pour moi, la seule sensation poignante dans la vie est celle d'émerveillement, de fascination et de terreur devant l'inconnu. C'est uniquement par chance que j'ai vu là ce panorama, unique — parce que le train était un express pour Washington. Les trains ordinaires pour New York passent par un chemin plus banal pour finir par entrer, comme le mien, dans Grand Central Station, « la » gare de New York, où nous sommes arrivés à l'heure prévue.

*

Il me tarde de découvrir enfin Grand Central auxquels tous les journaux avaient, dix ans plus tôt, consacrés des articles lors de sa construction. L'ensemble des bâtiments est impressionnant.

En suivant les pancartes indiquant la sortie, je traverse le hall, qui me paraît immense. Un brouhaha ininterrompu monte vers le plafond, très haut, et s'apparente pour moi au hourvari psalmodié d'une lointaine assemblée extatique.

Je devais être attendu par Sam Loveman et Sonia Greene, « devant la boutique de presse, à droite de la sortie principale », m'avait-elle précisé. Mais par suite de quelque erreur de calcul, il semble que le comité d'accueil se soit perdu dans le labyrinthe de cette vaste gare terminale. En l'attendant, je jette un œil par ladite sortie. Face à moi, le quartier de Murray Hill et la longiligne Lexington avenue. Je vois pour la première fois le contour cyclopéen de New York, sous le soleil de cette fin d'après-midi : c'est un spectacle envoûtant, un spectacle de rêve d'un gris pâle se profilant sur un ciel d'un gris fumée léger. La ville et le ciel sont si semblables qu'on ne peut être sûr qu'il s'agissait d'une ville — que ces tours et ces clochetons ne sont pas de pures illusions. Au bout d'un moment, ne voyant rien venir, je procéde à des recherches méthodiques qui me permettent finalement de faire surgir de terre Sonia Greene. Découragé, Loveman a regagné Brooklyn ! Nous utilisons le métro puis un des rares taxis jaunes en service à cette heure — j'ai droit aux précisions de Sonia, à savoir que la voiture qui nous transporte appartient à la Yellow Cab Company, créée sept ans plus tôt par un certain John Daniel Hertz — et nous battons ainsi Loveman sur le parcours menant au domicile de Sonia. Nous le rejoignons au moment précis où il gravit les quelques marches de l'entrée. Pour autant que je puisse en juger, car je dois m'occuper de mes deux valises, nous sommes à Brooklyn, dans le quartier chic de Flatbush, devant un immeuble à étages. Le rez-de-chaussée est en pierre de taille blanche et les étages en briques de grès rouges. Fenêtres à guillotines. L'appartement de Sonia est au deuxième étage, avec trois fenêtres qui donnent sur Parkside Avenue et deux sur une cour intérieure. Sonia, en parfaite maîtresse de maison, nous fait visiter : salon (avec canapé-lit à deux places), chambre à coucher, plus une chambre d'amis (avec cuisine et salle de bains). Cela nous donne six places à nous répartir ; Sonia nous laisse le choix.

Elle ira coucher chez sa voisine du dessous. Touché par tant d'efforts et de gentillesse, mais mus aussi par une action non désintéressée, Samuel et moi choisissons la chambre à coucher. Après tout nous sommes les premiers. Les autres (Frank et James) n'arriveront que demain (Alfred Galpin ne pourra venir, essentiellement pour des raisons professionnelles ou familiales). Après une rapide installation, le temps de poser et d'ouvrir les bagages), nous nous retrouvons pour dîner. Sonia nous invite dans un restaurant italien — pour moi qui ne cesse de pester, à Providence, contre les immigrés de Federal Hill, c'est bien ma chance. Je dois pourtant reconnaître que je tombe en pâmoison devant le minestrone que je déguste — pour la première fois (fontaine, je ne boirai pas de ton eau !) — accompagné de spaghettis et de sauce à la viande avec du parmesan, Idem pour la crème glacée (un gelatto) que je ne connaissais pas. Je décline néanmoins le vin que Sam veut m'offrir.

Nous esquissons alors les deux jours à venir :
— 		Moi je me lance à l'assaut de New York. Je veux tout voir »

C'est moi qui vient de parler, conscient tout aussitôt de ma naïveté qui fait se gausser mes amis.

— 		Impossible, Sir, lâcha Sam, péremptoire, avant d'éclater de rire. Je tente de me rattraper maladroitement.
— 		Je sais, je plaisantais. En fait, soyons précis. Je dois rencontrer impérativement George Houtain pour lui remettre le quatrième texte d'*Herbert West, réanimateur*.
— 		*De Herbert West, qui fut mon ami à l'université comme à la ville, je ne puis parler sans une irrépressible terreur,* se met à déclamer Sam, tandis que Sonia esquisse un sourire.
— 		C'est ma seule obligation. A part ça, je suis libre comme l'air.
— 		Où devez-vous le voir ? demande Sonia.
— 		A son bureau.
— 		Il est à Broadway, ce n'est pas tout près.
— 		Eh bien, cela nous fera une balade, dis-je.

Dans le même temps, j'observe l'homme de Cleveland, au costume de flanelle grise élégamment porté, qui a eu la délicatesse de nous demander avant d'allumer son cigarillo si la fumée ne me dérangerait pas.. Par politesse nous avons répondu non, mais en fait j'attends pour ma part avec impatience que le tabac finisse de se consumer pour être débarrassé de cette fumée qu'en tant que non fumeur, je dois subir.

Pour éclairer votre lanterne, j'écrirai deux mots sur *Herbert West, réanimateur*. On m'a souvent dit que ce texte traduisait l'évidente influence qu'avait faite sur moi le *Frankenstein* de Mary Shelley. Je leur réponds qu'une influence globale peut peut-être seule s'en dégager car dans le détail les deux récits sont très différents. Herbert West cherche à faire revenir à la vie des êtres tout juste décédés, alors que Frankenstein est constitué par l'assemblage de morceaux de corps. Fermons la parenthèse.

Avant que Morphée ne s'empare de moi, je songe à celui que je vais revoir demain : Frank, que j'ai rencontré deux ans auparavant, alors qu'il avait tout juste dix-neuf ans. Il étudiait alors le journalisme à l'université de New York, où il résidait (à New York, pas à l'université) chez ses parents (son père est dentiste) dans le quartier chic de l'Upper West Side, à Manhattan.

Le bruit d'une clé dans la serrure de la porte d'entrée nous annonce l'arrivée de Sonia.
—　　Bien dormi, les garçons ? lance-t-elle à la cantonade.
—　　Je suis sous la douche et Samuel est en train de s'habiller.

Sans attendre notre réponse, notre hôtesse poursuit :
—　　Je vais préparer le petit déjeuner, ça fera venir Frank Long.
—　　Et Morton ? m'enquiers-je.
—　　Il n'arrivera que ce soir ; impossible pour lui d'être là ce matin…

Afin d'évacuer un peu la vapeur d'eau qui résulte de mes ablutions, j'ouvre un peu la fenêtre de la salle de bains. L'air est frais. J'aperçois, au-delà de quelques immeubles, une importante ligne de frondaisons qui me barre la vue.

Enfin vêtu, je découvre Sonia, jupe et manteau léger, court, au mollet, chapeau à large bords des conquérantes, en train d'installer un bouquet de roses thé dans leur vase, sur la commode du salon. Je remarque le long du mur opposé à la porte, un joli secrétaire aux courbes élégantes, et, dans l'autre angle du mur, un piano droit, fermé, auxquels je n'avais pas prêté attention.

—   Vous regardez le piano...
—   Vous savez jouer ?

Elle hésite.
—   Un peu...mais il y a longtemps que je n'y ai pas touché. Mon travail ne m'en laisse guère le temps. Et vous, vous savez jouer ?

Mon silence vaut réponse et je détourne la conversation.
—   Sonia, ma chère, ces arbres qu'on voit depuis votre salle de bains...
—   C'est Prospect Park, idéal pour faire une bonne balade.

L'heure tourne. Il nous faut sortir et explorer, autant que faire se pourra, New York. Je dis que je dois assurer ma visite chez Houtain. Sonia me lance alors un vigoureux et sibyllin « Ah, vous êtes en affaires avec lui ? Curieux... »

Je n'en saurai pas davantage. Sam dit qu'il va m'accompagner et qu'il me servira de guide. Sonia part de son côté. Nous décidons de nous retrouver vers midi trente, à Manhattan Bridge, côté Rutgers Park.

Le groupe s'ébroue. Sonia prend le métro. Sam et moi grimpons dans un omnibus jusqu'à son terminus, Madison Square, et de là, après quelques dizaines de mètres à pied où le froid vif du matin nous saisit, nous investissons un tramway, véhicule fermé, très ordinaire, que j'estime dater d'environ 1895, et qui ressemble tout à fait à un petit tramway de Providence à la différence que son trolley se trouve en dessous, sans doute pour atteindre, à l'instar des pinces des funiculaires, les gouffres infernaux. A l'abri de la fraîcheur piquante, je vois le paysage se transformer peu à peu. Les larges avenues parsemées de verdure s'étrécissent peu à peu tandis que les zones semi-pavillonnaires cèdent le pas à des immeubles dont je ne peux voir le sommet, ma vision étant limitée par le toit du tramway. Sam me montre City Hall, dont la beauté classique, bien que le bâtiment date de 1812, me semble immortelle, et au fronton, duquel flotte au vent léger la bannière étoilée. Nous laissons notre mode de locomotion à Broadway. Je ne peux m'empêcher de lever la tête. Là-haut, tout là-haut, il y a le carré de ciel bleu, traversé de temps à autre par quelques nuages blancs. Les gratte-ciel offrent un spectacle vraiment unique, mais nous ne nous sommes pas venus pour cela. Nous nous dirigeons vers le 206, Broadway et cherchons un moment l'entrée de l'immeuble, noyée au milieu des magasins qui donnent sur une galerie couverte ; cette façade extérieure de l'immeuble repose sur des colonnes dénudées et sans grâce aucune. Le bureau de Houtain est un local étriqué au neuvième étage d'un building que la tour Woolworth toute voisine domine en le faisant paraître minuscule. Quelques rares voitures automobiles de standing, un immeuble en pierres de taille, massives. Et là, à la sortie de l'ascenseur, une bimbo réceptionniste à la voix étriquée m'assène : « M. Houtain est en rendez-vous et ne peut vous recevoir ». Néanmoins, elle me transmet une carte manuscrite. « M. George-Julian Houtain vous prie de dîner avec lui demain soir samedi 8 avril. » Mais le rire de G. Julian, lui, qui traverse la cloison, n'a rien d'étriqué ! Comme toujours, à se tenir les côtes !

Nous quittons les lieux, un peu dépité, car nous devons rejoindre les autres.

Sur le trottoir, je déclare tout de go :
—   Houtain me recevra donc chez lui...
—   Où ?
—   Chez lui, 1128, Bedford St., même si Sonia Greene me chasse à coups de pied du 259, Parkside !
—   C'est osé, rétorqua Sam, un peu embarrassé parce qu'il se trouve que, pour une raison que j'ignore, Sonia déteste Houtain et qu'elle n'est pas contente que les autres ne soient pas du même avis.
—   Le vieux Theobald ne perd pas de temps à se faire du mauvais sang, car un véritable cynique se soucie comme d'une guigne de ce que pensent les autres, dis-je. Si Sonia a une objection à faire, je l'autoriserais à aller en enfer se plaindre au Diable ! Aucun être humain, même de valeur et généreux, ne peut dicter au Vieux Gentleman le nom de ceux avec qui il pourra entretenir des relations ! Houtain est peut-être

un débauché d'une façon pour ainsi dire nietzchéenne, mais je devrais m'en préoccuper ? En ma qualité d'immoraliste trop languissant et indolent pour être moi-même immoral, je dois avoir un ami immoral pour soutenir ma réputation de cynisme vicieux — et Houtain est l'oiseau le plus amical sorti de la prison ! Amen.

Sam reste coi, mais il n'en pense peut-être pas moins. Il est onze heures quinze. Prévenant, il me guide jusqu'à Bedford St., car le lendemain j'irai seul, puis nous décidons de rejoindre Sonia à pied, par de petites rues (je me rappelle Madison St., où nous nous sommes arrêtés cinq minutes durant lesquelles Sam confia ses chaussures à un petit cireur contre une pièce de dix cents). Sam m'explique alors que l'atmosphère d'inimitié qui se dégagea des récits que fait Houtain de ses heurts avec différents amateurs le déprime.

Il ajoute :
— 	Sonia, elle, réagit autrement. Mais vous faîtes ce que vous voulez...

Ayant rejoint Sonia qui nous attendait « depuis cinq minutes », assure-t-elle, nous déjeunons chez Childs, un restaurant, bon marché. Cela arrange bien mes finances déjà ric-rac. C'est néanmoins bon. Je déguste un chili con carne mais Sonia me laisse songeur en commandant ce que nous autres Anglo-saxons dénommons d'ordinaire *fish and chips*.

De là, nous revenons sans encombre à Parkside, et Loveman pousse un soupir de soulagement quand il s'aperçoit que Sonia peut aimablement survivre au choc subi en apprenant que non seulement nous ne nous sommes pas contentés d'aller chez Houtain, mais encore que j'ai accepté son invitation à dîner pour le lendemain soir.

Nous sommes presque aux trois-quarts d'un excellent dîner préparé par Sonia — décidément fin cordon-bleu. La discussion roule alors sur ses pérégrinations matinales — marché aux fleurs du côté de Chatham Square et salon de thé) lorsqu'un vrombissement nous attire à la fenêtre

Que sonnent les clairons, que battent les tambours, l'incomparable Morton arrive sur son char, à savoir dans une imposante Chevrolet !

Il a la cinquantaine. Il est trapu et costaud, avec des cheveux roux en bataille. Je ne vais pas tarder à m'apercevoir qu'il possède une érudition prodigieuse et un pedigree plus que remarquable.. Tour à tour diplômé de Harvard, journaliste, conférencier, professeur de généalogie, publicitaire. Il a correspondu avec Jack London. Il est domicilié à Harlem et est un farouche adversaire de la ségrégation raciale.

C'est néanmoins un excentrique : un antique col de celluloïd, avec lavallière, s'il vous plaît, chapeau de feutre à calotte ronde en forme de dôme, et guêtres blanches. Ses poches pleines d'objets hétéroclites, lui donnent ce côté gentil, vieillot, qui traduit le charmant « personnage ».

Et, cerise sur le gâteau, je découvre alors, comme une révélation, que, lui aussi — ô horreur — a une moustache !

A peine arrivé, il insiste, sa dernière bouchée avalée, pour nous emmener à une « soirée musicale », qui lui tient à cœur, chez un ancien membre de l'United — une certaine Adeline E. Leiser. —En aparté, Sam me confie que la plupart des amateurs locaux, y compris notre charmante hôtesse, ne sont pas trop enthousiastes parce qu'ils n'ont pas été invités. Cela ne nous paraît pas très engageant, à Loveman et à moi, mais que n'aurions-nous pas fait pour notre cher vieux Jim. Le fait est qu'on nous battit frais. Nous rentrons assez tard, et décidons rapidement que le lendemain samedi sera le jour de visite des monuments.

Alors que Sam est déjà endormi, je repense à James. Dans un certain sens, c'est un personnage pathétique. Toujours animé par un idéalisme futile et don-quichottesque et par la détermination d'être fidèle à ses convictions, je me dis qu'il a gaspillé un cerveau magnifique sur des absurdités radicales, qu'il a dilapidé une forte vitalité en embrassant des causes douteuses et qu'il s'est aliéné la plupart des gens dont il mérite vraiment le respect en se faisant l'avocat conscient d'idées inacceptables. Son seul désir primordial — celui de s'exprimer poétiquement — n'a pas été exaucé par manque de don naturel ; et grâce à son esprit critique il s'en rend compte d'une manière tragique. A présent les années s'accumulent sur sa tête et on ne le prend plus aussi au sérieux qu'autrefois. Il a été mystifié au lieu d'être combattu — parce qu'il a acquis un bon caractère au lieu d'être emporté. Il est pauvre et solitaire et il commence à réaliser maintenant que le monde l'a laissé de côté, lui, James Ferdinand Morton Jr, bachelier et licencié de Harvard, petit-fils de S. F. Smith et descendant de ces Morton qui furent les plus grands propriétaires terriens dans la New-Towne de la même colonie de la Baie du Massachusetts, et qui ont donné leur nom à Morton Street dans le centre de Newton. Cher vieux lourdaud !

En aparté, Sonia m'avouera que, tout récemment, il s'est mis à croire au mariage et qu'il s'offre à peu près une fois par semaine à une épouse potentielle — mais, hélas, le beau sexe est inconstant — et elle me fait comprendre que maintenant qu'il est devenu gros et vieux, il ne fait plus grande impression. Et je ne tarde pas en effet à m'apercevoir qu'après lui avoir donné la formation intellectuelle la plus importante qu'elle ait sans doute jamais reçue, elle le considère désormais avec une impatience croissante, qu'elle menace de transformer en éviction complète. Je n'aime pas qu'une étrangère traite d'une façon aussi cavalière un pur Anglo-saxon ; mais toute l'humanité ne procède-t-elle pas ainsi ?

Sam et moi sommes réveillés de bonne heure. Nous faisons le moins de bruit possible (je griffonne un mot que je pose bien en évidence sur la table du salon demandant aux autres de nous rejoindre vers neuf heures trente au pied du Woolworth Building — c'est le seul endroit que je connaisse à New York ! — et nous nous échappons. Après un café vite avalé dans un coffee-shop non loin de chez Sonia, Samuel, grand amateur de livres, m'emmène à Vesey St., pour « faire » les bouquinistes. C'est dans la Battery, dans le West Side, et dans la brume qui se lève, on aperçoit, çà et là entre les docks, l'Hudson. Mais nous sommes venus pour les livres et ne nous en privons pas. L'odeur douceâtre qui monte du fleuve se mêle au parfum suranné du vieux papier. Et j'en profite pour dénicher quelques vieux bouquins — que je vais devoir trimballer avec moi toute la journée — sur mon cher Edgar A. Poe.

Pressé par l'heure, nous devons quitter ce lieu plus que sympathique. Je me promets d'y revenir et nous gagnons à pied notre lieu de rendez-vous, tout proche.

Et qui pouvait demander un meilleur guide que le nôtre — le bon vieux Kleiner, maigre brooklynien aux cheveux touffus, qui rejoint le groupe pour notre balade.

J'ai connu Reinhardt en 1916 — il avait alors vingt-quatre ans — à l'occasion d'une convention à Boston. Il est comptable à la Fairbank Scale Company. Ce qui m'a toujours sidéré en lui, c'est son style guindé, doublé d'un abord des plus sympathiques.

Une équipe d'entretien du Woolworth Building, 1926

Woolworth Building, 1er juillet 1912

Ainsi rassemblé, la première chose que décide le groupe est de monter tout en haut du Woolworth Building. Il en coûte un demi-ducat par croquant, et ça vaut bien ça. Manhattan, Brooklyn, Jersey City s'étendent à nos pieds, au-delà de la High Line, ligne de chemin de fer en construction le long de l'Hudson River, avec au loin la statue de la Liberté — en fait, je dis à Mortonius que ceux qui ont dressé les plans de la ville ont fait un excellent travail en rendant cet endroit presque aussi réussi que la carte qui se trouve chez moi dans mon Atlas Hammond.

James l'érudit en profite alors pour me faire un petit cours d'histoire : « *Ce fut en 1811 que la fameuse grille de Manhattan fut créée, avant d'être étendue aux autres* boroughs. *Un réseau de douze avenues et de cent cinquante cinq rues, alors critiqué pour sa rigidité, permit de faciliter le développement urbain grâce à la logique d'îlots simples à bâtir. Le zoning apparut en 1916, lorsque le premier plan d'urbanisme lui fit la part belle en favorisant l'émergence des fameux gratte-ciel à gradins, tels le Chrysler Building, afin de laisser passer la lumière naturelle dans la rue.* »

Au sommet du Woolworth Bdg, l'air est vif et revigorant. En principe. Pourtant, au bout d'un moment, je vois Sam s'éloigner ostensiblement d'un pas mal assuré. Il a le vertige. Je ne l'ai plus. Mais Dieu sait le mal que je me suis donné quand j'avais dix ans pour triompher de ma tendance native à avoir le vertige en altitude ! J'ai marché sur des chevalets de ponts de chemin de fer, et Dieu sait quoi ! Mais je m'écarte de mon sujet.

La fraîcheur finissant par avoir raison de nous, et malgré la beauté du panorama, nous descendons et partons, toujours à pied, pour Financial District, le quartier de la finance, le cœur de la ville à l'époque hollandaise et au début de l'époque britannique dans le vieux New York : Chase Manhattan Bank, nom évocateur...

Après un déjeuner frugal et rapide, nous gagnons, à l'initiative de Reinhardt, d'un coup de tramway, le pont de Manhattan.

Grandissime chose que ce pont et la vue qu'on a sur l'horizon de New York. Je fais immédiatement amende honorable auprès de Klei en reconnaissant les beautés de sa ville. Elle surgit de l'eau, froide, fière, magnifique ; une cité orientale merveilleuse au point de s'apparenter aux montagnes. Elle ne ressemble à aucune autre ville de la terre, car au-dessus de la brume mauve se dressent des tours, des clochers, des pyramides comme on n'en imagine que dans les pays de l'opium au-delà de l'Oxus ; des tours, des clochers et des pyramides qu'aucun homme ne peut bâtir mais qui s'épanouissent, délicats comme des fleurs ; des ponts que les fées remontent pour gagner le ciel ; des visions de géants qui jouent avec les nuages. Seul Dunsany pourrait créer l'équivalent, mais seulement en rêve. Et tout en contemplant ce spectacle fantomatique et merveilleux, je me mets à déclamer, porté par l'inspiration et emporté par l'élan, pour les sages, cois eux aussi, qui m'entouraient : « *Regardez la beauté de la terre, qui est minérale, titanesque et glacée ; lisse comme un palais de glace dans le pôle boréal le plus lointain, qui n'a rien en lui de l'homme. C'est pour cela que le monde est né, et la lune contemplative. Et de même que des insectes qu'on n'a pas vus et qu'on n'a pas chantés ont construit dans les mers chaudes cette chose ravissante qui est le corail, ramifié et splendide, les insectes qu'on appelle hommes, peu vus et peu chantés, ont dressé vers le ciel ces clochers de pierre palpitante. Soyons patients. Les insectes ne grouilleront pas longtemps sur la terre, mais la beauté qu'ils ont créée durera. Et quand le monde sera de glace et le ciel éteint, et cette plaisanterie qu'on appelle la vie oubliée depuis longtemps, alors les étoiles rougeoyantes boiront dans ces fleurs muettes de pierre la joie et la beauté qui ont été créées pour faire les délices des étoiles.* »

Les ponts de Brooklyn et Manhattan

Fascinés autant par le spectacle que par mon délire verbal, mes amis demeurent silencieux. C'est Klei qui lance les applaudissements, suivi de peu par James, juste avant que les autres se joignent à eux.

Je savoure mon effet. Des quidams passent à côté de nous, nous lorgnant d'un air amusé et surpris.

A nouveau le métro — en direction de Brooklyn. Nous descendons à Montague Station St., dans le vieux quartier résidentiel qui est dans le monde entier la seule réplique de Back Bay à Boston. Pour un cent j'aurais juré que j'étais à Beacon Street, entre les hôtels de briques. J'y découvre un jardin abandonné et une volée de marches interrompues, qui me transportent par la pensée en des abysses insondables.

Parti de chez Sonia vers dix huit heures trente, mon manuscrit sous le bras. Je sors du métro à Houston St., remonte quelque peu Hudson St. où j'acquiers, dans un kiosque et avec une nonchalance étudiée, le dernier *Home Brew*, que j'ai l'habitude d'appeler « le vil torchon », ce que je me garderai évidemment bien de faire en présence d'Houtain, chez lequel je me rends. Je vérifie que je figure en bonne place avec le quatrième épisode d'*Herbert West*.

En fait, notre rencontre fut un peu le fait du hasard. George-Julian, avocat et écrivain amateur, publiait déjà le fanzine *Zenith* lorsqu'il décida de lancer Home Brew, mensuel professionnel qu'il voulait piquant (*sic*) — 25 cents l'exemplaire, abonnement annuel 2, 5 dollars ; et pour cette entreprise ambitieuse il m'avait sollicité ainsi que James Morton, Reinhardt Kleiner et d'autres. En ce qui me concernait, il avait voulu une série de six histoires de terreur, toutes axées sur le même personnage central ! J'avais d'abord refusé ; car une œuvre de fiction écrite sur commande n'est pas de l'art, tandis que toute série implique un forçage et une répétition tout à fait anticlassique. Mais sur l'insistance de ce jovial et braillard rédacteur en chef, j'avais cédé et m'étais embarqué, bien que j'eus au début des doutes sérieux sur le succès du magazine, dans une affreuse succession d'histoires et de narrations portant le titre générique *Herbert West — réanimateur*. Houtain m'avait dit : « Vous ne les ferez jamais trop morbides », et je l'avais pris au mot ! Deux épisodes étaient déjà terminés qui avaient été publiés. En tout cas si le fanzine avait du succès, c'était là une excellente occasion d'acquérir une réputation de diabolisme sinistre ! J'avais même prévu que dans le dernier épisode, tous les cadavres imparfaitement ressuscités par West reviendraient pour l'exécuter de façon horrible.

Mon salaire ? Cinq dollars pour chaque histoire de deux mille mots, soit quarante cents par mot : prix très moyen, mais il faut bien que je commence ma carrière professionnelle.

Je dois donc remettre à Houtain le cinquième épisode d'*Herbert West*. Mais je veux aussi en profiter pour mettre certaines choses au point. En effet, dans un récent *Zenith* (son autre fanzine), il a sorti un papier pour faire état de ma contribution à *Home Brew*, dans laquelle, avant de faire l'éloge de mes prétendues qualités d'écrivain — nous sommes tous entrainés à cette agréable flatterie qui remonte le moral de l'auteur obscur — il s'est laissé aller à me définir comme un hypocondriaque robuste condamné à l'indolence par des parents indulgents.

L'immeuble, de cinq étages, qui lui confèrent une taille humaine, avec ses grandes baies vitrées, dont certaines sont déjà éclairées, est situé à un carrefour. Devant lui, des feux de trafic se balancent au bout de grandes perches.

Dans l'ascenseur, je mets ostensiblement *Home Brew* sur le dessus de mon manuscrit avant de rectifier la mise de mon chapeau.

Et c'est Houtain lui-même qui vient m'ouvrir la porte, me saluant d'une vigoureuse poignée de main, et qui m'introduit dans le salon, où il me désigne un canapé.

—   Asseyez-vous. Excusez-moi, dit-il. Quelques petits détails d'intendance à régler...

Il disparait par un couloir.

Tout semble ici démesuré : la taille du salon, les meubles qui le garnissent, la baie vitrée d'où l'on a une vue sur l'Hudson, au-delà des immeubles moins haut qui nous séparent du fleuve. Une lumière clignote qui semble un instant m'hypnotiser. Puis je remarque dans un angle de la pièce, un immense bouquet d'arums, dans un grand vase blanc posé sur un guéridon élancé. Par contre, peu de tableaux sur les murs, blancs eux aussi. L'ensemble dégagea une impression de calme luxueux. Un avocat gagne bien sa vie à New York en ces temps de Prohibition... Sur la table basse devant laquelle je suis assis, je lis un court article du *New York Tribune* du 18 février. « *Le Ku-Klux-Klan a fait dimanche une forte percée en affichant un millier de membres dans l'une de ses sections. Nos gens de couleur n'ont qu'à bien se tenir. En temps de paix, préparez la guerre. Bien que la règle vaille également pour les Catholiques et les Juifs... tout retombera sur les Nègres...* »

Le retour de Houtain met fin à ma lecture. Avouerai-je en mon for intérieur que je partage l'avis du chroniqueur ? Houtain me désigne le *Home Brew* que j'ai posé sur la table basse.

—   Il vous plaît ?
—   Je ne l'ai pas encore lu...
—   Vous verrez, ça a de la gueule.

Il est en costume croisé noir à fines rayures blanches. Cravate grise unie sur chemise blanche. Classieux. Je lui confie mon manuscrit.

—   Bien. Vous savez que j'en ai de bons retours ? Au fait, mon épouse s'excuse. Elle ne peut être présente. Une conférence...

Je l'excuse bien volontiers. Dorothy MacLoughlin n'est pas, littérairement parlant, ma tasse de thé.

Il reprend :
—   Ah ! Je suis fourbu. Toute la matinée au Palais, l'après-midi à mon bureau. Mais la tâche est exaltante. Alors, comme ça, vous vous êtes décidé à quitter Providence...
—   Oh, je ne suis ici que pour peu de temps.
—   Vous avez raison. La vie ici est trop... (il cherche son mot) trépidante. Puis passant du coq-à-l'âne :
—   Vous savez ce que nous allons faire ? En venant j'ai fait un détour à Chinatown, chez un traiteur. Nous allons manger chinois... Vous aimez ?

Je bredouille quelques mots, certainement incompréhensibles. En fait je n'ai jamais mangé chinois.

Il me désigne une table ronde :
—   Vous voulez bien m'aider à mettre la table. Tout est sur la desserte, là. Moi, je vais chercher les plats.

Je fais de mon mieux pour dresser les deux couverts, en m'inspirant de ce que j'ai vu faire par ma mère et par Sonia. Il revient, poussant une petite table roulante garnie de tout un tas de petits plats. On dirait presque une dînette de poupées.

Jugeant de mon embarras, lorsque nous sommes assis, il me désigne ce qui est froid, ce qui est chaud et me dit :
—   Tout est là ? Vous picorez à votre guise ? Au fait, vin ou thé ?

Il est patent que j'opte pour le second breuvage. Mais toute cette mise en scène ne doit pas me faire perdre de vue la raison de ma venue (outre la remise de manuscrit). « Attention, Howard, me dis-je, du doigté, ne chausse pas tes gros sabots. »

Je m'enhardis.
—   M. Houtain, j'ai lu le dernier *Zenith*...
—   Appelez-moi, George…

Je reprend :
—   George, j'ai lu le dernier *Zenith*...
—   Ça vous plait ?

Je ne sais s'il me parle du repas ou du fanzine. La peste soit des avocats, toujours prompts à vous déstabiliser. Je m'accroche et feins donc de penser qu'il évoque son *Zenith*.

—   J'ai lu avec intérêt l'article que vous m'avez consacré. Je vous en remercie d'ailleurs. Mais il y a quelques inexactitudes...
—   Vraiment ?
—   Vous savez, je suis très loin d'être un hypocondriaque choyé...
—   Ne vous inquiétez pas. Ce n'est qu'une tournure de style.

— Mais vous donnez au lecteur une fausse impression de moi.

— Je vous l'accorde, mais est-ce si grave ? Vous savez, l'important est que l'on sache que vous existez et qu'il faudra désormais compter avec vous et avec votre talent, lâche-t-il en s'essuyant les mains sur sa serviette comme s'il se souciait comme d'une guigne de ce que je lui dis.

— Vous savez, M. Houtain, pardon, George, si vous connaissiez mes luttes répétées contre les maux de tête dévastateurs, mes accès de vertiges, et les crises de quasi-impossibilité à me concentrer qui m'assaillent de tous côtés, si vous saviez avec quelle hâte fébrile j'essaie d'utiliser pour travailler le moindre moment dont je puisse disposer, vous seriez moins enclin à ranger mes maux dans la catégorie des affections imaginaires.

Il ne répond pas, me regarde avec l'air d'une poule qui a trouvé un couteau. Est-ce l'aveu ou l'audace avec laquelle je l'ai proféré ? Quoi qu'il en soit, j'en profite.

— Je ne me déclare pas arbitrairement invalide à cause d'une hérédité nerveuse. L'état dans lequel je me trouve n'est que trop visible — l'hérédité ne représente que l'un des facteurs pouvant l'expliquer. Mon grand-père paternel a dû se retirer de la vie active à cause d'une crise de dépression, mon grand-père maternel est mort en 1904 à la suite d'un choc, mon père est mort dans un sanatorium en 1898 après cinq ans de paralysie complète, et ma mère nous a quittée l'année dernière, elle aussi après une seconde crise de dépression nerveuse.

Je m'arrête. N'en ai-je pas trop dit ? Ce n'est certes que la vérité mais j'ai soudain l'impression d'avoir tout fait pour qu'on s'apitoie sur mon sort. Mon interlocuteur avait l'air sonné, comme un boxeur en difficulté. Sans mot dire, il repousse son assiette vide et s'allume un cigare. J'ai apprécié le repas mais je ne peux en dire autant de la fumée du tabac que je chasse d'un revers de main.

— Excusez-moi. J'avais oublié que vous ne fumiez pas.

Il se lève, va entrouvrir une des fenêtres de la baie vitrée et m'invite — je l'ai suivi — à regagner le canapé du salon.

— Excusez-moi, lance-t-il derechef.

Encore ! C'était une manie !

—　　Mes informations étaient inexactes. Voulez-vous que nous tentions un rectificatif dans le prochain *Zenith* ? Je vous promets de vous le faire lire avant publication. Que voulez-vous, ajoute-t-il comme pour se disculper, mes sources n'étaient pas fiables...

Erreur funeste pour un directeur de revue. Se contente-t-il d'autant d'approximations pour ses plaidoiries ? Je suis pris entre deux feux. En rajouter et prendre le risque de mettre de l'huile sur le feu quant à ma petite personne ou se taire, laisser les choses en l'état : situation paradoxale pour quelqu'un qui veut et doit se faire connaître. Je choisis pourtant cette deuxième solution. Je dois me faire connaître par mon talent d'écrivain et non par les soubresauts de la vie privée.

—　　Nous vous y aiderons...

Je ne suis pas dupe de ce ton paternaliste. Tant qu'un écrivain suera sang et eau et passera des heures à tenter de sortir de lui ce qu'il a de mieux et qu'en face, un éditeur à la petite semaine décidera, seul, d'un trait de plume, que ça ne vaut pas un pet de lapin, le premier n'éprouvera que déception et rancœur face au second, dont les chevilles auront grossi parce qu'il aura dit : *alea jacta est.*

Veni, vidi. J'ai déposé mon manuscrit, j'ai dit ce que j'avais à dire. *La messe est dite.* Nous n'avons pas parlé — je l'ai voulu ainsi — des tribulations entre l'Association et le sieur Houtain. Prétextant que je ne voulais pas rentrer trop tard — Brooklyn n'est pas très sûr la nuit — je prends congé, non sans avoir remercié mon hôte. Lorsque j'arrive au pied de l'immeuble où réside Sonia, j'ai la surprise de voir Samuel, assis, pensif, sur les marches qui mènent au hall d'entrée, flanqué d'un chien, à pois blancs et noirs, accroupi à ses pieds.

Devant mon étonnement, Sam soupire :
—　　Je ne peux pas dormir… (il me désigne le chien) lui, il est venu tout seul…

La réunion de deux âmes esseulées sans aucun doute. Samuel se lève pour rentrer avec moi. Le chien reste là, assis sur son arrière-train, à nous regarder.

Dimanche matin, Sam et moi — couchés tard, levés tôt — partons par Washington St., explorer Prospect Park, charmant petit écrin de verdure à quelques encablures de l'East River. Assis sur un banc, nous chauffant au soleil naissant, nous y donnons à manger aux écureuils, guère farouches, grâce à Sam qui consent à dilapider un des croissants acquis en cours de route. Et puis nous parlons littérature, livres plutôt, pour être plus précis. Samuel me parle de sa passion première : l'acquisition de livres anciens et rares. Il faut croire qu'il est assez éloquent pour éveiller — que dis-je — susciter mon intérêt. Il s'en aperçoit et me dit qu'il m'invite sans réserve pour me « faire visiter son antre ».

Evitant d'avoir le soleil en face, je prends quelques photos du parc, de Sam. Il n'est pas loin de midi et nous décidons de rentrer. A notre retour nous apparaît la nouvelle célébrité qui va constituer notre principal foyer d'intérêt pendant tout le reste de notre séjour : Frank Belknap Long. Objet de toute notre attention, il nous explique qu'il est actuellement en convalescence à la suite d'une opération de l'appendicite qu'il a subie l'hiver précédent. Les médecins l'avaient cru perdu, et il a toujours un pansement. Il ne peut pas encore marcher vite, et il doit se coucher tous les soirs à neuf heures.

J'observe Frank : jeune homme mince et brun, avec une toison fournie de cheveux presque noirs et un beau visage délicat qui n'a pas encore fait connaissance avec le Gillette.

A la façon qu'il a de la caresser ostensiblement, je crois qu'il aime la minuscule collection de poils qu'il a sur la lèvre supérieure — environ six d'un côté et cinq de l'autre — qui, avec des soins assidus pourrait un jour l'aider à accentuer sa ressemblance avec son idole — Edgar Allan Poe. Pour me sentir proche de lui depuis que nous avons commencé à correspondre, je reconnais là l'étudiant, le fantaisiste — un poète en prose — un sincère et intelligent disciple de Poe, de Baudelaire et des décadents français.

Un kiosque à journaux attire notre attention. Sur la première page d'une édition récente, il est écrit : « Bientôt le cinéma qui parle ». Tandis que Frank décide d'acheter la revue, ces quelques mots me ramènent à mon enfance. Lorsque le cinéma avait pris l'allure d'une institution à part entière, j'y avais souvent assisté, mais je ne l'avais jamais pris très au sérieux. A l'époque des premières séances de cinéma (en mars 1906 à Providence), j'avais trop lu de littérature et de théâtre pour ne pas reconnaître la niaiserie parfaite et monotone du cinéma ; encore que j'y avais assisté — avec le même état d'esprit que j'avais lu Nick Carter, Old King Brady et Franck Reade dans les romans à cinq cents. Evasion — relaxation. Je ne fus donc pas très longtemps sans être gavé et ne plus apprécier ces spectacles mentalement juvéniles. Les premières « stars » dont je me souvienne (jusqu'en 1907 ou 1908, on ne mentionnait pas leurs noms) sont Maurice Costello, Henry Walthall, Florence Turner, Hobart Bosworth, etc. Je me rappelle aussi beaucoup de visages, sans pouvoir mettre un nom dessus. Je pense que, par la suite, Mary Pickford n'est pas apparue avant 1908 ou 1909. De fait, j'ai vu, entre 1890 et 1900, la plupart des étoiles de théâtre célèbres. Frank me rappelle au présent en me faisant la lecture, tout en marchant, en s'arrêtant de temps à autre. L'article détaille que le producteur de la Paramount, Adolphe Zukor, vient de refuser tout net la proposition du directeur de la Western Electric qui lui a proposé un « système nouveau de reproduction sonore, absolument révolutionnaire », arguant qu'il est assez riche pour s'offrir des orchestres et des chanteurs. Il aurait même ajouté : « L'intérêt de l'Amérique est que le brevet de la Western ne soit jamais exploité. Le cinéma est et doit rester muet. »

Il y avait pourtant eu déjà un précédent. L'électricité avait déjà fait son apparition au cinéma. A l'occasion, en 1899, du match de boxe entre Tom Sharkey et James J. Jeffries, qui avait soulevé la curiosité passionnée de tous les Etats de l'Union, l'opérateur Willy G. Bitzer, qui deviendrait plus tard le collaborateur de David W. Griffith, avait enregistré toutes les péripéties du combat à l'aide d'une batterie de deux cents lampes à arc : la lumière électrique allait avantageusement remplacer celle du soleil.

Nous allons de surprise en surprise.

Au déjeuner, vers une heure et demie, il y a Sam, Frank, moi-même, Sonia et une petite jeune fille qui s'avère être la progéniture de cette dernière, une dénommée Florence, une enfant effrontée, gâtée et ultra-indépendante, plutôt plus dure de visage que son aimable mère. Légèrement exaspéré par le comportement de cette pasionaria en herbe, je me réfugie dans mes richesses intérieures — si tant est que j'en ai— et imagine de donner un nom à notre groupe. Constatant une prédominance de K, de L et de M dans les premières lettres de nos noms respectifs, je crée le Kalem Club. Et la donzelle s'étant calmée devant une mousse au chocolat, je fais part de mon invention que saluent des applaudissements amusés.

Bien que souvent interrompus par ce rejeton capricieux, nous demeurons pourtant une bonne partie de l'après-midi à discourir. Ce n'est que vers dix-sept heures que nous sortons, sans James qui a dû s'absenter à cause d'une conférence. Le groupe se disperse. Sonia, qui ne peut rester tranquille deux secondes de suite, nous pilote, Samuel et moi, à travers Prospect Park, que nous avions déjà exploré. Nous n'osons, de crainte de la décevoir, lui dire que nous connaissons déjà le lieu et bien nous en prend car elle nous fait découvrir quelques essences rares — notamment deux cerisiers du Japon — à côté desquels nous étions passés sans sourciller.

En revenant au 259, c'est cette fois James que nous découvrons sur le pas de la porte ; et son amabilité se heurte à une réception si hautaine de Sonia — quelle mouche l'a donc piquée ? — que ma fierté anglo-saxonne se révolte ! Je prend James sous mon aile entièrement britannique tout le reste de la soirée. Faisant ainsi tampon entre James et Sonia, je peux constater très vite que l'agressivité de cette dernière retombe comme le lait hors du feu.

Il y a donc le souper (mâtin, comme ces oiseaux mangent !) et une expédition vers le centre ville pour voir les fameuses « Lumières de Broadway » et la faune du quartier. Ces illuminations sont uniques et énormes, mais ni extraordinairement impressionnantes ni en aucune façon artistiques. Des flots de lumière, fixes ou intermittentes, se déversent à qui mieux mieux, sur une foule, parfois dense, lorsqu'elle se presse à l'entrée des nombreux théâtres qui jalonnent l'avenue. Point n'est besoin ici de réverbères. Ces enseignes bigarrées, chamarrées, trompe-l'œil clinquants et artificiels les remplacent avantageusement.

Les lumières de Broadway

A la station du métro aérien de la 6e Avenue / 42e Rue, je perds mon camarade anglo-saxon, dont le domicile est vers le nord, dans les jungles semi-africaines — m'a-t-on dit — de Harlem. Je le regarde s'éloigner et échapper à ma vue avec une pointe de nostalgie...

Le détachement ainsi réduit en importance est traîné dans une brasserie épatante où les garçons parlent à peine anglais et n'ont pas de taches sur leurs plastrons de chemise immaculés. Encore manger, mon Dieu ! De quoi sont faits leurs estomacs ! Notre hôtesse commande une préparation à la fraise dont je peux prendre ma part uniquement parce que je me suis tiré du repas précédent en faisant semblant, par politesse. Et ensuite ? Ensuite, direction Parkside, à nouveau, par le métro.

J'entends Samuel soupirer dans le lit. Constatant qu'il n'arrive pas à dormir, je le cuisine. Il finit, sans que je le pousse beaucoup, par m'avouer qu'il voit bien qu'il ne trouve pas de situation.

La metropolitan highline

Je vais donc m'employer à motiver discrètement le groupe. Le persuader de rester à New York tout ce temps va s'avérer un job incessant, mais nous y parviendrions grâce à un travail d'équipe impeccable. Sonia tentera de son côté de lui trouver avec une complaisance frénétique — même jusqu'au tout dernier moment — un boulot.

Le lendemain, nous avons rendez-vous avec Reinhardt à six heures trente sur les marches de la Bibliothèque Publique, point de rendez-vous très usité en raison de sa situation : au centre même de Manhattan, proche de la 42e rue et de la 5e Avenue. Je découvre l'imposant bâtiment aux doubles colonnes sculptées d'inspiration corinthiennes qui délimitent trois porches débouchant eux-mêmes sur trois portes à double battant, surmontées d'un fronton triangulaire. En façade, surplombant les colonnes, une frise d'inspiration grecque achève de me conquérir.

Malgré tout l'intérêt que je porte à ce temple de la connaissance, dont le contenu est propre à donner un esprit d'ouverture vers les ponts et les seuils d'une échappatoire des limitations physiques étouffantes pour les avenues infinies d'une liberté et d'une magnificence imaginative, le but de la matinée est ailleurs. Reinhardt entreprend de nous mener dans les bas quartiers, notamment une partie de l'East Side, avec Chinatown comme objectif final.

Mon Dieu — quel endroit crasseux ! Des bâtisses le long desquelles courent des fils électriques, formant par endroits comme une toile d'araignée, un hangar à la façade béante, bourré de vieux cartons et cageots entassés les uns sur les autres, avec au premier plan une poulie fixée au mur sur laquelle pendouille une corde de gros calibre. Plus loin, un escalier à la rampe métallique dessert une porte entrouverte dans un mur de grès rougeâtre. Je sais que Providence a des taudis, mais que le diable m'emporte si je n'ai jamais vu quelque chose d'analogue à l'atmosphère envahissante de bouge qui règne là. Nous marchons — sur ma suggestion — au milieu de la rue, car le contact avec les occupants hétérogènes du trottoir, chassés de leurs clapiers de briques surchargés comme s'ils avaient proliféré au delà des possibilités de ces abris, n'est en aucune manière à rechercher. Par moments nous parvenons cependant à des zones particulièrement désertes — ces porcs ont, sans aucun doute, des instincts migratoires qu'aucun biologiste ordinaire n'est capable de sonder. Dieu sait ce qu'ils sont — un mélange de bâtards de chair cuite dans son jus, sans intelligence, repoussante à l'œil, au nez et à l'imagination — si le ciel permettait qu'une bienfaisante bouffée de cyanure vienne asphyxier l'ensemble du produit de ce gigantesque avortement, mettre fin à cette misère et nettoyer l'endroit. Les rues, même au centre, sont repoussantes de saleté, avec leurs vieux papiers et leurs débris de légumes. Les balayeurs ne tiennent probablement pas à salir leurs uniformes blancs en rendant visite à de pareils enfers. Et tout cela à quelques mètres de Civic Center, l'aune des beaux quartiers.

Alors que nous venons de quitter cet « antre de délices (?) » (*dixit* Reinhardt), je m'interroge. A cette heure de la journée, rien de fâcheux, semble-t-il, ne saurait nous arriver, mais qu'en serait-il la nuit tombée. Ce que j'ai eu sous les yeux doit alors avoir une tout autre allure, excitante certes, car propice à développer l'imagination — vieilles pierres, éclairages douteux, coins sombres, mines patibulaires, mais par corollaire, la sécurité des bons petits bourgeois qui s'y aventureraient alors ne serait-elle pas compromise et leurs nerfs soumis à rude épreuve ? Je repense un instant à la nouvelle de Sonia que j'avais révisée quelques mois auparavant (*Horreur à Martin Beach*, écrite en juin 1922 et publiée par *Weird Tales* en novembre 1923) : « Les specta-teurs eux-mêmes étaient pétrifiées, incapables de bouger, livrés à une complète incohérence dans leurs idées. » Oui, c'est cela, s'il devait se passer quoi que ce soit de fâcheux, je serai pétrifié...

Je suis à la traîne de mes compagnons. Reinhardt me ramène à la réalité. Pourtant, au moment où nous parvenons à une station de métro allant dans la direction de notre domicile, je crois que chacun médite sur la misère du monde, revers irrémédiable de la médaille de la réussite sociale. Mes compagnons ne disent rien, suffoqués certainement, eux aussi, par ce qu'ils ont vu.

Frank Long part alors à pied pour prendre son métro aérien en direction du nord. C'est vraiment dommage qu'il ne puisse pas rester avec nous — mais il est trop soucieux de son anatomie de convalescent.

Mardi matin — début de la dernière journée. Les kilomètres accumulés la veille et toujours cette pénible impression que m'a laissée l'East Side font que j'ai du mal à me réveiller. Après des ablutions rapides, je sors néanmoins, le premier, pour aller acheter, dans une boutique repérée la veille, un col neuf dont j'ai le plus grand besoin, et je rentre me reposer dans le même temps où je croise Sam et Sonia qui partent vaquer en ville à leurs affaires respectives. Je conviens avec Sam de le retrouver à midi à la Bibliothèque Publique.

Dans l'appartement désert, je tente de faire le point sur ces journées exceptionnelles pour moi. Mais je m'endors — hélas — et j'arrive avec un retard de près d'une heure ! Samuel faisait pendant ce temps le pied de grue en pensant que je m'étais perdu.

Par ma faute, nous avons tout juste eu le temps de retourner déjeuner chez Frank Long, à l'invitation de ses parents. En tramway, nous parcourons Broadway — où le jour n'a plus rien de comparable avec la nuit — et effleurons Central Park pour rejoindre leur domicile, 823, West End Avenue. Broadway le jour, est, bien qu'animé, relativement calme, comme si l'avenue se reposait de son fiévreux tohu-bohu nocturne. L'immeuble qui abrite les Long est de caractère, à la hauteur raisonnable, et sis dans un quartier cossu et calme de Manhattan, à deux pas de l'Hudson.

Chez les Long — des gens charmants et affables — nous trouvons un changement complet de programme diététique : crudités, poulets aux oignons, purée de maïs, fruits. Ils font tout le temps ce genre de choses, comme nous le ferions tous, sans aucun doute, si nous avions assez d'argent pour varier nos plaisirs culinaires ! Je peux me rappeler certaines choses de ce genre dans ma toute première jeunesse, avant que la triste pénurie n'ait amené ses plus pénibles restrictions.

Au cours du dîner naît une bonne discussion sur les mérites comparés de Douglas Fairbanks et de Charles Chaplin, dont on commence décidément à parler beaucoup. « Il faudra voir le prochain Chaplin, *L'opinion publique,* lorsqu'il sortira. nous dit M. Long sénior. Ce que j'en ai lu semble réellement prometteur et je pense que ça changera vraiment, et en bien, de tout ce qu'on a pu voir de lui jusqu'à présent. » Je dis qu'à mes yeux, un bon film est pour moi infiniment plus acceptable qu'un mauvais drame ou un drame mal joué. Tout le monde est d'accord avec moi. J'ajoute : « Chaplin a été grandement gêné, dans le passé, par le goût exécrable de ses metteurs en scène. Il n'y a pas une sur dix des vieilles comédies « Keystone » qu'on pourrait voir sans dégoût

—   Vous avez la dent un peu dure, susurre M. Long.
—   Mais, reprends-je, le temps lui donnera la possibilité d'affirmer sa personnalité plus complètement au-dessus des conventions courantes de la bouffonnerie cinématographique. Fairbanks — comme vous le dites — a sans aucun doute sensiblement moins de vrai génie. Mais j'aime beaucoup voir ses films parce qu'on y trouve une certaine santé dont Chaplin manque souvent. L'atmosphère sordide assombrit trop souvent le mérite des films de Chaplin. Au bout d'un certain temps, l'œil est fatigué de regarder des haillons et de la crasse ; et il se tourne avec reconnaissance vers les cabrioles captivantes de Fairbanks, qui est plus humain s'il est moins artiste. C'est d'ailleurs une vieille maxime dans la fiction et le drame qu'un héros doit être tel que tout homme dans le public peut s'imaginer dans sa situation. Fairbanks pourrait très bien représenter n'importe quel jeune Américain viril, mais quel spectateur pourrait s'imaginer comme un Chaplin ? Ils ont tous deux leur place, et la perte de l'un comme de l'autre porterait une atteinte grave à la gaieté des nations.

Cette boutade met l'assistance en joie alors que la maîtresse de maison arrive avec un plat de poires au sirop d'érable, dans lequel je décèle également un soupçon de cannelle.

Après ce déjeuner et la discussion qui l'a prolongée, nous coupons par Chatham Square, où commence la Bowery, avenue pauvre et sordide proche du quartier chinois et nous entreprenons de traverser le pont de Manhattan pour gagner Brooklyn. De là, nous voyons la ligne des gratte-ciel illuminés par l'électricité, mais cela n'est pas comparable à la vision de fleurs, féerique, qu'on a au crépuscule, lorsque les clochetons légèrement dorés se dressent à la rencontre des premières étoiles. Samuel et moi sommes presque morts d'avoir tant marché, mais je refuse de le laisser paraître. Et nous nous dirigeons vers un café à moitié en souterrain sur la 49e Rue — dans Rockefeller Center, me glisse Sam à l'oreille. C'est de l'hébreu pour moi, car j'ignore encore où se trouve ce quartier. Je constate seulement que New York est par endroits beau mais éprouvant. Je ne regrette pourtant rien de ce qui s'offre à ma vue. Sonia la généreuse fait ce qui paraît être un vigoureux effort pour nous faire faire de la place, tant le lieu est bondé. Le menu est on ne peut plus copieux. Je frémis au nombre de calories que ma carcasse doit emmagasiner même si je fais attention à ce que j'ingère. A voir ainsi bâfrer ces gens, je suppose qu'il s'agit de ce qu'ils appellent leur dîner habituel, dans le style italien — mais je voudrai rencontrer l'un de ces humains qui peut manger tout cela ; je me demande ce qu'ils font avec les inévitables restes (poulets, spaghettis et autres choses en faisant partie). La succession des plats n'a là rien à voir avec les habitudes anglo-saxonnes, et Dieu sait que je n'essaye même pas de m'attaquer à la moitié de ce qui est servi.

Je crois mon calvaire achevé lorsque nous nous extrayons de ce bouiboui surchauffé Mais c'est alors pour aller assister à une représentation, au théâtre à côté, d'un mélange moscovite assez connu de comédie musicale intelligemment loufoque, intitulée *La Chauve-souris*, présentée par un type comique très gros, très bavard, mais parlant un anglais très sommaire. A l'entracte, j'emprunte à Sonia son programme pour étudier un peu tout cela. Le type se nomme Никита Балиефф (en raison de vos connaissances limitées en caractères cyrilliques je le traduis : Nikita Balieff) et ça semble être une interprétation assez libre du livret de Carl Haffner et Richard Gellée.

Ce fut par endroits un gâchis loufoque, mais joliment bien tout de même. Le clou fut une troupe de types habillés avec une inimitable adresse en *soldats de bois*. Leur exercice musical était à coup sûr une sorte de coup d'assommoir — il faisait s'effondrer la maison. Croyez m'en — d'ici deux ans les compagnies de village essaieront de représenter cet acte dans toutes les petites villes des circuits minables ! C'est quelque chose, ne vous y trompez pas !

Lorsque nous sortons du théâtre, à la fin de la représentation, sacrée déveine, il pleut ; mais tout le courroux diluvien du ciel ne peux couper l'élan de l'incorrigible Sonia — si bien qu'elle conduit ses invités dociles (enfer et damnation pour moi) dans un restaurant russe (encore *l'Est...* bah !) dans la trente et quelque chosième rue. Là, ambiance feutrée et musique douce, propice à l'endormissement ! Nous y avalons une légère collation faite de gâteaux et de café, et, enfin, retour à Parkside.

Sonia monte avec nous à l'appartement récupérer quelques vêtements dont elle aurait besoin. Demain elle partira avant nous, tout comme la voisine qui l'héberge. Après son départ, Sam et moi finissons nos valises et nous préparons à dormir un peu avant, le lendemain, nos embarquements simultanés pour des destinations opposées.

Sam en profite pour me glisser quelques livres « pour que je pense à lui ». Brave garçon ! Mais la joie du cadeau reçu cède rapidement devant le sommeil.

J'ai dormi comme une souche. Sam doit me réveiller, de bonne heure car nos trains respectifs partent tôt. Debout donc dès potron-minet, Sam prépare un rapide petit déjeuner pendant que je me douche, puis nous avons inversons les rôles. Etant convenus une fois encore de remettre les clés de l'appartement à Sonia, nous sommes rapidement en route, affublés de nos valises, pour le magasin de notre hôtesse. Fraîcheur d'un matin de printemps à Brooklyn pour les deux pauvres hères. Equipée sauvage dans le métro pour deux êtres mal réveillés. Nous arrivons enfin 57ᵉ rue. Sonia au milieu de ses chapeaux, grâce souriante parmi les bibis et autres capelines. Elle nous montre, sur le plan de Samuel, le court trajet que nous devons faire pour atteindre Grand Central par le métro. Les meilleures choses ont une fin. Adieux cérémonieux et néanmoins chaleureux.

Comme nous n'avons pas perdu de temps et que de surcroît nous n'avons pas attendu la rame de métro, nous arrivons à la gare en disposant d'un moment avant de nous séparer. Sam me confie sa valise le temps d'aller acheter un ou deux journaux. J'en profite pour observer ce poumon — ce n'est pas le seul mais il est important — de la ville. C'est une véritable gare, qui bat de loin tout ce qui existe à Boston ou à Providence mais elle n'est pas aussi artistique que Pennsylvania Station, sise dans la 33e rue, magnifiquement romaine, paraît-il. Je n'ai pas eu le temps de la voir mais j'ai lu un reportage sur elle dans le *Providence Journal.*

Sam et moi nous dirigeons vers le tableau d'affichage des départs, qu'un employé zélé s'évertue à tenir à jour.

Mon train part pour l'est à 8h33, celui de Loveman pour l'ouest à 8h45. Ce sera l'amitié ainsi diamétralement opposée. Nous mettons à profit ces derniers instants pour discuter, encore et toujours. Nous conversons à la manière d'un Grec et d'un Romain sur le point de se séparer dans une parfaite et fraternelle entente. Je dois monter dans mon train.

Sam me lance un vigoureux :
—   Donnez-moi de vos nouvelles, mon vieux !

Désormais et jusqu'à des retrouvailles que j'espère prochaine, notre conversation sera épistolaire.

Je regardais le paysage sans vraiment le voir. Tant de souvenirs de ces quelques jours m'assaillaient. Insensiblement les immeubles firent place aux pavillons qui se raréfiaient à leur tour tandis qu'apparurent les cultures et les prairies. De même, ma mémoire se décantait : qu'avais-je apprécié le plus durant ce séjour ? A tout seigneur, tout honneur : l'hospitalité de Sonia à n'en point douter. Si j'avais dû prendre une chambre d'hôtel, c'eût été pour moi impossible. Enfin les amis, réunion idyllique d'êtres qui, sans forcément partager les mêmes idées, ont en commun une passion qui les lie. Et puis New York... New York où tout ce qui paraît important est, avec Washington, censé se passer. New York et la splendeur de ces gratte-ciel babyloniens que côtoient les dangereux et immondes précipices voués à l'immigration et à la misère, New York et ses foules, et ses vitrines... Eh bien, voyez-vous, je hais le siècle de Victoria parce qu'il a des perspectives et des opinions fausses qui rendent ses enthousiasmes et ses espoirs mollement ridicules et parce qu'en général — si l'on prend l'ensemble des Beaux-Arts comme un tout — il a représenté une éclipse presque totale du goût, comparable à celle que nous avons connue au moment de l'effondrement post-élizabéthain (après 1600). Mon Dieu — pensez à ces toits français et à ces façades baroques — ces choses rébarbatives néo-gothico-romanesques-byzantines qui vous guettent çà et là à New York — pour ce que j'en ai vu. Et le costume ! Regardez leur air, à ces monstres avec leurs longs favoris et leurs cols grotesques, leurs cravates nouées en plastron, leurs habits à queue de pie, leurs pantalons cylindriques sans pli — Oh Dieu ! Et tout cela n'est pas seulement outré à en juger par nos standards actuels — c'est quelque chose d'aussi immuable et stable que n'importe lequel de nos points de comparaison esthétiques — à côté de toute la Grèce et de tout Rome et de n'importe quel autre siècle où la beauté avait une certaine place dans le monde. Ah ! New York, dont en province on nous rebat les oreilles !

Lors de mes pérégrinations new-yorkaises, j'avais trouvé le temps d'écrire de longues missives à ma tante Lillian, ce qui fait qu'elle me posa peu de questions sur mon séjour. Dès le lendemain de mon arrivée, je m'attelai à la rédaction du cinquième épisode d'Herbert West, pressé d'en découdre avec ce sinistre « violeur » de cadavres.

Avant mon séjour à New York, j'avais entrepris la rédaction d'un court récit que je terminai alors et que j'intitulai *Hypnos* : histoire d'un sculpteur qui rencontre un autre homme à une station de chemin de fer et que je développai à partir d'une annotation que j'avais inscrite dans mon livre de raison : un homme qui ne dormirait pas — qui aurait peur de dormir — prend des médicaments pour rester éveillé. Il s'endort finalement *et quelque chose se passe...* Je n'en écrirai pas plus ici sur cette œuvrette dont je situai l'action en Grèce. Tout imprégné de mon admiration pour la poésie de Sam Loveman, qui faisait souvent dans ses vers référence à la Grèce antique, je portai sur la première page du manuscrit la mention « A S. L. », qui, songeai-je, ne manquerait pas de faire gloser les lecteurs — s'il s'en trouvait — qui se perdraient en conjectures à sa parution. Une fois l'écrit achevé, je le soumis à la NAPA.

Je savourai le printemps de la Nouvelle Angleterre par des promenades roboratives mais courtes car le boulimique George Houtain me tançait de lui faire parvenir le sixième (et dernier) épisode d'*Herbert West*. Je fis de mon mieux, pestant toutefois contre les impératifs du travail sur commande, et poussai un ouf de soulagement lorsque j'eus écrit le dernier mot de cette satanée histoire.

J'ai toujours été impressionné par la futilité de tout effort — et la seule raison que j'ai de jamais lire ou écrire quoi que ce soit, c'est que je serais encore plus malheureux si je ne le faisais pas. Dans ces conditions, je ne suis pas de loin aussi actif et studieux que je l'étais dans ma jeunesse — quand j'avais l'impression que cela menait quelque part. Aujourd'hui je ne suis actif que pour tuer l'ennui. Le seul motif légitime de l'activité artistique est de se faire plaisir — d'exprimer des choses parce qu'elles doivent être exprimées, ou parce qu'en les exprimant on sera peut-être mieux à l'aise. L'imagination est le grand refuge. Tel est le thème de l'étrange roman *Azathot*, dont je me suis essayé à écrire les premières pages et que je souhaitai comme un roman inspiré du fantastique à la *Vathek* (Beckford, 1786). J'en avais fait le plan depuis longtemps, et j'ai commencé à y travailler tout en pensant que je ne l'achèverai probablement jamais — il est possible que je n'en écrive même pas un chapitre — mais cela m'a amusé de faire semblant de croire que j'allais l'écrire...

C'est alors que je me livrai à ce pensum que je m'étais imposé que je vis Sonia débarquer chez moi. Elle venait nous presser, ma tante et moi, de l'accompagner une semaine ou deux à Magnolia où elle se rendait pour ses affaires. Ma tante s'étant habilement défilée, je fus seul à répondre à l'invitation. Et l'entregent de Sonia me fit en outre accepter de l'accompagner peu après à Cleveland. Elle me fit miroiter que je pourrais y rencontrer Alfred Galpin et Samuel Loveman et elle n'eut guère de peine à me convaincre. Pour ce faire il fallait repasser par New York.

Je retrouve donc, pour trois jours l'appartement de Sonia, seul cette fois-ci, puisqu'à nouveau, sa voisine compatissante, l'accueille. J'en profite pour relire le dernier épisode d'*Herbert West* que je dépose alors chez Houtain — et le 29 juillet, à 18 h. 30, nous montons à Grand

Central Station — toujours aussi enfiévrée — dans le Lake Shore Ltd, à destination de Cleveland,

Je craignais de paraître plutôt empoté et inexpérimenté dans le cérémonial du wagon-lit — j'avais une couchette supérieure, et je ne connaissais rien de la technique — mais grâce à une judicieuse combinaison de divination, de déduction et d'observation, je parvins à « m'en sortir » sans laisser le moins du monde paraître mon ignorance. Je me suis habillé et déshabillé sur ma couchette — c'est quelque chose ! Néanmoins, j'arrivai défait mais content après... seize heures de train. Alfred Galpin était venu nous attendre à la gare, le brillant Alfredus, mon disciple, garçon régulier, mais bourru, avec des cheveux en désordre, des vêtements qui paraissaient toujours sortir du pressing, et sa brusquerie de gestes et d'expressions. Et, alors que Sonia vaquait à ses affaires, je logeais chez Alfred, 9231, Birchdake Avenue. Curieusement, alors que Cleveland semble avoir ses aises en ce qui concerne l'occupation des sols, le bâtiment dans lequel logeait Alfred était entouré, avec d'autres, d'un grand mur. De l'extérieur cela ressemblait fort à une prison, d'autant que l'accès aux immeubles se faisait par une petite porte, fonctionnelle et sans fioritures, située dans un angle du mur.

Cette rencontre me fut des plus bénéfiques. Alfie eut sur moi une ascendance des plus stimulantes. Comme prévu, je rencontrai aussi Sam Loveman chez lui (Lonore Apartments — son appartement était à quelques encablures de celui d'Alfred)) et par son intermédiaire, trois « figures » hautement singulières à des titres divers : George Kirk, libraire de son état, Hart Crane, poète quelque peu imbibé, Gordon Harfield, poète mineur et homosexuel. Sur une table basse j'eus l'œil attiré par la photo, sur une revue, de Clark Ashton Smith, avec lequel je correspondais depuis longtemps : un garçon de vingt-neuf ans, grand et mince, aux yeux gris ou bleus qui me bouleversèrent ; bien qu'ils soient beaux, attentifs, il y avait une âme massacrée au fond de ses prunelles — on la voit nue— une âme massacrée qui appelle au secours.

Toutes ces rencontres vivifiantes eurent sur moi le plus grand mérite et me firent un autre homme. Je découvrais que les délices des voyages avaient sur ma personne un impact non négligeable et mû par une force qui m'échappait quelque peu, je décidai de repartir pour New York. Ce fut aux environs du 15 août que je m'installai derechef chez Sonia.

Une certaine connivence s'est installée entre nous. Au fil des rencontres et des jours passés à la côtoyer, j'ai appris à apprécier cette chic fille, sa vivacité, son intelligence, sa hardiesse et sa résolution à toujours trouver des solutions lorsqu'il le faut. De plus, une touche de féminité dans mon univers de vieux gentleman n'est pas pour me déplaire. Les conversations n'en sont que plus agréables.

Un soir que nous finissons de dîner, elle me demande à brûle-pourpoint :
—   Howard, *dear*, vous avez apprécié votre séjour à Cleveland ? tout en ajoutant, comme pour s'excuser : « Je n'ai pas été souvent présente.... »

Je suis sur le point de commettre un impair en m'insurgeant, mais me retiens et me contente de justifier son absence :
—   Certes... mais ce n'était pas de votre faute. Vous aviez à faire… D'ailleurs vous m'aviez laissé entre de bonnes mains.
—   Vous avez apprécié vos nouveaux amis ?
—   Oh que oui... D'autant plus que sans vous tous et votre générosité, je n'aurai pu faire ce voyage.
—   Mais *dear*, il est normal que nous ayons tenu à ce que vous restiez le plus possible parmi nous... C'est la force de l'amitié.
—   Je ne vous en remercierai jamais assez. Et d'ailleurs cela a eu sur moi un effet des plus positifs. Ce séjour fut merveilleux. J'ai désormais la motivation nécessaire pour rester actif et libre, sans état d'âme, et je me sens si bien que je doute que quiconque puisse me reconnaître. La compagnie de la jeunesse et du talent me conserve !
—   Ah oui ? Me comptez-vous parmi vos heureuses relations ?
—   Bien évidemment ! » Je me retins d'ajouter : « Et vous de surcroît vous avez du charme… » Mais je jugeai à son sourire énigmatique que j'avais dû le penser très fort.

Il est tard. Elle étend les bras en cambrant le dos, pour s'étirer, se lève en faisant bouffer les plis de sa robe de *shantung* beige.

—   Il est tard, *dear*, je dois aller me reposer. Vous saurezvous débrouiller ? ajoute-t-elle en me le désignant. J'acquiesce.

—   Dormez bien. Et vous n'êtes pas obligé de vous lever en même temps que moi…. Je vous ai laissé un trousseau de clés, au moins ? » Je le lui montrai.

—   Eh bien, bonne nuit, *dear*.

Il fait chaud. Par la fenêtre entrouverte, le bruit déclinant de la ville me parvient, assourdi, porté par des effluves de vent tiède. Je suis bien, je me sens bien dans cette touffeur de la ville. Je débarrasse la table et entreprend d'écrire à ma tante Lillian pour lui annoncer que je suis bien arrivé à destination et je termine par « *je suis désolé de vous manquer. Sonia a prévu de vous inviter à vous joindre quelque temps à nous. Lui ferez-vous bon accueil ? »*. Ayant ainsi rassuré ma conscience, j'entame le lecture de l'ouvrage de C.A. Smith, *Celui qui marchait parmi les étoiles et autres poèmes,* que Samuel m'a offert lors de mon séjour à Cleveland. Je me couche très tard. De toute façon, je n'aurai pu m'endormir tant la lecture m'a excité. Je dois sur-le-champ écrire à l'auteur pour lui témoigner mon admiration (et je dois confesser ma jalousie de n'avoir pas son talent) : « *Je serais très honoré d'avoir de vos nouvelles si vous avez le loisir et le désir de vous adresser à quelqu'un d'obscur, et de m'apprendre où je puis trouver d'autres poèmes écrits de la main de celui qui a créé des œuvres d'art telles que Néron, Celui qui marchait parmi les étoiles, et les sonnets exquis qui les accompagnent. Que je n'aie pas d'œuvres d'un génie même approximativement équivalent à vous montrer est imputable à mon talent médiocre et non à mes préférences. »*

Il est donc tard lorsque je m'éveille. Je vais devoir m'organiser : Sonia étant absente toute la journée, je dois mettre à profit mes quelques connaissances de la ville pour pousser plus avant sa découverte, même si je suis bien conscient qu'à mon départ je n'aurais certainement pas tout exploré. Tout en prenant ma douche et me rasant, je juge que, côté intendance, un bon petit déjeuner — surtout s'il est pris en cours de matinée — me permettra d'attendre le repas du soir. Car je dois protéger au maximum le pécule que m'a confié ma tante Lillian et je ne veux pas être contraint de demander quoi que ce soit à Sonia qui m'offre déjà si généreusement le gîte et le couvert. Ayant ainsi défini le cadre possible de mes pérégrinations, je téléphone aux amis pour connaître leurs emplois du temps respectifs et convenir avec eux des jours où nous pourrons nous rencontrer. Une fois cela fait, je quitte enfin le 259 Parkside et remonte à pied vers Brooklyn Bridge. Le ciel est couvert, mais sans menace apparente de pluie, et la température douce. A Brooklyn Heights, j'entre dans une librairie que je pense susceptible de me fournir un ouvrage — *Le guide du New York méconnu* — que George Kirk m'a recommandé. Emprunter le mythique Brooklyn Bridge et sa passerelle en lattes de bois est un passage initiatique. Je parcours le pont en m'arrêtant un instant pour contempler l'océan qui, à l'horizon se confond presque avec le ciel tant leurs deux couleurs sont voisines.

Je me sens un peu écrasé par la taille de l'armature de pierres du pont que je viens de passer et par l'impression de force et de puissance qu'elle dégage. Arrivé au bout, penché sur la rambarde, je lorgne les canyons sinistres formés d'entrepôts, berceaux de l'industrie du carton et du textile. Mon livre sous le bras, je pousse jusqu'à la Pace University où je m'assieds dans le parc, sur un banc de bois. Là, je m'établis un programme de visite qui intègre, pour la semaine à venir, visites de sites (le guide, très bien fait, suggère en effet des visites qui doivent être de qualité) et les rencontres avec mes amis. A la fin du guide, un plan du métro et un autre, des tramways, quelque peu touffu celui-là en raison de l'enchevêtrement des lignes, va me permettre de réaliser mes exploits. Pas de rendez-vous ce jour. Je suis seul et décide d'aller explorer la librairie de livres d'occasion de la 4e Avenue (East 39ᵉ St., dans le Lower East Side). Ce n'est pas trop loin de l'endroit où je me trouve. Néanmoins un tramway ést nécessaire. Assis dans le tram — une forte dame vient occuper au bout de quelques minutes le siège vacant à côté de moi — j'essaye de me concentrer sur la vision de la 5ᵉ Avenue. Comprimé par la dame, je me sens un peu à l'étroit et ai hâte de descendre à l'arrêt qui m'est dévolu. Lorsque j'y suis, la librairie me tend les bras. Impossible d'y échapper. Sur la façade est tendu un calicot de toile rouge qui vante les réductions de la semaine ou du mois. Sur le trottoir, des étals : dans des bacs, des livres, divers, dont les prix varient de cinq cents à deux dollars. Me frayant un chemin dans les rangs des clients qui fouillent, à la recherche d'une perle pour eux rare, je me mets à faire de même, mais ne trouve rien de vraiment alléchant pour moi. Pourtant quelques livres à cinq cents auraient pu me tenter : récits d'aventures, policiers... Je décide de rentrer à l'intérieur. A l'entrée, un panneau, à la peinture légèrement écaillée, permet de se repérer : littérature générale, sciences, histoire, géographie. Point de rayon « fantastique » ? J'interroge un vendeur à manches de lustrine. Il me regarde avec des yeux de merlan frit — moi qui ai horreur du poisson — et me répond à l'emporte-pièce : « Voyez au rayon « littérature générale » au deuxième étage » avant de disparaître. Je m'y rends et découvre des rayonnages, adossés aux murs, qui font presque tout le tour de la pièce. Sur des tables, des livres encore des livres. Où diriger mes pas ? Demander à nouveau à un vendeur peu amène ? Je décide d'essayer de me débrouiller. Au bout d'un moment, je m'aperçois que sur les rayonnages, les livres sont disposés par nom d'auteur. Je parcours donc les rayons : D pour Dunsany, P comme Poe. Mais j'ai déjà lu tous les livres qui s'y trouvent. Mon dieu, comment peut-on se séparer de tels livres ? Je ne parle pas des livres comme de purs objets matériels achetés au poids, mais comme des pièces de collection amassées lentement, avec beaucoup de soin, et de façon sélective — fruits de la personnalité de leurs propriétaires et qui reflètent — selon leurs choix — leur caractère, leurs centres d'intérêt, et leur niveau de goût. Rien ne constitue de façon aussi intime une partie de l'homme que sa bibliothèque. Il serait certainement vain de tirer fierté d'un pur étalage de livres acquis avec leurs belles reliures. La fierté réside dans la qualité du choix. Et ce que donne réellement la bibliothèque est, plutôt qu'une simple fierté, la satisfaction. Elle renferme exactement ce que le propriétaire a voulu le plus souvent rechercher, et arrive à former sa fenêtre ou sa porte vers le grand cosmos. On devient plus attaché aux livres qu'à toute autre chose à l'exception des vieilles images, des vieux tableaux, et d'un certain tas de vieux objets. Ils en arrivent à représenter ce qui nous est familier et cher, et à symboliser toute une poignée d'expériences. Certes, tous les livres n'ont pas ce même impact. Il y a les livres marginaux qui sont seulement semi-indispensables, et d'autres simples ouvrages qu'on a acquis et dont on se sépare facilement. Mais le cœur de la bibliothèque autorise les plus tendres associations, et forme la toute dernière chose dont un connaisseur se séparerait de bon cœur.

M'étant permis cet aparté, force est de constater que je ne ferai pas d'affaire ici. Je quitte ce temple des livres d'occasion sans en avoir saisi une seule mais, vu l'état de mes finances, je n'avais d'ailleurs pas prévu d'y acquérir quoi que ce soit. Il est seize heures. J'ai passé deux heures parmi les livres. Je décide de marcher jusqu'à Grand Central Station où je m'autorise un maïs grillé avant de prendre le métro. C'est le début de la sortie des bureaux. Les rames commencent à être bondées. N'ayant guère envie de me frotter à la populace, je saisis l'occasion lorsqu'une rame, qui suit de près la précédente, arrive presque vide.

Sonia est déjà rentrée lorsque j'arrive. Le dîner est frugal — tout à fait à ma convenance — et néanmoins excellent. Plat unique de spaghettis à l'italienne.

—   Alors, *dear*, qu'avez-vous fait aujourd'hui ? me lance-t-elle d'un ton mi-sérieux, mi-amusé.

Je lui narre ma visite à la librairie de livres d'occasion et mon relatif désappointement de n'y avoir rien découvert de très original.

Sonia se fait maternelle :
—   Mon enfant, vous vous êtes trompé d'endroit. Lorsque vous le verrez, il faudra en parler à George Kirk. Lui saura vous aiguiller de façon convenable, peut-être même dans sa propre boutique.
—   Vous croyez ?
—   Je dis cela comme ça. Je ne sais pas, car en réalité je n'y suis jamais allé...
—   Où est-ce ?
—   Oh c'est très loin d'ici, dans le grand nord de Manhattan. Mais il s'est spécialisé dans la vente des livres rares.

« S'ils sont rares, ils sont chers » me dis-je, alors que Sonia vient de finir de débarrasser. Même si l'ami Kirk me faisait un prix, je doute que cela soit pour moi en l'état actuel de mes finances.

Le lendemain, je reprends l'écriture d'un court texte que j'ai ébauché, d'après une idée de moi qui est d'en faire un poème en prose dans lequel je suggère une horreur d'un lignage beaucoup plus ancien que le XVIIe siècle, idée qui m'est venue après la lecture du *Culte de la sorcellerie dans l'Europe occidentale*, de Miss Margaret Murray, ouvrage qui, bien que controversé lors de sa publication en 1921 car il donnait à penser que la sorcellerie en Europe avait pour racines la race préaryenne, m'a passionné. Je nommerai ce texte *Le festival*.

J'ai rendez-vous avec Frank Long. Il est convenu que je dois passer le prendre chez lui. En entrant dans l'ascenseur, je croise un homme assez fort qui en sort, main gauche sur la mâchoire et qui, le chapeau quelque peu enfoncé sur le front, émet en passant devant moi quelques borborygmes que je prends pour des excuses. Dans l'ascenseur je crois discerner une vague odeur d'éther et formule des vœux pour que l'engin ne tombe point en panne avant que j'en sois descendu !

C'est Frank en personne qui vient m'ouvrir. Il arbore un sourire rayonnant et les deux premières choses que je fais sont de le saluer et de prendre des nouvelles de sa santé.

—   Excellente, m'assure-t-il. Envolés mes troubles et mes appréhensions ! Et, se penchant vers moi, il poursuit : « je ne suis même plus tenu de rentrer à une heure raisonnable, si vous voyez ce que je veux dire... ».

Nous partons alors visiter, au nord de Manhattan, le cloître George Brey Barnard, tout récemment ouvert. Les quotidiens nous ont tant vanté les mérites de cette opération que nous voulons voir par nous-mêmes la merveille annoncée. Un coup de métro nous y amène.

Le cloître George Barnard

Un mot de l'homme à l'origine de l'aventure. Le sculpteur George G. Barnard qui était demeuré douze ans à Paris, y avait étudié à l'école des Beaux-Arts et avait profité de ce long séjour pour y acquérir des sculptures et surtout des fragments d'architecture provenant de quatre monastères qui avaient été vendus comme biens nationaux à la Révolution de 1789. Revenu aux Etats-Unis, il avait entrepris de faire ériger, sur un terrain préalablement acheté à deux pas de l'Hudson, Fort Washington Avenue, l'écrin moyenâgeux dans lequel il présenterait ses acquisitions.

Etonnant bâtiment que cette spectaculaire chapelle médiévale française à Manhattan ! La vue de ces fenêtres ouvragées, de ces porches, massifs, mais qui s'insèrent parfaitement dans l'ensemble pour y apporter, de façon contradictoire, une certaine élégance, nous ravit. Un déambulatoire entourant une cour intérieure s'ouvre vers elle par une rangée de colonnades subtilement ouvragées qui met en valeur des massifs plantés de rhododendrons. Un peu du Vieux Monde soudain à portée de main et de notre vue nous procure une sensation étrange, jamais éprouvée auparavant. Je suis moins conquis par les œuvres exposées à l'intérieur, certaines étant issues de cet art victorien que j'abomine pour la fausseté qu'il véhicule et pour sa rigidité.

En quittant ce lieu béni des dieux où je me promets de revenir, Frank déclare « avoir un petit creux ». Assis à l'extérieur, au soleil, nous nous sustentons d'un cheeseburger — je m'en serai pour ma part facilement passé. La circulation de ce début d'après-midi est fluide : quelques voitures, peu de piétons dans ce quartier excentré. Ici pas de panneaux clinquants comme à Broadway, pas de foule fiévreuse comme à Financial District, bref, pas de ces excès où l'on a néanmoins l'impression de n'être pas voué à la solitude. Situation antinomique, me direz-vous ? C'est vrai qu'à Providence, je passe beaucoup de temps seul et que ça me convient. Mais il y une grande différence entre Providence et ce nord-Manhattan où je suis : à Providence, où que se porte le regard, tout est beau et à taille humaine. Ici, le paysage n'est même pas laid, il est quelconque. Immeubles bas d'étage, fonctionnels, alignés comme rangs d'oignons, mal entretenus. Seule — et c'est heureux — la petite rue qui mène au cloître sort un peu du lot commun, comme pour préparer le visiteur à ce qu'il va découvrir.

Gavé, je donne la moitié de mon hamburger à Frank, mais j'avale tout le thé qu'on nous a apporté.

Nous décidons alors de marcher à pied jusqu'à la station de métro 116e St.

Arrêt à Marcus Garvey Park où une rangée de sycomores nous abrite du vent qui s'est levé. J'en profite pour demander à Frank s'il connait cette librairie visitée la veille. Je me dis qu'un New-yorkais comme lui doit forcément connaître. Eh bien, il ne l'a, de son propre aveu, « jamais explorée » !
—   Et demain que faîtes-vous ? me demande-t-il. Ravi, je lui réponds que je vais, à son invitation, chez James. Frank passe la main dans ses beaux cheveux noirs.
—   James ?... James Morton ?
—   Oui.
—   Où habite-t-il ? » Je sors mon guide que j'ouvre à la page du plan où je sais avoir noté là son adresse et énonce :
—   211 West 138e St. » Frank réfléchit un instant et, me prenant le livre des mains :
—   Ça, c'est à Harlem. » Il regarde le plan. « Ce n'est pas très loin d'ici. Mais (il me montre) vous aurez intérêt à passer par là. » Son doigt suit la ligne de métro.
—   Vous changerez là, à Lafayette St. et vous descendrez à 138e St.

Aimable Frank, la gentillesse même. Adorable ami, qui, sous des dehors discrets et affable, est toujours prêt à rendre service.

Ce qui a été dit fut fait. Lorsque j'émerge du métro 138e St., une légère bruine automnale enveloppe la ville. Déjà, à Brooklyn j'avais jugé le ciel suffisamment menaçant pour emprunter un parapluie à Sonia. Je dois confesser que celui-là, esthétique en diable, ne m'est pas vraiment adapté avec ses fines bandes vertes sur fond bleu pâle. Mais à la guerre comme à la guerre : l'important est de se prémunir des ondées. Harlem sous ce crachin ne m'apparaît pas comme un quartier des plus idylliques où j'aimerai vivre. Par beaucoup de traits, il me rappelle celui de la veille : mêmes rues larges et semi-désertes, à la circulation clairsemée, bordée d'immeubles de briques rougeâtres et sales, presque toutes pourvues d'escaliers métalliques extérieurs qui zèbrent les façades, linges à certaines fenêtres. Où me diriger dans ce semblant de cité ? Comme pour ajouter à mes difficultés, les plaques indiquant les noms des rues sont soit inexistantes, soit illisibles, car déjà rongées par la rouille. Je devine néanmoins que l'appartement de James n'est pas loin et choisit de me renseigner auprès d'un épicier qui, c'est sûr, doit forcément savoir. Légère déconvenue pour moi : l'homme est noir ! Ne pouvant faire marche arrière, je dois, entre deux étalages de boîte de soupes et de *corned-beef,* subir, le temps de me renseigner, les yeux globuleux de l'homme et sa barbe de trois jours. Je dois pourtant reconnaître qu'il me renseigne vite et bien après que je lui expose ma demande. Je le remercie et sors de cette antre infernale. La pluie a cessé. Je presse le pas dans la direction que l'énergumène m'a indiquée, tout en me répétant « première rue à gauche, deuxième à droite, boutique au store marron ». Lorsque je pense avoir ladite boutique — une mercerie — en point de mire, je cesse ma répétition mnémotechnique et, arrivé aux feux, attends évidemment le rouge pour traverser. Je n'arrive pas à effacer le visage de l'homme. Et j'en conclus rapidement — ce que je savais déjà — que nous (j'utilise à bon escient le « nous » royal et solennel) ne pouvons nous sentir à l'aise — même si nous le voulons — avec des personnes motivées par une série d'émotions fondées sur une histoire raciale totalement antipathique et (à nos yeux) positivement méprisable. Après ce jugement définitif, j'arrive au pied de l'immeuble, peut-être un peu moins miteux que ceux qui l'entourent. C'est vite dire car la cage d'escalier me fait rapidement changer d'avis, avec ses murs défraîchis et par endroits couverts de graffitis. James habite au deuxième étage. Après que j'aie sonné, une conversation s'arrête derrière la porte.

— Enfin vous voilà. Entrez, vous êtes ici chez vous, Howard. Venez, je vous présente mon frère Nelson.

Il y a en effet comme un air de ressemblance entre les deux. Je salue avec déférence. Nelson, sanglé dans un complet veston anthracite à martingale, qui semble gêné. Plus jeune néanmoins que James, me semble-t-il, il s'excuse presque aussitôt, disant qu'il doit partir. A James qui lui demande à quelle heure est sa vente — « il est commissaire-priseur » me lance-t-il — il regarde sa montre et répond « dans une heure ». Nous nous saluons à nouveau. J'observe James qui raccompagne son frère. Il est quatorze heures et il est encore en robe de chambre, avec le pyjama rayé qui lui descend aux chevilles, les pieds dans des pantoufles essoufflées. Lorsqu'il revient vers moi, c'est pour me débarrasser de mon parapluie, qui a goutté sur un vieux tapis élimé par endroits. Puis il me laisse seul pour aller faire du thé. « Ça va nous réchauffer », dit-il en se frottant les mains. Assis dans un fauteuil de cuir rapetassé, j'observe le fouillis, au demeurant sympathique, du salon. C'est peu dire que ça rompt avec l'ordonnancement résolu de l'appartement de Houtain. La pièce, vide, doit être spacieuse et claire, puisqu'une grande baie vitrée occupe presque tout un mur. Mais elle est à moitié occultée par un rideau de velours ocre jaune qui interdit à la lumière de pénétrer. De fait, la moitié de la pièce est dans une pénombre douteuse qu'accentue encore, à l'extérieur, la grisaille du ciel. Sur le mur en face de moi, à côté de la porte empruntée par James, une bibliothèque de bois sobre, garnie de livres au rangement approximatif : au départ l'intention a dû être d'aligner verticalement les livres — certaines tranches, dorées, se détachent dans la lumière incertaine — mais une fois les étagères remplies, les ouvrages et les revues ont été empilés, au fur et à mesure de leur acquisition, sur les premiers, pour meubler les espaces disponibles. Devant moi, une table basse, au vernis délavé caché par un petit napperon sur lequel est posé un petit pot en cuivre jaune, vide. Derrière elle, deux autres fauteuils comme celui dans lequel je suis assis. Dans un angle, un secrétaire, ouvert, garni lui aussi de revues et de feuilles de papier entassées. Et çà et là dans la pièce, de petits tas de revues et de magazines semblent délimiter un chemin imaginaire. Bref, c'est un fouillis organisé, dans lequel James doit être le seul à pouvoir se retrouver. J'en ai la confirmation lorsqu'au cours de notre conversation, qui porte sur de nombreux domaines de son érudition — et ce n'est pas peu dire — il va directement chercher une revue, planquée au fond d'une pile, pour appuyer son propos. Rien n'entretient évidemment mieux la discussion, lorsqu'on est entre gentlemen, que le fait d'être en désaccord. Et une bonne partie de la nôtre porte sur ce que James appelle « les droits des Noirs ». D'environ quarante ans son cadet, je ne peux braver frontalement ses idées et sa détermination, mais je ne suis pas sans avoir moi aussi des opinions bien arrêtées sur le sujet et je mets un point d'honneur à lui faire valoir, nonobstant le respect qui lui est dû. Prenant à témoin mon incursion récente dans l'East Side, je lui dis que, selon moi, permettre ou encourager l'immigration, c'est aller au suicide.

Je prends en exemple ce que j'y ai vu :

—   Vous pouvez le voir clairement dans cet enfer où un chaos de racaille a fait monter une puanteur intolérable pour tout homme blanc ayant le respect de lui-même. » Voilà, c'est dit. Il encaisse le coup sans se démonter, et sa tignasse rousse s'agite sous son crâne.

—   Vous changerez d'avis, me dit-il. Avec le temps, on change... Je veux bien admettre que j'y suis peut-être allé un peu fort dans la forme, mais sur le fond je ne lâche rien, me contentant de tempérer mon propos.

—   Les Noirs, comme d'ailleurs les Juifs, doivent se jeter complètement dans le courant principal et oublier absolument leur passé individuel ; autrement ils détermineront de désagréables croisements de goûts et de sentiments qui continueront à les rendre socialement désagréables.

—   Ah, çà, c'est déjà mieux. Au moins, vous les tolérez, sous certaines conditions...

La conversation se poursuit jusqu'à ce que je m'aperçoive qu'il fait presque nuit. Je dois prendre congé. Si James ne m'avait pas remis le parapluie, je l'aurais oublié. Il me raccompagne. Il aura passé toute sa journée en robe de chambre.

Dehors, la pluie a cédé la place à la fraîcheur. Des flaques d'eau luisent par endroits dans ce paysage urbain délabré. Je m'engouffre dans le métro.

Arrivé chez Sonia et ne voyant pas de lumière chez elle, je pense qu'elle n'est peut-être pas encore rentrée. En fait, elle est déjà au lit. Un petit papier posé en évidence sur le canapé me le signale. Le texte : « Désolé, dear, je me couche car dois me lever tôt (encore) demain. », phrase assortie d'un petit cœur mal dessiné. J'avais prévu de mettre par écrit quelques notes sur ma visite à James, ce que je commence mais je m'aperçois très vite que mon esprit est accaparé par l'insolite et apparemment anodin dessin de Sonia. Est-il correct de semer ainsi le trouble chez un gentleman (jeune de surcroît) ? Mon imagination se met à galoper pour échafauder ce qui pourrait être un point d'orgue à la situation. Et au lieu de me remémorer Harlem et James, ce que j'écris sur le papier est toute autre. Faut-il mentionner que le texte que je vous livre fut précédé de nombreuses ratures et corrections : la jeunesse apporte avec elles des stimuli imaginaires liés aux phénomènes tactiles des corps minces, aux attitudes virginales et à l'imagerie visuelle des contours esthétiques classiques, symbolisant une sorte de fraicheur et d'immaturité printanière qui est très belle mais qui n'a rien à voir avec l'amour conjugal. Eros évoque des visions de charmilles printanières et de délicatesse virginale. L'hymen de cœurs enthousiastes, les rêves longtemps partagés et les petites façons d'être familières que le temps a rendues douces et sacrées ; des manières délicates et des images de beauté et de tendresse se constituent au long de nombreuses années de vie commune et d'étroite intimité, donnant naissance à une tendresse ineffable et à un dévouement inlassable auxquels ne parviendra jamais la bouillante et impétueuse jeunesse.» Mais, en raisonnant ainsi, ne suis-je pas en train de mettre la charrue devant les bœufs ? A quoi sert de s'emballer sur un simple cœur maladroitement dessiné ? J'en reviens à des préceptes qui me conviennent mieux : « L'indépendance, et une solitude parfaite hors de la masse futile, sont des choses si nécessaires à certains esprits que tous les autres problèmes sont accessoires lorsqu'on les compare à elles. » Il en est ainsi avec moi. M'étant ainsi en conscience affirmé, je peux alors, l'esprit comme libéré, raconter ce que j'intitulerai « la balade de Harlem ».

Lorsque je m'éveille, Sonia est évidemment déjà partie. Après mon petit déjeuner, je crois bon de faire un peu de vaisselle et de ménage En essuyant la table basse, je retrouve le petit billet qu'elle a griffonné la veille. Elle a biffé le « Désolé, *dear*, je me couche car dois me lever tôt (encore) demain. », qu'elle a remplacé par « bonne journée ». Elle n'a pas touché au petit cœur.

Le soleil apparaît après que la brume se soit dissipée. La journée s'annonce belle. N'ayant pas de rendez-vous, je décide de ne sortir qu'en début d'après-midi. La lecture du *New York Tribune*, même de la veille, puisque laissé par Sonia, m'occupe avec notamment deux articles, l'un sur les « communistes philosophes » — il semble que ça existe — et l'autre sur Greenwich Village. Bonne idée ! C'est là que je porterai mes pas. Vers midi, je descends m'acheter une boîte de chili qui, avec un café au lait, fait mon déjeuner.

Je sors du métro à Sheridan Square et décide de déambuler au hasard de mon inspiration dans le doucereux Greenwich Village, avec ses antiquaires et ses studios d'artistes. Au fait, savez-vous que là, on prononce — je ne tardai pas à m'en apercevoir en écoutant les conversations — Greenwich *Grinn'idge* ? Dans le Rhode Island très conservateur, d'où je viens, nous prononçons *Gren'-itch*. A voir les accoutrements et les mines parfois étranges de certains des autochtones que je croise, et à les entendre parler, j'en déduis rapidement que ce n'est pas là que je rencontrerai « les communistes philosophes » qu'évoque le *NYT*. Entre les murs de ce « village », ses habitants ne doivent rencontrer que de façon spécifique le sous-prolétariat, beaucoup plus occupés à consacrer leur temps à cette ridicule « Semaine de l'Architecture Moderne » que je lis sur un calicot tendu entre deux immeubles. Dieu du ciel, quelle bouse de vache ! Encore un projet de guingois mitonné par ce Greenwich-Village. Pour ce qu'elle nous apporte l'architecture moderne ! Des lignes droites et des angles droits sont dans le monde entier des lignes droites et des angles droits, tout simplement. Et j'en suis venu à considérer l'architecture et la décoration comme le plus grand de tous les arts, parce qu'il est le moins personnel et le moins teinté d'émotion vulgaire. mais les courbes délicates et particulières d'une ville, lentement tracées en un point déterminé, ont une richesse infinie de suggestion touchant au lieu et à la population ; une suggestion qui fait de chaque voie étroite, sinueuse, à flanc de coteau, riche d'une agréable rangée d'entrées de maisons, antiques, caractéristiques, de fenêtres, de cheminées, de pignons, une véritable porte ouvrant sur des souvenirs et des mystères inscrutables et inéluctables.

Assis à la terrasse d'un café, dans cette faune qui m'apparaît de plus en plus étrangère, je songe qu'à quelques pas se trouvent Little Italy et Chinatown avec ses métèques infernaux. J'ai de plus en l'impression d'être en terre inconnue. La division, en 1898, de la ville en cinq districts aura sûrement et de façon bénéfique contribué à isoler toutes les populations. Mais parmi tous ces couards d'étrangers, évoque-t-on — j'en ai été témoin — aussi souvent qu'à Greenwich Village la rebattue question du sexe — le fin du fin pour le débat moderne sans expérience de ses bas-fonds et de ses mansardes ?

Je dîne chez Frank Long et ses parents. La soirée se passe agréablement. J'ai l'impression de connaître cette famille depuis toujours tant leurs sentiments et leurs émotions sont proches de ce que je peux ressentir. Mais tout a une fin. Je dois m'arracher à ces petits bonheurs passagers. Cela fait quelques jours que je n'ai pas vu Sonia et elle manque au vieux gentleman. Comme à chaque fois j'ai un pincement au cœur lorsque le métro traversa l'East River, à la hauteur de Brooklyn Bridge. Pensez donc : cinq kilomètres sous les eaux à des profondeurs abyssales !

Sur la terre ferme, je vois alors, en levant les yeux, un immeuble que je n'avais jusqu'alors pas remarqué : six étages de grès rougeâtres, noircis par endroits, sous les saillies des fenêtres, par la pollution et la pluie. Il est vide. Ses fenêtres, aux vitres pour la plupart brisées, sont autant de béances sur un inconnu que je devine excitant. Les murs du rez-de-chaussée sont couverts de strates d'affiches élimées sur lesquelles on devine des bribes de mots : *élec, réun, soir, propag,* etc… Mes yeux me ramènent aux étages supérieurs. Quels mondes ignorés se tiennent derrière ces ouvertures chahutées ? Quelles réunions secrètes se déroulent dans l'obscurité alors que les habitants voisins dorment du sommeil des justes ?

Lorsque j'arrive au 259, Parkside, il fait nuit. Sonia est déjà couchée. J'avale un grand verre d'eau et me pose dans un fauteuil. Je suis au calme. La ville a été bruyante et fébrile. Ici, au contraire, c'est un havre de paix. Tout me ramène à Sonia. Les pieds du secrétaire ont sa légèreté et sont cambrés comme ses tournures d'esprit. Sur le mur en face de moi, une reproduction de *La vague* d'Hokusaï, c'est sa force et sa grâce. Je saisis un *New York Times* qui traîne et m'arrête sur un article médical. « *L'insuline fut nommée avant d'avoir été découverte. En 1909, un chercheur français créa le mot après avoir conclu que les îlots de Langerhans dans le pancréas devaient sécréter une substance métabolique essentielle et pourtant alors inconnue...* » Le temps s'éternise. Je me rends alors compte que j'ai failli m'endormir tout habillé.

C'est le week-end. Il est, comme les autres, consacré aux amis, car ce n'est qu'à ce moment que je peux voir la plupart d'entre eux.. Sonia m'accompagne parfois, car elle doit aussi consacrer du temps aux tâches d'intendance. Cette fois-ci je retrouve Reinhardt Kleiner et

Frank Long. Tous deux arrivent au domicile de Sonia pour m'emmener avec eux.

Sonia, qu'ils ont évidemment saluée, décline l'invitation et me recommande d'être à l'heure :
—   N'oubliez pas notre sortie de ce soir... ». Moi qui voulais être discret, c'est raté. Néanmoins, mes amis ne semblent pas autrement surpris.

Reinhardt nous emmène explorer les principales antiquités du quartier — la vieille Eglise Réformée Hollandaise — et nous sommes bien récompensés de nos recherches car, autour de l'église se trouve un très vieux cimetière, avec des tombes datant de 1730 jusqu'au milieu du XIXe siècle. Presque toutes les pierres portent des inscriptions et des épitaphes en hollandais — commençant par les deux mots caractéristiques *Hier Lygen* que l'analogie rend facilement reconnaissable pour les dévots des cimetières anglais. Jusque vers 1815 ou 1820 la langue hollandaise prédomina. D'une de ces pierres tombales tombant en poussière — datée de 1747 — je détache un petit morceau que j'emporte. Il est posé devant moi pendant que j'écris ces lignes — et devrait me suggérer quelque histoire d'horreur. Il faudra qu'un soir je le mette sous mon oreiller pendant que je dormirai. Qui peut dire quelle *chose* pourra sortir de cette terre centenaire pour se venger de la profanation de sa tombe ? A minuit dans bien des cimetières très anciens, on voit rôder des ombres terrifiantes ; des ombres portant perruque et tricorne, et des culottes courtes en lambeaux, couvertes de moisissure, qui flottent sur des os tombant en poussière. Elles n'ont pas de voix, mais elles accomplissent parfois des actes atroces dans le silence.

Nous nous asseyons alors sur un banc et nous discutons du travail de révision que j'accomplis pour le fidèle mais éprouvant David van Bush. Ce conférencier en psychologie, pour lequel je travaille depuis 1922, ne cesse en effet de m'abreuver de textes à corriger et/ou à mettre en forme, ce qui réduit d'autant le temps que je pourrai consacrer à mon travail de création.

Et là, Frank m'avoue qu'il a pensé pouvoir essayer de le faire, pour m'aider, pendant un moment mais qu'il a abandonné son projet quand il a vu quel travail épuisant c'était pour les nerfs.

Il m'avoue alors qu'il n'est pas sûr de *pouvoir* le faire — et que, même s'il le pouvait, il serait sûr de ne pas le vouloir !

Je demeure donc seul avec mon dilemme, et cela me rappelle qu'un chèque Bush est arrivé fort à propos. Il me paye exactement *trois fois* le tarif ancien le plus élevé et il le fait de bon cœur. Je lui ai dit que je ne pouvais lui garantir mon service personnel qu'à ce prix élevé — il n'apprécie pas autant le travail que James Morton fait également pour lui, et il m'a demandé d'en faire le plus possible par moi-même. Je touche donc *un dollar pour huit lignes* — c'est, je vous assure, très commode pour un voyageur qui visite une grande ville ! Il faut bien se débrouiller.

Au bout d'une demi-heure de cette conversation édifiante, je vois Reinhardt souffler dans ses mains. Je sens pour ma part le bois du banc sur lequel je suis assis me rafraîchir le bas du dos. Nous décidons de rentrer. Mes deux amis me raccompagnent chez Sonia, qu'ils ne verront pas, car elle est sortie faire quelques achats dans le quartier.

Dans la soirée, Sonia et moi, allons — une idée à elle — voir *La Dent du serpent*, d'après l'œuvre de Gina Veronese, au Little Theatre sur la 44ᵉ Rue. J'ai l'impression curieuse et un peu enivrante d'avoir Sonia pour moi tout seul. Sur la façade, des affiches pour les spectacles qui se jouent en alternance. On y voit une évocation d'*Antoine et Cléopâtre*, avec ces mots : « *L'âge ne peut rien ni contre la tradition ni contre leurs nombreuses frasques* ». Tout un programme ! Mais c'est l'autre spectacle que nous venons voir. Le théâtre porte bien son nom, avec guère plus d'une centaine de places. Et la petitesse du lieu paraît accroître notre connivence. La pièce est assez bonne — épigrammatique et intelligente — bien que sa qualité sophistiquée en soit gâchée par un flot incongru de sentimentalité conventionnelle et de psychologie bourgeoise, ce dont Sonia convint avec moi lorsque nous en discutâmes sur le chemin du retour, en taxi, puisqu'elle avait insisté pour ne pas éprouver le métro à cette heure de la soirée. Lorsque nous arrivons, il est minuit passé.

Je mets à profit la journée du lendemain, où je n'ai pas de programme, pour ne pas sortir — hormis l'achat de pain et de sucre — et m'attaquer à commencer un récit qui a germé en moi après notre visite au cimetière, histoire de deux amis qui vivent seuls dans une crypte dissimulée sous une vieille demeure anglaise. Samuel Loveman, à qui je fais lire quelques jours plus tard, mes premières pages, me dit que cela augure d'un conte d'horreur efficace. Poussé par mes idées, j'y consacre mes moments de liberté jusqu'à ce que le récit arrive à son terme.

Mercredi me trouve de nouveau chez Frank et ses parents — je crains quelquefois de m'imposer aux Long en étant avec eux pour dîner désormais pratiquement tous les jours, mais ils protestent si violemment du contraire que je ne peux que les croire ! Cette hospitalité est sûrement de premier ordre — New York éclipse toutes les autres villes par la cordialité et la générosité spontanée de ses habitants — du moins de ceux de ses habitants qu'il m'est donné de rencontrer. Je croyais les Bostoniens flatteurs, mais les New-Yorkais font encore plus de compliments. Un jour où je croyais avoir un autre engagement (avec Russell qui, tout compte fait, n'a pas paru !) mais où j'ai fini par découvrir qu'il n'en était rien, je téléphone à Frank pour lui dire que je viens le voir. Mrs Long m'a dit que son visage s'était positivement illuminé de plaisir en apprenant la nouvelle de ma venue. De telles réactions vont à coup sûr me faire tourner la tête !

Lorsqu'Alfred Galpin, auquel j'avais donné rendez-vous chez Frank, arrive, il nous narre avec forces gestes qu'un accident a retardé la progression de son taxi sur Brooklyn Bridge. « D'ailleurs, ajoute-t-il, je bourlingue dans New York depuis sept heures du matin... » Mais à quelle heure s'est donc levé le jeune homme ?

J'emmène le Kid dans le quartier des libraires de Vesey Street, qu'il n'a encore jamais vu. C'est là que Samuel et moi nous avions trouvé nos occasions en avril dernier. Frank, qui a de meilleurs yeux que moi, y découvre un livre que j'aurais donné cher pour l'avoir vu le premier — *Contes de Mystère*, qui contient des extraits des plus célèbres écrivains d'horreur du XVIIIe siècle — Walpole, Mrs Radcliffe, Lewis, etc. Devant mon engouement, il me promet de me prêter ultérieurement sa découverte.

Nous partons ensuite faire une tournée d'exploration du bas Manhattan, nous faisons l'ascension du Woolworth Building — expérience inédite pour Frank. Dans la Tour Woolworth, on vend de nombreux souvenirs et je ne peux résister à la tentation d'en acheter deux — une reproduction du Woolworth Building (une *banque tirelire* — commémorant sans doute l'origine de la fortune de Woolworth réalisée dans les magasins à prix unique) pour vingt-cinq cents, et une statue de la Liberté pour dix cents. J'espère que la banque tirelire m'enseignera l'économie dans ma vieillesse. Pour l'heure, je n'y ai encore rien mis !

Le front de mer, vu de la rive de Jersey City

Puis en marchant nous gagnons le front de mer. Après Gloucester c'est le calme du soir. Sur l'Hudson, les mouettes sont attentives au moindre mouvement de navigation susceptible de leur amener leur pitance. Pas de bateaux en train d'appareiller et les marins paraissent simplement coriaces plutôt que pittoresques. Ils s'habillent dans les grands magasins, au lieu de porter le caban, de se parer des mouchoirs et des écharpes des récits de navigation. Avec Frank et Alfie, assis chacun sur une bite d'amarrage, nous discutons de l'opportunité qu'il y aurait à engager l'équipage à l'aspect le plus sinistre pour monter une expédition de pirates contre le continent espagnol, mais nous décidons finalement que les spécimens que nous avons sous les yeux n'ont pas l'air assez meurtrier pour nous servir de gaillards ! Lorsque nous reprenons notre marche vers l'intérieur de la ville, les lumières du port commencent à s'allumer. Lieux irréels où les artifices colorés des signaux portuaires se substituent peu à peu au décor marin coutumier.

Dimanche, non loin de chez Sonia, je me fais couper les cheveux — pour la seconde fois à New York (la première fois, ç'avait été avant de rendre visite à James). C'est, à mon avis, du beau travail, d'autant que je m'en mets pour soixante-cinq cents ! A ce tarif-là, ça ne peut qu'être bien ! Quand je pense qu'à Providence, cela me coûte vingt cinq cents...

A notre invitation, Kleiner est venu déjeuner. J'ai moralement assisté Sonia qui chantonnait *Darling Clementine* tout en préparant son veau Marengo, et l'ai aidé à dresser la table. Tout en faisant honneur au repas, nous discutons beaucoup, d'abord à bâtons rompus, puis le débat se focalise sur ce qu'on nomme à l'accoutumée l'indécence.

Après que Reinhardt eût cité en exemple quelques livres récents colportés par la presse, je lui dis que je n'avais guère eu l'occasion d'être choqué par le raz-de-marée, parce que la direction de mes centres d'intérêt fortement établis ne m'avait pas souvent conduit vers de tels exemples.

Mais j'ajoute que çà et là, j'ai évidemment rencontré dans mes lectures un ou deux passages que j'ai considérés comme un peu salés.

—　　　Quels ouvrages ? demanda Reinhardt.
—　　　Je n'ai pour le moment plus les titres en tête...Mais il est sûr que cela aurait pu avoir été élaboré de manière plus plaisante aux Anglo-saxons sans aucune soustraction de substance ou d'équilibre.

Un ange passe. Je reprends :
—　　　Me voyez-vous sonnant l'alarme ou faisant appel aux flammes de Savonarole ?

Je tourne la tête vers Sonia, guettant son approbation. La main sous le menton, le coude appuyé sur la table, elle semble boire mes paroles.

J'ajoute :

—   Je ne jette pas non plus toute la pomme parce qu'un morceau d'une autre est peut-être un tantinet meilleur. Je laisse aller les choses en concédant — pour autant que je puisse arrêter mon opinion sur tout ça — que je n'apprécie pas tel ou tel point, puis en continuant la lecture de l'ensemble.

Sonia se lève, entreprend de débarrasser la table. Reinhardt poursuit :

—   Et Dreiser ? Dans le genre « phase de laideur », il n'est pas mal non plus…

—   Dreiser est également une figure titanesque — le romancier des Etats-Unis. C'est ainsi. La seule attitude rationnelle de l'homme civilisé est de faire en sorte que l'évidence de l'existence soit rapportée de façon impartiale, et de ne pas essayer d'y toucher par les livres. Nous avons tous nos propres goûts et dégoûts, mais ils n'ont d'importance que pour chacun de nous. Et même si Dreiser n'est pas précisément ma tasse de thé, il est certain que c'est un très grand. En fait, tout ce dont chacun de nous doit s'inquiéter est d'obéir aux lois auxquelles on souscrit généralement, de croire aux traditions de beauté perçues à travers les verres de sa propre personnalité, et de laisser les autres libres de suivre leurs visions comme on suit la sienne. Il n'y a pas beaucoup de valeurs absolues, basiques ou intrinsèques, de sorte qu'une attitude critique ou sévère n'est pas une philosophie. »

Tout en parlant, je balaye la table de la main pour en rassembler les miettes qui traînent çà et là,

—   Si cela peut vous agréer, je suis tout à fait d'accord avec vous, mon cher », lança Reinhardt, alors que je m'excitai, me prenant à mon propre jeu.

Je reprends un ton au-dessous :

—   Plus j'analyse l'avenir de la civilisation occidentale, moins je vois la survivance des conditions et des valeurs qui à mes yeux emplissent la vie d'un peu d'entrain et de piquant. L'adaptation naturelle de l'homme à la terre, au paysage, aux conceptions de temps, d'espace et de proportion, au groupe social, à la lutte pour la vie, à ses semblables, à lui-même et à sa propre existence imaginaire — tout cela sera inévita-blement déraciné par les changements accumulés d'un régime mécanisé qui détruit les dépendances et les limites familières et les équilibres économiques, et y substitue un nouvel ensemble sans lien avec des conditions depuis longtemps cristallisées, et complètement dépendantes d'une organisation technologique complexe que l'ennui, la révolte, la conquête ou les convulsions naturelles détruiront tôt ou tard.

Reinhardt s'est à son tour levé et, les pouces dans le gilet, fait des allées et venues devant le canapé, sans doute pour se dégourdir les jambes.

— Vous êtes bien sûr de vous, Howard. Verseriez-vous dans l'astrologie ou dans le marc de café ? lança-t-il goguenard.

Je ne me démonte pas.
— Gaussez-vous si vous voulez, mais je vous affirme, moi, qu'un jour le capitalisme et le fascisme se rejoindront dans un curieux paradoxe triangulaire pour résoudre le problème de la culture dans lequel la surproduction constante de la mécanisation aura détruit la loi de l'offre et de la demande et transformé la relation de l'individu avec la structure économique en un problème d'arbitraire, d'instabilité et de difficulté déterminée.

Je m'arrête, comme l'orateur qui attend son public après un effet de manche. Reinhardt a stoppé sa déambulation et semble s'interroger. Sonia, qui s'est assise sur le canapé, me paraît céder à un petit coup de fatigue. Ne voulant pas poursuivre, au risque de la fatiguer davantage et donc de l'importuner (encore que si elle l'eût voulu, elle ne se serait pas gênée pour me faire taire), je propose à Reinhardt de sortir. Ce dernier, sondant Sonia pour savoir si elle veut venir, tout en sachant la réponse, enquille son manteau de tweed marron, son melon anthracite et se déclare prêt. Sonia réagit avec un temps de retard, en répondant qu'elle doit terminer des chapeaux pour une cliente qui doit venir dans la soirée. Cela lui arrive quelquefois de travailler chez elle, par exception. Elle confectionne alors elle-même des chapeaux artistiques, en marge du travail de sa maison. Bénéfice confortable — soixante dollars pour deux chapeaux dont la matière première en représente seulement vingt. Quarante dollars pour un travail qui n'est pas du tout rebutant ... apparemment le travail de modiste bat le travail Bush !

Nous allons, Reinhardt et moi, nous promener autour de ce Flatbush dont personnellement je ne me lasse pas. Maisons de bon goût, mais néanmoins raffinées, pelouses et bosquets bien entretenus, voilà un art de vivre qu'on souhaiterait voir partout et qui doit nécessairement contribuer à l'équilibre de l'être. Nous tentons de continuer notre discussion du déjeuner, mais le fil en paraît rompu. Nous préférons nous adonner à la vision édénique de Flatbush avant d'envisager de rentrer à une heure raisonnable pour Reinhardt, qui doit encore rentrer chez lui, et pour moi, qui veut profiter un peu de la compagnie de Sonia. Lorsque j'entre dans le salon, il s'avère qu'elle n'a pas tout-à-fait terminé son travail. Elle m'avoue que le deuxième modèle lui a, selon son expression, donné « du fil à retordre ». Je me fraye un chemin parmi les bouts de feutrine, de ganses et de journaux découpés, qui lui ont servi de patron, qui jonchent le sol, et m'installe sur le canapé pour relire *Le Molosse* afin d'en corriger les fautes. « *Dans mes oreilles agonisantes résonne et toujours s'agite un cauchemar composé de bruits giratoires, de claquements d'animaux et d'un lointain et distant aboiement, qui pourrait être celui de quelque gigantesque molosse.*» Je considère ça comme un des plus pauvres fouillis que j'aie commis et je me souviens que j'ai en pensée cette phrase quasi définitive « Il y a trop de rhétorique sonore et d'imagerie, et pas assez de substance, dans cette camelote. » Après ce jugement péremptoire, je remets le texte dans mes dossiers. Néanmoins je garderai toujours un souvenir ému de ce texte, pour l'heure aussi mal ficelé soit-t-il, car c'est dans ce texte que j'ai « créé » le *Necronomicon* maudit du non moins maudit Abdul Alhazred !

Le lundi, je suis de nouveau chez Frank. Je connais le haut de Broadway et le quartier de Riverside Drive — ah ! Cet immeuble d'angle avec la 72ᵉ rue et sa tour rococo : drôlement facile à meubler ! — aussi bien que Brooklyn — et, croyez-moi, c'est un fameux quartier. Cette fois-ci nous organisons un nouveau raid chez les bouquinistes — dans le quartier de la 4ᵉ Avenue jusqu'ici inexploré. Et quelle veine ai-je ! Pour deux dollars seulement je ramasse un *Ovide* en caractères gothiques, imprimé en 1567, alors que le petit Bill Shakespeare, âgé de trois ans, trottinait encore autour de la maison de son père à Stratford ! C'est le livre le plus ancien que j'aie jamais possédé !

En rentrant, je montre la merveille à Sonia qui, presque tremblante, n'ose pas y toucher :
—   Oh Howard, comment est-ce possible ? Cela a dû vous coûter une petite fortune !
—   Oui... deux dollars, dis-je, hilare. Elle me regarde. Ses yeux profonds m'interrogent :
—   Howard, ne vous moquez pas de moi. »

Elle paraît contrariée, et c'est peut-être dans un de ces moments que je réalisé tout l'intérêt qu'elle prend à mon endroit. Je l'aurai volontiers prise dans mes bras pour lui expliquer que je ne la raille pax. Mais évidemment mon éducation et mes bonnes manières, qui excluent toute manifestation d'affection, me contraignent. Je sors les deux dollars que j'ai encore en poche.

—   Voyez. Je suis parti avec cinq dollars. J'en ai dépensé un pour le métro et deux pour l'*Ovide*. Restent deux » Explication simpliste qui eut l'heur de lui convenir.

La soirée est agréable, faites de discussions. Nous évoquons plusieurs petits problèmes liés à l'United Amateur, envisageant la meilleure façon de les traiter. Après en avoir réglé quelques-uns, chacun décide d'aller dormir. Après que Sonia ait refermé derrière elle la porte de sa chambre, je passe mon pyjama et, couché, ne peux céder au sommeil sans avoir jeté un dernier coup d'œil sur les caractères gothiques de mon *Ovide*, que je cache ensuite sous mon oreiller, comme les enfants leurs dents de lait. Quelle bonne surprise demain va-t-il m'apporter ?

La surprise est de taille, mais tout autre que ce je me serais imaginé, même dans mes pires songes. Ce matin-là, l'ineffable James Morton m'appelle pour me dire qu'il veut, toutes affaires cessantes, me faire rencontrer un écrivain de ses amis « Je lui ai parlé de vous, me dit-il, et il est impatient de vous voir. » Ne voulant pas décevoir, j'accepte tout en me demandant à qui je vais avoir affaire, si désireux et si pressé de me rencontrer. James et moi convenons que je passerai chez lui. « Everett habite par chez moi » me dit-il d'un ton approximatif.

Everett ? Je questionne James.

—　　Everett ? A tout hasard, serait-ce Everett McNeil ? »
—　　Lui-même, m'assura-t-il.

J'avais lu le nom de cet auteur d'histoires d'aventures pour adolescents dans les journaux, au hasard des critiques de ses publications, mais ne m'y étais pas particulièrement intéressé, son domaine littéraire n'étant pas vraiment le mien.

Bref, je me prépare rapidement — le coup de fil de James m'a surpris en pyjama — laisse un mot à Sonia, car j'ignore à quelle heure je rentrerai, et pars pour Harlem. James m'attend. Je le retrouve en bas de chez lui. Sa chevelure rousse jette une note inattendue dans le paysage mélancolique et tristounet du jour grisaillant. Il vient d'acquérir notre déjeuner qui consiste pour chacun en un *coleslaw* et un *cheese-burger* aux oignons agrémentés de grains de sésame. Je refuse le jus de fruit qu'il m'offre et me contente d'un verre d'eau. Ces agapes se déroulent sur la table basse, qu'il dégage des revues qui l'encombrent pour les déposer ailleurs dans son salon capharnaüm, qui doit somme toute être sa pièce à vivre. Après cela, vite expédié, nous partons pour Hell's Kitchen, quartier « résidentiel » de McNeil, sis, pour autant que je peux me repérer, au sud de Manhattan. Grands dieux ! Je voulais du nouveau et de l'inédit, eh bien je suis servi. Hell's Kitchen — traduisez « la cuisine de l'enfer » — est le dernier vestige des anciens taudis — par ancien je veux dire les taudis dans lesquels les citoyens ne sont pas des étrangers rusés et serviles, mais des membres robustes et énergiques du groupe supérieur nordique — irlandais allemand et américain.

Hell's Kitchen ! Les abysses du cauchemar et de l'abomination malodorants — satanisme baudelairien et terreur cosmique — dénaturent les visages nordiques regardant d'un air sadique et grimaçant à côté des feux des balises de l'East River clapotant pour envoyer un signal aux planètes impies — la mort incubant et baragouinant dans des cryptes et suintant par les fenêtres et les lézardes de murs de briques saillant à l'infini — sinistres reproducteurs de pigeons, sur des toits aux immondices asphyxiants, aux messages blasphématoires pour les sombres et vieux dieux du vide cosmique, expédiant des oiseaux de l'espace extérieur vers les noirs gouffres inconnus avec des messages qu'on ne peut répéter aux obscènes et amorphes dieux-serpents.

Le quartier juif du Lower East Side, 1909

Hell's Kitchen ! Ce fut le bas quartier le plus dur de New York — le plus dur au sens propre, car il est plein d'Irlandais teigneux, vu que l'East Side s'est rempli de Juifs intimidés, craintifs et d'aimables — même s'ils sont porteurs de couteaux — Italiens. Les passages de cauchemars morbides des labyrinthes odorants d'Abaddon et les rivages phlégéthontiques avec leurs abominations visqueuses et leurs regards de fous, avec des motifs géométriques et leurs fenêtres larmoyantes — rivières troubles de vie simiesque et élémentaire avec des visages à moitié nordiques tordus et burlesques dans le flamboiement diabolique de feux de joie sous le signal de dieux sans nom des sombres étoiles — mort et menace derrière des portes dissimulées — policiers effrayés, par deux — vapeurs de cuvées diaboliques concoctées dans de sombres cryptes, tel m'apparaît le quartier du sieur McNeil.

Ambiance sur la 9ᵉ rue près de l'East River, Lower East Side

Nos pas nous guident vers une impasse bordée d'entrepôts aux arcs en demi-cercle au-dessus des façades défraichies. Çà et là, sur les pavés disjoints, sont rangées des charrettes vides. Nous entrons et sonnons dans le hall lugubre d'un l'immeuble sordide, 543 West, 49ᵉ rue. Un petit bruit sec se fait entendre à l'ouverture de la porte qui mène à l'escalier. Après avoir grimpé les cinq étages d'escaliers de fer et de béton, nous avons en face de nous la petite figure grisonnante d'Everett McNeil où des yeux bleus inquisiteurs trahissent une intelligence aiguisée. Il est immergé dans son petit appartement, oasis de netteté et de salubrité avec ses images pittoresques et accueillantes, ses rangées de simples livres et ses curieux appareils mécaniques qu'il me détaille dès qu'il s'aperçoit de mon intérêt pour eux. Il les a concoctés de manière ingénue pour l'aider dans son travail — planches pour les genoux, les dossiers, etc., etc. Très disert, il nous avoue rapidement vivoter de maigres rations de soupe en boîte et de crackers. « mais je ne me plains pas » ajoute-t-il gentiment. Tout en dégustant son thé, il se mett alors à se raconter. Il est le fils d'un rural du Wisconsin qui grandit comme un conteur naturel et qui vint finalement à New York, attendant les yeux écarquillés de faire fortune. Trop timide et trop simple pour faire son chemin au milieu de la poussée et de la compétition de sophistiqués onctueux —je pensai à ce moment-là à Houtain ? — il garde dans l'écriture sa naïveté de conteur pour enfants sans savoir comment l'exploiter dans la confrérie des éditeurs requins — et végète tranquillement sur des voies de garage inconnues, sauf peut-être de lui — de plus en plus pauvre au fur et à mesure que ses économies s'évanouissent, et qu'avec la croissance de la cité, les quartiers « pauvres maniérés » deviennent de plus en plus durs à obtenir. Toujours sauvage et monté en graine quant à la façon et à la psychologie, ses cheveux blanchirent et ses pas s'affaiblirent avec les années, jusqu'à ce qu'il ressemble avant l'âge au vieil homme qu'il est. La boucle est bouclée. Apparemment doué d'une lucidité peu commune, il nous dit avoir vécu — et vivre encore — en ermite, apeuré à l'idée que les gens n'apprécient pas les voies qu'il a choisies ou de ce qu'ils le trouvent étranges et un peu ennuyeux.

Un silence un peu gêné s'installe. Je le regarde, perdu dans ses pensées. A sa voix et à ses mains tremblantes, je le juge octogénaire.

Il m'assène le coup de grâce en évoquant, au sortir de sa pensée, certaines images de sa vie.
— A une époque, nous dit-il, je n'avais rien d'autre à manger que le sucre que je pouvais prendre librement dans les salles de restaurant. Je le faisais dissoudre dans l'eau pour me nourrir.

C'est James qui, s'en tirant par une pirouette, nous sort du marasme verbal et mélancolique dans lequel nous sommes en train de plonger.

McNeil me dit qu'il avait lu dans *Home Brew* ma contribution, et qu'au détour d'une conversation avec James Morton, mon nom était apparu. Ce dernier ayant déclaré me connaître, McNeil avait alors manifesté le désir de me rencontrer. Je suis à la fois honoré et malheureux, car si je suis heureux, comme tout écrivain, d'avoir été « distingué », je n'ai pas autant de choses à raconter que le vieil homme sauvage et monté en graine que je devine.

Dans le métro, avant que nos chemins divergent, je remercie James de m'avoir mis en contact avec cet octogénaire. James tourne la tête vers moi :
—	Everett octogénaire ? Il vient juste d'avoir soixante ans !

Lorsque je me retrouve seul, après que Sonia soit allée se coucher, je repense à McNeil et à sa vie. Quelle serait ma vie d'écrivain qui débute ? Si la malchance voulait que, comme lui, le succès ne soit pas au rendez-vous, non parce que je n'ai pas de talent, mais parce que je n'aurais pas été dans l'air du temps, ou pas au bon endroit au bon moment, comment mes nerfs souvent exacerbés me feront-ils réagir ? Je me promets ce soir-là d'avoir le caractère d'Everett, ce nouvel ami, qui me paraît avoir eu, à sa manière, l'attitude digne et maîtrisée d'un gentleman.

Le lendemain, je trouve une lettre de ma tante qui se réjouit de me voir bientôt à Providence. Cela me ramène à la réalité. Je savais depuis le début que mon séjour se terminerait en cette fin septembre. Mais les rencontres avec les amis, la découverte de tant de lieux nouveaux pour moi, et bien sûr Sonia, m'ont fait remiser au second plan ce dessein pourtant prévu. Une certaine nostalgie s'empare de moi de devoir quitter ce quotidien auquel je me suis accoutumé. Sonia s'aperçoit que quelque chose me contrarie et s'y prend tant et si bien qu'elle parvient — sans trop de peine dois-je dire — à me tirer les vers du nez.

—	Howard, me dit-elle, il faut positiver. Ne pensez pas à votre départ. Pensez plutôt au moment où vous reviendrez...

Cette façon de voir les choses me plaît, même si elle n'est pas tellement dans mon tempérament. J'explique qu'en fait c'est plutôt le fait de devoir quitter le lieu, assorti des habitudes qui s'y sont crées, où je suis, qui m'importune.

—	Vous êtres trop casanier, Howard... A votre âge, il faut bouger... et puis vous n'allez pas en terre étrangère. Vous retournez chez vous, à Providence, dans un lieu qui vous est familier.

Elle a raison. Me reprenant, je décide incontinent de celer cet instant de faiblesse, que je juge indigne d'un gentleman. Une fois couché, je contemple au plafond l'ombre portée du lustre qu'un réverbère, à l'extérieur, a installée. Et je dois m'avouer que c'est précisément celle qui m'a réconfortée qui va peut-être me manquer le plus.

Le mercredi suivant — deux jours avant mon départ — nous formons le triumvirat désormais indissoluble : Belknapius (Long), Mortonius et Theobaldus. Après le déjeuner chez Frank, il y a une excursion — et une incursion — dans les décors et au devant des impressions du passé — le coin nord-ouest de l'île de Manhattan où, à douze miles seulement du quartier grouillant des gratte-ciel, subsiste encore le dernier lambeau de campagne. Cette proximité de la terre et de la ville — la seconde devant là comme ailleurs peu à peu gagner sur la première — forme une part essentielle de cette impression première, nouvelle et fantastiquement merveilleuse que je reçois de la cité — cette impression insaisissable, esthétiquement mystique de gigantisme exotique, d'étrangeté dunsanienne et de vitalité monstrueusement bouillonnante. Cimes fantômes cyclopéennes s'épanouissant dans des brumes violettes, vortex surgissant de vie étrangère ruisselant de printemps merveilleusement cachés à Samarcande, à Carthage, à Babylone et en Egypte, visions d'architectures au soleil couchant à vous couper le souffle et paysages inconnus aperçus depuis des places bizarrement ornées de balustrades et de terrasses titanesques en étages, crépuscules scintillants qui s'épaississent en plafonds cryptiques obscurs opprimant les chemins et les voûtes d'une phosphorescence mystérieuse.

Je retrouve cette même impression le lendemain : ultime visite de Frank au cours de laquelle nous partons errer vers la vaste et large platitude des terres et marais salants du sud de Brooklyn, où les vieux cottages hollandais nous semblent comme un nouveau Hell's Kitchen. Après eux, des bateaux délabrés et fantomatiques, à l'abandon, sur la terre ferme, nous apparaissent à travers les herbes hautes. Est-ce encore New York ? Au delà, c'était Coney Island, l'océan vaste et dominateur qui l'emporte devant la terre inopérante. Cette promenade m'inspirera plus tard quelques lignes.

Au bout de la jetée,
Loin des hommes encagés,
Chiens errants quémandant les gâteries,
Zonards martiaux
Par groupes assemblés,
Lézards géniaux
Près de baraques de pisé
Aux tôles ondulées rouillées.
Braséros revigorants,
Acres fumées, voilant la lune en halo;
Harmonica, blues contondant,
Chétives joies contenues, appelant
L'épanchement, l'affection, les bravos.

La foule prend le soleil à Coney Island, 1932

Ma dernière soirée est brève. Ne voulant pas céder encore une fois à quelque faiblesse, je me concentre sur la tâche d'intendance qui consiste à regrouper les documents accumulés en trois semaines de pérégrinations new yorkaises, classer mes écrits et surtout essayer de n'en rien oublier et enfin faire ma valise. Je suis arrivé avec une et je vais repartir avec deux. Il est vrai que la seconde, acquise la veille par prévision, est plutôt petite. Le dîner est cordial, empreint d'une certaine gravité, où ni Sonia ni moi ne montrons nos émotions. Lorsque Sonia va se coucher, un mouvement soudain et incontrôlé nous jette dans les bras l'un de l'autre. Je dois me retenir pour ne pas céder à la pulsion innée qui m'habite un court instant, vite maîtrisé par mon état de gentleman.

Le lendemain, votre serviteur prend le train de 10 h 12 pour Providence.

J'arrivai à Providence sous la pluie. Je n'avais pas prévenu ma tante de mon arrivée, me privant ainsi de sa présence à la gare et du parapluie qu'elle aurait apporté. J'en fus quitte pour me sécher en arrivant, et boire le lait chaud qu'on me prépara et que je sucrai abondamment.

J'avais beaucoup moins de courrier en attente que je ne l'avais prévu. Ce qui m'intéressait surtout était les lettres d'éventuels éditeurs — on peut rêver — auxquels j'avais envoyé des manuscrits. Je trouvai une lettre d'Edwin Baird. A l'origine chroniqueur au *Chicago Journal* et au *Chicago Evening American* et qui était, en 1922 le rédacteur en chef, dès sa fondation, de *Real Detective Tales and Mystery Stories*. Il prenait parfois des initiatives personnelles dont on pouvait tirer ombrage, mais dans le cas de figure ce serait peut-être bénéfique. Il avait débaptisé *Horreur à Martin Beach*, la nouvelle que j'avais révisée pour Sonia lorsque nous étions à Cleveland, pour l'appeler *Le Monstre invisible* après que j'eus moi-même soigneusement fait disparaître le titre initial de Sonia : Le Monstre sans nom ! L'affaire en serait sans doute restée là si Sonia, qui connaissait mon indolence habituelle qui m'interdit de jamais faire le tour d'une question, n'avait pas pris sur elle de visiter mon bureau et d'emporter quantité de mes documents (aussi bien des manuscrits que des lettres sans suite). Et elle avait trouvé la chose entre les mains d'une dame courtoise, obligeante et paléoparthénoïde appelée Miss Tucker, la rédactrice en chef de *The Reading Lamp*. Cette dame en fut favorablement impressionnée — à tel point, écrivit Sonia, que sa réaction pourrait presque être appelée enthousiasme. Le résultat fut qu'elle lui avait dit qu'elle avait l'intention de m'écrire à propos d'une proposition de révision que, pour ma part, j'accueillerai certainement avec plaisir si elle signifiait une augmentation plus que théorique de ma situation financière.

Je n'avais aucune nouvelle de *La musique d'Erich Zann,* dont j'avais situé l'action à Paris même si je ne pouvais me targuer de bien connaître cette ville — qui n'est pas, dans l'ensemble, un rêve, bien que j'aie rêvé de rues en pente raide comme la rue d'Auseil — que le *National Amateur* et *Famous Fantastic Mysteries* avaient déjà publiés, et que j'avais soumis à *Weird Tales.* Idem des *Autres dieux,* mon dernier récit inspiré de Dunsany, ni de *Je suis d'ailleur*s, influencé par Poe, mais dans lequel je mis beaucoup de moi-même. Jeune écrivain débutant, j'avais terminé le récit par « je sais pour toujours que je suis d'ailleurs, un étranger en ce monde »…. Est-ce à dire que je ne savais avoir alors mon propre style ? C'est que, puisque Poe m'avait fait connaître la plupart des écrivains d'horreur, je ne pouvais jamais sentir qu'un récit commence de façon correcte à moins qu'il n'ait quelque chose de sa manière. Il est nécessaire à mon sens d'établir un décor et une voie d'approche avant que l'essentiel puisse se dérouler. Quant au rêve que j'avais narré à Winifred V. Jackson, à partir duquel nous avions réalisés *En rampant dans le chaos.* le texte avait dû s'évanouir dans le dit chaos, car ma coauteur me fit savoir qu'il n'avait pas encore non plus été publié. Ce n'était pas ainsi que j'allais gagner ma vie !

Après quelques jours passés à classer mes notes accumulées chez Sonia — je retrouvai à cette occasion le petit cœur qu'elle m'avait dessiné et que j'avais puérilement conservé — je me remis à l'écriture d'*Azathoth.* Ce serait exotique et intellectuel, mais pas du tout pour *Weird Tales*, tel que me l'avait présenté Edwin Baird. Mais j'abandonnai bientôt mon ouvrage, car séduit par un projet de Houtain qui voulait une nouvelle série. J'acceptai en le prévenant d'emblée, *Herbert West* m'ayant servi de leçon, que je fournirai moi-même les résumés de chaque nouvel épisode. J'acceptai d'autant mieux que Houtain avait joint à sa demande un chèque pour ce qu'il me devait encore augmenté d'un à-valoir de 10 dollars pour le futur récit. Porté par l'inspiration, je rédigeai *La Peur qui rôde* dont j'envoyai un exemplaire à Clark A. Smith en lui demandant d'illustrer le texte, en quatre chapitres, et un autre à Julian Houtain.

En décembre, je reçus la visite d'Ira Cole, étrange et brillant personnage — un *ranchman* entièrement illettré, ancien *cow boy* du Kansas occidental qui possédait une lueur de brillant génie poétique. Avec lui je visitai Salem et Marblehead, orgie de délices esthétiques et historiques comme je n'en avais jamais goûtés auparavant.

Puis, après un long travail épistolaire pour le *National Amateur*, je décidai de reprendre, après quatre ans d'interruption, la publication, avec le numéro douze, de mon *Conservative*.

Je rêvai toujours de façon régulière. Une nuit, un rêve retint par la suite mon attention. J'étais seul chez Sonia. Cela faisait une demi heure qu'elle aurait dû être rentrée. J'imaginai tout : courses — c'était le plus plausible — mais peut-être panne du métro, voir accident. « Howard, calme-toi. Tu vas mettre le couvert, ça la fera venir ». Une clé dans la serrure me rassura. Elle était là, enjouée comme à son habitude, les cheveux serrés sous un ravissant bibi orné d'une plume de faisan. Elle enleva son cardigan couleur automne qui laissa apparaître un chemisier blanc, s'extasia sur le couvert mis et tapa dans ses mains comme une petite fille :

—   Oh Howard, vous avez mis le couvert. Bravo ! Le dîner est presque prêt, c'est parfait.

Elle disparut dans la cuisine. Je pensai « bien joué, Howard ! ». Et je me réveillai. Je dus alors convenir qu'elle me manquait.

Par un hasard inespéré, Sonia m'apparut à Providence. C'était en juillet. J'en profitai pour faire avec elle une excursion à Narragansett. Et après m'avoir à nouveau charmé par ses saillies et sa vivacité d'esprit, elle repartit…. La qualité de l'affection telle qu'elle était manifestée par l'un des deux était d'une ressemblance suffisante avec celle éprouvée par l'autre pour constituer une base convenable à une vie sentimentale en commun. On peut penser et aimer sous forme d'images de rêve de beauté et de mystère ; à quel point cette pensée et cet amour pouvaient-ils ressembler à ceux de l'autre ? Ce sont là, je pense, les réalités de l'amour, et non cette attirance imaginaire à un point absurde qui réduit l'amour à un simple désir, et qui fait de l'être aimé un objet de son expression et de son assouvissement.

Telles étaient les questions qui m'agitaient, ligne directrice tellement en contradiction avec celle que je m'étais tracée et à laquelle je me sentais incapable de lutter. Etait-ce là la passion ?

Très souvent une passion démonstrative s'apparentant au charme exquis des jeunes années est considérée à tort comme de l'amour. Etait-ce là ce qui m'agitait ? A cela il faudrait faire une fin et sans que je puisse alors décider réellement ni me décider, j'en arrivai à penser que si l'état d'esprit dans lequel je me trouvai ne lâchait pas prise, l'épilogue aurait lieu lors de mon prochain séjour à New York. Quand ? Je l'ignorais alors. Je ne soufflai mot de tout cela à quiconque et surtout pas à mes tantes.

Le mois suivant, un autre de mes correspondants, depuis neuf ans, me fit le plaisir de me rendre visite. Maurice W. Moe, professeur d'anglais, capable de lire les caractères cunéiformes et presbytérien de haut rang, et l'un de mes meilleurs collègues amateur. Tout en visitant Boston et Cambridge, nous avons discuté de la façon la plus aimable et la plus divertissante qu'on puisse concevoir. Le même mois (août), je rencontrai le fils d'une amie de ma mère. Clifford Eddy Martin, qui avait vingt-sept ans, mon unique relation à Providence, partageait ma passion pour le fantastique et l'écriture et devint vite mon nouveau fils adoptif.

La fin de l'été approchait et je replongeai dans les activités littéraires. J'achevai ce que j'intitulai *Les rats dans les murs*. Là encore, on me soupçonna d'avoir subi l'influence d'autres auteurs, notamment de S. Baring-Gould et de ses *Mythes étranges du Moyen Age* (1866). Je soumis néanmoins le texte à *Weird Tales*. Le mois suivant, je terminai *L'Indicible* tout en aidant Eddy à réviser deux de ses textes. En mai de la même année, alors qu'*Hypnos* paraissait dans le *National Amateur,* je tentai de vider mes tiroirs, j'envoyai *Dagon, Arthur Jermyn, Le Molosse* et *Le témoignage de Randoph Carter* à *Weird Tales. Faits concernant feu Arthur Jermyn* est un texte dont je ne cessais de dire alors que son origine était plutôt curieuse et très éloigné de l'atmosphère qu'il suggère. D'aucuns m'avaient en effet « bassiné » en me vantant ces modernes iconoclastes — ces jeunes type qui se mêlent de tout et cèlent eux-mêmes des causes inavouables et des balafres secrètes. Quant à *Randolph Carter,* j'avais tiré le nom d'une des plus vieilles familles du Rhode Island — John Carter avait fondé en 1762 le premier journal de l'Etat.

Edwin Baird, le rédacteur en chef m'avait répondu que cela lui plaisait, mais qu'il ne pouvait envisager d'accepter ces textes tant que je ne les lui aurais pas envoyés dactylographiés à double interligne. Bien que détestant le travail matériel, je m'étais exécuté et j'avais eu raison : *Dagon*, en partie inspiré par un rêve, parut le premier octobre et Baird m'annonça que les autres textes suivraient. Ce fut fin octobre qu'au cours d'une discussion avec Eddy, ce dernier me parla d'un « Marais noir » peuplé d'animaux « étranges et inhabituels ». Nous menèrent l'expédition mais faut-il préciser que nous n'y trouvâmes rien... Je passai Noël en compagnie d'Eddy et de James F. Morton (qui m'avait déjà rendu visite en septembre). Et en février je commençai un travail de « nègre », fort bien rémunéré, que m'avait commandé Jacob C. Henneberger, le propriétaire de *Weird Tales*. Ce diable d'homme avait découvert Edgar A. Poe lorsque son professeur d'anglais avait consacré à l'auteur américain tout un semestre. Cette découverte lui avait fait abandonner l'armée pour le monde de la littérature, d'abord à Indiana-polis, puis à New York.

Lorsqu'il me contacta, il s'agissait pour moi d'écrire une nouvelle mettant en scène le magicien Houdini, qui ne m'avait alors pas été présenté bien que — ou peut-être parce que — fort célèbre — d'après une vague idée suggérée par celui-ci — son enlèvement alors qu'il visitait les pyramides d'Egypte. Je vous passe les péripéties qui émaillèrent mes recherches documentaires. Je passai en effet beaucoup de temps à la bibliothèque, compulsant de nombreux ouvrages depuis *La tombe de Perneb*, une publication du Metropolitan Museum of Art de New York jusqu'aux *Nuits de Cléopâtre* (Théophile Gautier, 1838). Mais je me dois de vous narrer plus en détail la dernière. Le 2 mars, j'avais tout bouclé et m'apprêtai à prendre le train de 11 h 09 pour New York lorsqu'une chose incompréhensible et dommageable pour moi se pro-duisit : je perdis le tapuscrit de *Prisonnier des pharaons*, mon travail d'un mois. J'avais veillé du samedi au dimanche pour faire, en hâte, le fastidieux travail de dactylographie. J'essayai en vain de me rappeler où j'aurai pu le poser et l'oublier. Et à présent le fruit de mes efforts était perdu. J'en fus obnubilé durant tout le trajet au cours duquel je contemplai le paysage sans vraiment le voir.

Naturellement, je m'ouvre, dès mon arrivée à New York, à Sonia de ma déconvenue — la belle enfant est venue m'attendre à la gare. Je peux, encore que je n'en doute point, compter sur sa sollicitude, Tout en me donnant le bras jusqu'à ce que nous abordions les escaliers du métro, elle me dit que nous allions vite nous mettre au travail pour reconstituer du mieux possible le tout. J'apprécie encore une fois sa façon simple de prendre le problème en vue de le régler au mieux. Je me sens pour avoir tant travaillé mon sujet, capable de restituer à peu près ce que j'ai écrit, mais un curieux phénomène se produit alors. Je suis toujours dans les mêmes dispositions vis-à-vis de Sonia et mon esprit ne conçoit pas de retarder l'échéance que je me suis fixée. Il faut toutes affaires cessantes que je réalise ce que j'ai prévu de faire. Et, juste après le déjeuner, alors que Sonia préconise que je défasse ma valise et range mon linge, je décide de sortir, prétextant que je dois prévenir l'éditeur destinataire du tapuscrit perdu qu'il y aura un « léger retard » quant à sa livraison. Je suis déjà presque en bas de l'escalier lorsque j'entends Sonia me crier « mais vous n'avez qu'à téléphoner. »

En fait, j'appelle d'abord Miss Tucker, la rédactrice en chef de *The Reading Lamp*. A l'énoncé de mes déboires, elle m'assure qu'elle va mettre tout en œuvre, notamment son bataillon de dactylographes, pour m'aider. Un peu rassuré, je fonce (que l'amour ne nous fait-il pas faire ?) à la chapelle St-Paul — Broadway et Vesey St. Pourquoi celle-là ? Parce que j'ai découvert au cours d'une promenade passée, qu'elle est dédiée au même saint que l'église où mes parents se sont mariés à Boston, et qu'elle a été construite, comme la première église baptiste de Providence, d'après les plans de St-Martin-in-the-Fields. Arrivé là, on me dit que le curé résident, le Père Georges Benson, est au presbytère de Church St. Je m'excuse de le déranger et lui demande tout de go s'il peut nous marier, ma dame et moi, dans les meilleurs délais. Il opine du chef, passe la main sur son plastron comme pour le nettoyer, puis consulte son agenda qu'il semble tenir à porté de main.

— Voyons un peu, dit-il en tournant les pages. Si vous êtes pressé, il faudrait que ce soit demain.

J'hésite. Il reprend :
—   Car après je suis en voyage quatre jours durant... Ou alors je vous confie à un de mes adjoints...

Je ne sais que faire. Je crains qu'avec un adjoint officiant, ce soit moins bien : bévue ancillaire. Je donne mon accord pour le lendemain à quinze heures, ce qu'il note.

—   Vous avez les licences ?

Craignant l'incident, je dois reconnaitre leur absence.
— Il me les faut avant la cérémonie, sinon je ne peux procéder

Je l'assure qu'il les aura. Nous réglons alors les détails : il fournira les témoins et calcule le montant de la prestation dont il me demande de régler de suite la moitié.

Je dispose de deux heures pour faire établir la licence. Je m'étonne moi-même de la volonté et de la force de caractère dont je peux être capable. J'ai ainsi la preuve que je peux ne pas être que le faible, l'indécis, voire l'incapable, que ses nerfs tourmentent à l'envi.

Ce n'est que lorsque j'ai tout réglé que j'appelle le secrétariat de *Weird Tales* pour aviser les instances dirigeantes que des événements m'obligent à retarder quelque peu la livraison de *Prisonnier des Pharaons*. Les « événements » sont mon mariage (que je ne saurais dissimuler longtemps), et non pas la perte du tapuscrit par un dadais de gentleman. A mon retour, Sonia ne me pose pas de questions. Je me contente de lui parler de la proposition de Miss Tucker.

Et si nous commencions à reconstituer le tapuscrit ? fait-elle d'un ton enjoué. Plus tôt ce sera, mieux ce sera.

Je prétexte une certaine lassitude pour surseoir.

Le lendemain, je somme gentiment Sonia d'être prête à treize heures, « pour nous rendre dans un lieu d'importance ». Elle a certes l'air étonné devant mon ton volontaire, que j'ai accompagné d'un sourire énigmatique.

—   Mais *dear*, je serai là. Cette semaine je ne travaille pas...

C'est pourtant vrai : depuis mon arrivée nous n'avons pas eu une minute pour parler. Il y a un léger moment de flottement durant lequel chacun attend la parole de l'autre. C'est évidemment elle qui rompt le silence :
—   Et... où irons-nous ?

J'ai la partie belle.
—   C'est une surprise...
—   Mais dear, je dois savoir où nous irons. Pour savoir ce que je dois porter...

Je n'ai pas songé à cette répartie toute féminine. Et si je sais comment elle doit s'habiller, je suis embarrassé pour lui dire sans lâcher le morceau. Ne trouvant pas mes mots, je lui dis de s'habiller du mieux qu'elle peut.

—   Je sais, lance-t-elle. Vous allez enfin m'introduire dans votre cercle littéraire new-yorkais !

Cela me fait sourire. A part peut-être Houtain, mon « cercle littéraire » est des plus restreints et se résume aux connaissances qu'elle a, comme moi, dans le *National Amateur*, pour lequel je n'ai jusqu'alors pas usé de ma qualité de président pour nouer quelque nouvelle relation que ce soit. Sur ces entrefaites, je laisse Sonia aller dormir. Elle disparait, sourire interrogateur, après m'avoir laissé entrevoir, dans la lumière de sa porte de chambre, sa gracieuse silhouette.

La matinée passe vite. Levers et petits déjeuners tardifs, émaillés des phrases de Sonia quémandant — une femme renonce rarement — des informations. Refus poli de ma part de laisser filtrer quoi que ce soit. Le déjeuner est escamoté. Nous n'avons pas faim. Sonia disparait dans sa chambre Une heure plus tard, alors que je maudis en silence les minutes qui s'égrennent, elle lance :
—   Je suis bientôt prête...

Je le suis depuis longtemps. J'ai choisi le moins abimé de mes deux costumes, que j'avais pris soin de sortir de ma valise dès mon arrivée, une flanelle gris clair, que je porte avec en dessous un plastron blanc à col cassé — le seul que j'ai — et un mouchoir bleu marine qui, astucieusement plié, fait office de pochette. Comment ? Le chapeau ? Mais je n'en ai pas. Je veux dire que je juge qu'aucun des trois que je possède ne peut aller avec ma tenue vestimentaire. Donc pas de chapeau — mes cheveux, gominés, en feront office. D'aucuns diront qu'ils n'ont jamais vu cela. Eh bien, ils pourront dire ensuite qu'ils l'ont vu.

Je dois dire que, lorsque Sonia consent enfin à paraître, j'en suis ébloui. Robe de printemps à discrètes fleurs beiges sur fond blanc, décolleté gansé de dentelle, et un adorable chapeau de feutre bleu pâle, entouré d'un ruban bleu marine auquel est accroché un petit bouquet de fleurs blanches en gaze. Sac et chaussures bleu marine.

Lorsqu'elle s'approche de moi, je remarque son discret maquillage. Bref, elle rayonne. Assurée de son effet sur moi, elle me détaille de la tête au pied.

—   Comme nous voilà mis ! Comme cela, au hasard, je dirai que nous nous apprêtons pour le mariage d'un ami… » Son regard s'arrête sur mes pieds. « mais, *dear*, vous ne pouvez y aller sans chaussures ! »

Elle a un rire cristallin. C'est qu'en effet, je suis encore en chaussettes, situation à laquelle je remédie rapidement.

Sonia décide qu'ainsi endimanchés, nous ne pouvons prendre le métro.

—   Je ne sais où nous allons, fait-elle mi amusée, mi-agacée, mais nous allons prendre un taxi.

J'annonce au chauffeur « à l'angle de Broadway et Vesey St. », tentant de préserver jusqu'au bout la confidentialité du programme, mais ce corniaud lâche :
—   Ah ! Vous allez à la chapelle St-Paul ?

Je bafouille « tout près ». Sonia tourne la tête vers moi, le visage éclairé par la douce lumière printanière.. et bien qu'elle ne dise rien, ses yeux semblent dire « je crois que j'ai compris ».
Lorsque nous arrivons, c'est pour elle comme une évidence ; elle règle le taxi, puis prend tout naturellement mon bras. Nous nous dirigeons vers la petite porte sise sur le côté de la chapelle, près d'un massif

d'hortensias tout proche de la floraison, qui marque aussi l'entrée du vieux cimetière, et nous entrons.

Lorsque nous passons la porte en bois, sa main se presse contre mon bras et je comprends qu'elle est d'accord et heureuse de l'être.

Le Père Cox, auquel on a rapporté notre arrivée, arrive rapidement, flanqué des deux personnages qui nous servent de témoins : un certain Joseph Gorman, affublé d'un pantalon trop court, et un certain Joseph G. Amstrong. qui arbore quant à lui, sous son veston largement ouvert, des bretelles sur son plastron. Avec les acteurs ainsi choisis, la représentation se déroule sans incident. Dehors, le vieux cimetière et le réconfortant clocher de style Wren ; à l'intérieur, la croix étincelante et les ornements sacerdotaux traditionnels du prêtre — legs riches en couleurs de la vieille Angleterre, de sa noble expérience légendaire et cérémoniale. Le service est lu dans son entier ; et avec l'état d'esprit esthétiquement cabotin de quelqu'un pour qui la coutume ancienne, bien qu'intellectuellement vide, est sacrée, j'exécute d'un bout à l'autre les différents mouvements avec une calme assurance marquée au coin de l'intérêt d'historien sinon de la sainte piété. Sonia, inutile de le dire, fait de même — avec en prime, sa grâce naturelle. Ensuite, remise de la somme due, remerciements, félicitations, examen des tableaux de l'époque coloniale dans le bureau du Père Cox, et adieux ! Deux ne forment plus qu'un. Une autre a pris et portera le nom de Lovecraft. Une nouvelle famille est fondée !

La concrétisation définitive se fait naturellement au bureau des mariages et bien que moins âgé que Sonia (j'avais alors trente quatre ans et Sonia quarante et un), l'employé est persuadé que je suis le plus âgé des deux !

Notre retour at home est des plus discrets, tout empli des secrets et des confusions amoureuses qui doivent être le lot de tous les jeunes mariés du monde. Ma réserve naturelle — celle du gentleman — m'interdit naturellement de m'épancher sur ce que fut notre commun déroulé : Je reprends simplement ici l'adage : *Cave tibi a aqua silenti* (Prends garde à l'eau qui dort.) et les mots de Virgile : *Gratior et pulchro veniens in corpore virtus* (La vertu n'est que plus agréable quand elle se présente à vous dans un beau corps.).

Ah ! La puissance d'une femme sur l'homme ! Dès que sur lui se reforme un piège de choix, le voilà, en sa douce place, pipé et englué. Tout suit, et le cœur, et la tête, au grand dam de l'intellectuel qui, se croyant préservé des mignardises de l'existence, est confronté cette nuit-là aux « réalités de la vie ».

Certaines personnes s'adaptent difficilement au mariage. Pour autant qu'une grande majorité soit concernée, je crois qu'une entrée bien choisie et hautement discriminatoire dans cet état (surtout possible, je suppose, seulement après des tentatives non satisfaisantes et des divorces) offre une promesse plus grande de félicité et une plus grande proportion de valeurs émotionnelles de haut niveau, que tout autre arrangement qui pourrait être envisagé. Certes, cela n'engendre pas le bonheur idéal — mais rien d'autre ne le fera non plus ! Et je ne doute pas que le mariage puisse devenir une disposition permanente serviable et agréable lorsque les deux parties arrivent à nourrir en parallèle les potentialités d'existences mentales et imaginatives — des réactions semblables ou tout au moins de connivence à l'encontre de certains points environnementaux saillants, de pensée historique et philosophique, etc., et de besoins et d'aspirations correspondants dans les milieux géographiques, sociaux et intellectuels. Et j'aurais plutôt été, malgré ma considération profondément théorique pour la coutume du mariage, un saurien du Nil si j'avais pelé des oignons pour retourner à ma confortable vieille base du Rhode Island d'indépendance contemplative avec de sympathiques parents de sang planant doucement autour de moi ! Etre un bénédictin avant trente-cinq ou ne pas l'être du tout, voilà mon conseil de grand-père à la jeunesse conservatrice.

Telles furent les considérations auxquelles, ne réussissant pas à m'endormir, je me livrais dans le clair obscur de la chambre où j'avais pénétré sans effraction pour la première fois. Sonia s'était endormie et je savourais pleinement le délice de dormir à côté d'un être soudain devenu cher, par la grâce conjuguée des hommes et de la foi.

Lorsque je me réveille, je suis seul dans la pièce. Je demeure ainsi, couché sur le dos, les mains croisées derrière la tête. Le jour passe à travers la fenêtre à guillotine, qu'on a laissée entrouverte à cause de la chaleur.

Aucun bruit dans cette chambre qui donne sur la cour. J'observe le papier peint avec ses grosses fleurs beiges décalées que l'œil suit de lai en lai jusqu'au moment où il est interrompu par la présence d'une commode Louis XV, aux tiroirs décorés de marqueterie. J'arrête ma prospection lorsque la porte s'ouvre. Paraît ma chère et tendre avec le plateau du petit déjeuner, auquel je fais un honneur inaccoutumé. Les émotions creusent, c'est bien connu.

Notre intention première — nous l'avions évoqué la veille au soir — était de partir, pour ce qu'il est convenu d'appeler lune de miel, pour Philadelphie, mais nous étions passablement englués dans ce miel-là : il y avait la fatigue résultant du programme chargé (sic) que nous avions dû exécuter précédemment et l'impératif auquel je devais faire face : livrer ce tapuscrit que j'avais égaré. Nous décidons donc d'aller à Philadelphie, mais en modifiant le déroulement du voyage. Pendant que Sonia fait quelques courses, prépare les bagages et rangea un peu l'appartement, je m'employe à changer sur la porte d'entrée la carte indiquant le nom des occupants et à notifier aux fournisseurs, en essayant de ne pas en oublier, le nouveau nom de famille. Après un frugal déjeuner, nous partons pour Pennsylvania Station, la gare de la 33e rue, magnifiquement romaine dans sa décoration, que je me promets de revoir car je suis là pris par le temps.

Arrivés à Philadelphie, gare de Broad Street, vers dix-huit heures, nous sommes descendus à l'hôtel Robert-Morris — une hôtellerie connue de Sonia, nouvelle mais raisonnable qui réalisait le prodige de combiner harmonieusement un extérieur gothique avec un intérieur colonial. Peut-être n'allez-vous pas me croire : signer sur le registre « M. et Mme » nous fut tout à fait facile malgré notre inexpérience totale ! Après avoir gagné notre chambre — blanche à souhait avec ses tentures murales et ses rideaux qui contrastaient avec une peau de panthère négligemment jetée en guise de couvre-lit, et après quelques rapides ablutions, nous sommes partis, sur les conseils du réceptionniste de l'hôtel, à la recherche du seul bureau de sténographes ouvert à cette heure dans toute la ville. Je serrai sous le bras mon manuscrit, que j'avais relu et préparé dans le train, avec la ferme espérance de toucher au but ultime de ce malheureux incident. On nous avait bien renseigné : pas très loin de l'hôtel où nous étions descendus se trouvait l'hôtel Vendig, dont la façade ne payait pas de mine, mais dont l'intérieur recélait au moins ce que nous cherchions. Là, moyennant un dollar, nous avons pu utiliser une machine Royal. Sonia me dictait tandis que — ô horreur, mais nécessité fait loi — je tapais. Merveilleuse façon d'accélérer le travail, que j'emploierai, me dis-je, fréquemment dans l'avenir, puisque mon épouse manifestait une bonne volonté atteignant l'empressement dès qu'il s'agissait de prendre sa part du travail. Elle avait le don absolument unique de pouvoir déchiffrer le gribouillage le plus négligé de mes brouillons — peu importaient les signes cabalistiques et les lignes qui se chevauchaient !

Au bout de trois heures de labeur, nous poussâmes un ouf de soulagement : nous avions fait une bonne partie du job. Il était vingt-deux heures. Avec la conscience d'avoir œuvré de la meilleure façon qui soit, nous rentâmes à notre hôtel. Nous n'avions point dîné. Le room-service put nous gratifier chacun d'une cuisse de poulet accompagnée de crudités, mais, fatigué autant par le travail effectué que par la nervosité qui l'avait accompagné, les deux tourtereaux que nous étions s'endormirent sans autre forme de procès du sommeil des justes.

Réveillés aux aurores, nous avons décidé d'une courte pause avant de reprendre le collier pour achever de taper ce fichu *Prisonnier des Pharaons*. Après un petit déjeuner substantiel, nous nous sommes offerts, avec dépliant et vues inclus, un « tour » de Philadelphie » dans un autobus pour touristes. Sonia était blottie contre moi, eu égard à la fraîcheur relative de l'air, et nous nous sommes pâmés devant l'Hôtel de Ville et son étonnante façade à trois étages à colonnades surmontées d'un fronton en ogive derrière lequel émerge un toit pentu trapézoïdal puis un clocheton en pointe surmontée d'un personnage en pied. Ouf ! Cela aura constitué la seule et courte manifestation de notre voyage de noce, puisque l'après-midi nous avons du reprendre, pour le mener à terme, notre labeur. Ce fut réellement la plus pratique et la plus occupée des lunes de miel. Le dernier mot tapé, nous tombâmes dans les bras l'un de l'autre, mus tout autant par la satisfaction du travail accompli que par le sentiment d'avoir réparé à bon compte ma funeste erreur. Sans effusions prolongées, car il s'agissait de ne pas rater le train qui nous ramènerait à New York, nous avons bouclé à nouveau les valises.

A New York il pleut. Nous sautons dans un taxi. Sur le pont de Brooklyn, la pluie redouble un moment, noyant les vitres. Les essuie-glaces ont bien du mal à évacuer l'eau du ciel et les câbles imposants qui soutiennent l'entablement sur lequel nous roulons semblent, à travers la pluie qui ruisselle sur les vitres, se distordre dangereusement. Cette ondée malfaisante cesse presque lorsque nous entrons dans Brooklyn et c'est dans l'air humide et froid que nous gagnons notre 249, Parkside.

Dès le lendemain matin, je me rends chez Henneberger et tends mon tapuscrit à la secrétaire, contrainte d'interrompre pour moi sa séance de vernis à ongle, ajoutant qu'il « est attendu ».

La chose faite, j'en profite, avec une diversion plus agréable, pour commander des faire-part chez Dutton, ainsi que des cartes de visite. L'employé qui me reçoit enregistre mes desiderata avec un flegme et une discrétion tout britannique.

Je suis de retour aux environs de midi. Sonia a déjà rangé le contenu de nos valises et préparé le déjeuner. Lorsque nous terminons et sans que je l'aie en quoi que ce soit, interrogé, elle se laisse aller à se raconter : lorsque son père fut décédé, sa mère la mit dans une école de Liverpool, où elle resta deux ans. Puis sa mère est venue aux Etats-Unis, rendre visite à des parents (elle avait alors neuf ans). Son intention était de revenir en Angleterre, et, en attendant, elle l'avait confié à la garde de ses deux frères et de ses belles-sœurs. Mais, une fois à New York, on la persuada de rester. Et c'est là qu'elle y rencontra un riche gentleman (« pas comme moi ») avec lequel elle se maria.

Elle me fit venir aux Etats-Unis à la fin de ma seconde année d'études. De par son mariage, elle était américaine et moi aussi. J'épousai alors en 1899 un M. Greene, qui décéda dix-sept ans plus tard.

Puis elle s'arrête, songeuse, fixant une latte du plancher. Je découvre là une Sonia que je ne connais pas, et ce n'en est que plus émouvant. Mais cela ne dure pas. Elle se reprend très rapidement pour, dit-elle, « examiner l'intendance », ce dont je conviens avec elle. Je sollicite tout d'abord d'utiliser à mon usage quasi exclusif (*sic*) le secrétaire du salon, qui semble dormir depuis que je fréquente l'appartement car je n'ai jamais vu Sonia s'en servir. J'y mettrai mes papiers, mes écrits, etc. Permission accordée. Le meuble a l'avantage d'être un peu en retrait par rapport au cœur du salon ; il est presque invisible mais néanmoins à portée de main.

Autre sujet, qui prête davantage à discussion : c'est Sonia qui cuisinera. Je ne me bats pas avec elle sur ce sujet, car mes talents de cuisinier ne peuvent rivaliser avec les siens. Mais elle veut aussi se charger des courses et je trouve cela déraisonnable pour différentes raisons que je lui expose, mais qu'elle démonte l'une après l'autre, ne me donnant d'autre choix que d'abdiquer.

Enfin nous parlons finances. Sonia me met résolument tout de suite à l'aise. Elle gagne très bien sa vie et jure que son salaire peut nous permettre de vivre tous deux sans nous priver en quoi que ce soit. Ma situation est plus incertaine : je n'ai que les rentrées d'argent, hypothétiques et pour l'instant maigres, que me procurent mes écrits, et quinze dollars hebdomadaires que mes tantes me font parvenir, somme prise sur le « magot » familial — mais je constaterai assez rapidement que l'envoi sera réduit des deux tiers.

Sonia juge rapidement de mon embarras devant cette situation peu flatteuse pour un homme marié, somme toute à la charge de son épouse. M'entourant le cou de ses bras blancs, elle me dit :
—   Un jour, vous me rembourserez tout avec les intérêts, j'en suis sûr.

La conversation-là se termine dans un grand éclat de rire.

Tout cela débattu et mis au point, j'entreprend de coloniser le secrétaire, qui ne me livre que quelques maigres papiers que je remets prestement à Sonia qui s'empresse de les jeter au fond d'un tiroir de l'armoire de la chambre en disant « je verrai ça plus tard » avant de sortir pour faire les courses.

Je ne tarde pas à m'apercevoir que si le secrétaire occupe un emplacement qui me convient parfaitement, l'angle de la pièce où il se trouve n'est pas idéalement éclairé. Il faut remédier à cela.

Ainsi donc installé, je me mets en devoir d'informer les tantes et mon ami James de mon état de mari. J'ai choisi ce dernier car je le sens le plus apte à bien réagir à la surprise que l'annonce lui causera.

J'ai envisagé de faire venir à New York ma tante Lillian et c'est par là que je dois commencer mon épître : « *Je n'ai pas besoin de vous dire toute la joie que j'ai éprouvée à recevoir votre délicieuse lettre et ce qui l'accompagnait. Mais je vous en prie, ne vous sentez pas isolée puisque vous allez très certainement venir ici ! Vous n'allez pas imaginer que le Vieux Gentleman va transférer le siège de la famille sans faire venir sa fille aînée ?.* »

Ce préambule laborieusement achevé, j'en viens à la nouvelle proprement dite : « *Entre temps — et ici, préparez-vous à apprendre des nouvelles révolutionnaires — il n'y a pas besoin de vous préoccuper de me voir trouver une chambre convenable ou d'être bien soigné (patriarche tremblant que je suis) jusqu'à votre arrivée. Le 259, Parkside est assez accueillant avec le beau secrétaire colonial — sur la tablette duquel je vous écris — entièrement débarrassé pour être réservé à mon usage, et je m'y sentirai encore plus chez moi quand mes affaires — et vous-même — seront arrivées.* » A ce moment-là, le sens général de cette lourde épître se doit de commencer à s'éclaircir. « *Le choix du 259, Parkside comme domicile* permanent, *point de ralliement, pour succéder au 454 et au 598 est à la vérité la seule solution de bon sens, et logique, au problème posé par les difficultés financières qui ont provoqué la désorganisation du vieux bien familial et obligé le vieux Theobald à abandonner ses nonchalantes rêveries nocturnes et sa retraite sans recours au bénéfice d'une vie plus active.* »

C'est vrai. Cette vie plus active, pour quelqu'un de mon tempérament, exige beaucoup de choses dont je peux me passer en me laissant aller, inerte et somnolent, en fuyant un monde qui me fatigue et me dégoûte, et en ayant comme seul but un flacon de cyanure quand je n'aurai plus du tout d'argent. J'avais eu d'abord l'intention de suivre ce chemin, et j'étais tout à fait prêt à chercher l'oubli dès que l'argent me ferait défaut ou que le simple ennui deviendrait trop pour moi ; quand soudain, il y a près de trois ans, notre bon ange Sonia H. Greene est entrée dans le cercle de ma conscience et s'est mise à combattre cette idée en m'opposant celle de l'effort et la joie que procure la vie grâce aux récompenses apportées par cet effort.

A l'époque, cette doctrine m'avait paru singulièrement impraticable ; comment aurai-je jamais pu poursuivre — ou même entamer — un programme d'activité et de réalisation alors que j'étais enfoui dans une réclusion tuant l'inspiration, survivance d'une enfance et d'une jeunesse faibles, aux nerfs torturés ? Comment, me demandais-je, quelqu'un d'aussi sensible à l'entourage aurait-il jamais pu se plier aux nécessités d'une carrière de vrai labeur, sans le stimulant continuel de compagnons littéraires vigoureux, compréhensifs et compatissants ? Sans cette compagnie qui ajoute à une énergie revigorante le bienfait plus rare et plus puissant d'une parfaite compréhension psychologique ?

Telles étaient mes réflexions lorsque New York, entre autres, me fit apparaître à quel point merveilleux je me reprenais à la vue sous l'influence d'une compagnie du genre qu'il fallait ; une compagnie que je ne voyais pas le moyen d'obtenir d'une façon permanente comme stimulant à une vie active, et qui, par conséquent, paraissait seulement accentuer la difficulté — me tirer des tentacules de l'inertie invétérée et de la recherche de l'oubli libérateur. Je m'égarai dans de oiseuses digressions. Je devais poursuivre ma missive :

« Si égoïste que cela paraisse de le raconter, il devint apparent que je n'étais pas le seul à trouver que la solitude psychologique était plus ou moins un handicap. Des relations suivies sur le plan intellectuel et esthétique depuis 1921, où j'avais en février rencontré Sonia à Boston, lors d'une réunion d'écrivains amateurs, et une visite de trois mois en 1922 au cours de laquelle notre accord de sentiments fut mis à l'épreuve pour se révéler parfait d'une infinité de façons, me fournirent abondamment la preuve non seulement que Sonia représentait l'influence la plus inspirante et encourageante qui pouvait s'exercer sur moi, mais qu'elle avait elle-même commencé à me trouver plus proche d'elle que quiconque et en était arrivée à compter à un très grand degré sur ma correspondance et ma conversation pour la satis- faction de son esprit, pour son plaisir artistique et philosophique. Elle est, comme moi, hautement individualiste ; elle considère les esprits ordinaires comme une simple source d'irritation et de malaise, les gens

ordinaires comme ennuyeux et à éviter — si bien que dans nos lettres et nos discussions nous prenons de plus en plus la position de deux sécessionnistes du milieu *bourgeois qui manifestent aussi leur désaccord ; une source d'encouragements pour l'un comme pour l'autre.* »

Je m'arrête. Ne suis-je pas en train d'écrire à ma tante que somme toute, j'abhorre notre propre milieu ? Qu'importe ! La sincérité se doit de l'emporter. En tout cas, avec Sonia, je ne crains plus rien.

« *Avec cet accord mutuel qui prime tout, et qui joue un rôle aussi vital sur les progrès, l'activité, la satisfaction des gens en cause, on pourrait bien s'étonner de ce qu'un programme de rapprochement permanent n'ait pas été envisagé depuis plus d'un an et demi. Cependant les événements décisifs ne se produisent pas dans la hâte ; peu importe à quel point leur projet conscient et immédiat ou leur résiliation finale, peuvent paraître soudain. Vous connaissez la réserve theobaldienne, l'esprit conservateur theobaldien, l'adhésion theobaldienne au vieil ordre des choses jusqu'à ce qu'un* deus ex-machina *descende brutalement pour balayer toute indécision et faire prendre aux affaires un tournant brusque. Dans ce cas la finance, la mise en parallèle pessimiste de toute vie et de l'oubli procuré par le cyanure, la pure inertie, les réticences, et une façon aveugle de se cramponner à l'hibernation du passé représentée par le sommeil anticommercial pendant la journée au 598, tout s'unissait pour le maintien d'un nonchalant* statu quo. *La somnolence d'autrefois est ainsi terminée. A pris naissance ce besoin inéluctable de faire quelque chose de précis — le besoin de se lever et de se conduire d'une manière industrielle, ou de mettre à exécution mon vieux plan d'aller en traînant les pieds jusqu'à un lieu de repos souterrain.*

New York ! Naturellement ! Dans quel autre endroit peut-on être vivant quand on n'a pas de vitalité propre et quand on a besoin de l'aiguillon magique d'un encouragement extérieur pour mener une vie active et accomplir efficacement une tâche ? Et Parkside ? Cela paraît soudain, mais dans quel autre endroit aller quand c'est le siège des plus grands encouragements, de l'inspiration, de l'accord mutuel ? Une chambre quelque part pourrait être très bien — mais comme il est stupide d'accepter des expédients informes quand un vrai chez soi *vous attend, avec toute la vigilance, la communauté de goûts, la considération, les stimulants pour mener la bataille pour la vie, que peut souhaiter un Vieux Gentleman préoccupé, sensible, et autrement sans courage ? Naturellement il y a toujours la question financière — épouvantail du bourgeois — qui ajourne naturellement toutes mes suggestions jusqu'à ce qu'elles soient mises de côté pour la discussion complète, libre, logique et sainement sans affectation qui se posait avant le déménagement. Parkside est là, coûte exactement le même prix qu'il soit ou non partagé par le vieux Theobald qui, de plus, n'arrive pas là comme un fardeau mais pour combler un vide, combattre une solitude, apporter une communion de pensées esthétiques et intellectuelles à quelqu'un qui n'a pas trouvé cette qualité chez d'autres. De plus encore — et ceci est son propre point de vue — il contribue naturellement aux dépenses communes autant qu'il pourra le faire à coup sûr. »*

Arrivé à ce point je me relis. Ma tante ne vat--elle pas se demander pourquoi je n'ai pas écrit cela plus tôt. Sonia elle-même aurait eu hâte de le faire et si possible d'exposer l'arrangement en sa présence et en présence de ma tante Annie. La décision, tout bien examiné, a des deux côtés un caractère individualiste ; et la nouvelle ne sera révélée au cercle des amateurs que lorsque le plus important message sera terminé. Je reprends mon stylo.

« Aussi historique et stupéfiant que cela paraisse (je vous en prie, ne vous évanouissez pas, ou je vais imaginer que les paragraphes de préambule artistique qui précèdent n'ont servi à rien !) l'incroyable est devenu réalité. Le Vieux Theobald a fini par devenir chef de famille, et (tenez prêts les sels) un partenaire de bonne foi de la plus inspirante, aimable, pleine de goût, intelligente, attentionnée et dévouée des mortelles et des collaboratrices, Sonia, dans la vénérable et véritablement classique institution du Saint Mariage ! »

Ouf ! C'est fait. Je repose ma plume, heureux là encore du devoir accompli. Je m'octroie une pause, me prépare une tasse de thé au lait bien sucrée que je déguste assis dans le premier fauteuil qui m'a tendu les bras, tout en relisant derechef ce que j'ai écrit. Mais je dois poursuivre, d'abord en commentant mon annonce abrupte, puis par des problèmes d'intendance.

« *Décision à la fois graduelle et soudaine, car elle a été précédée d'une évolution et d'une maturation ayant duré des années ; on en a rêvé vaguement, d'une manière académique et lorsque c'était objectivement, ce n'était que comme une possibilité pour un avenir éloigné. La certitude imminente ne s'est cristallisée que la dernière semaine ; quand les réalités du déménagement et de l'installation se sont imposées avec une insistance froidement réaliste au point de ne pouvoir être niées.*

Mon état général est idéal. La cuisine de Sonia, comme vous le savez déjà par moi et par Annie représente le dernier mot de la perfection du double point de vue du palais et de la digestion. Elle arrive même à rendre mangeables les petits pains de son ! Elle est également spécialiste de l'air frais, elle insiste autant sur les soins et les remèdes que vous, sur les disques de camphre — elle m'a déjà soumis au déluge d'un lavage de nez et de bouche, elle m'a fait soigner avec de la vaseline la lèvre gercée qui était restée ouverte pendant tout l'hiver. Et — mirabile dictu — elle essaie au moins de me faire faire régulièrement les exercices de Walter Camp connus sous le nom des Douze Quotidiens *!*

Maintenant il y a quelques objets que j'aimerais avoir dès maintenant ; dans la liste qui suit les deux premiers *paragraphes sont* très importants, *et ont un rapport avec l'affaire littéraire apportée par Miss Tucker dont je crois vous avoir déjà entretenu dans une lettre récente. Miss Tucker veut en effet « absolument » me voir — c'est le terme rapporté par Sonia — dans son bureau où je suis prié de me rendre demain à quatre heures de l'après-midi, en apportant autant d'œuvres publiées ou non que je puis avoir à New York. Les autres articles ont le temps d'arriver par la suite car ils ne concernent que le confort, l'atmosphère et choses du même genre, plutôt qu'une nécessité d'ordre commercial.*

LISTE :

1. — La boîte de fer blanc sur la planche du milieu du cabinet à porte vitrée, contenant tous mes manuscrits inédits.
2. — La pile de magazines posée sur et sous le tabouret, comprenant la collection complète de Weird Tales *et les* Home Brews *contenant mes deux feuilletons.*

3. — Ma nouvelle couverture.

4. — Mes calendriers — éphéméride Dickens, entrée coloniale, et Paul Revere' Ride.

5. — Mon vieux Webster Complet *(The Unabridged Dictionnary par Noah Webster, ndle.), dans la bibliothèque de l'est (qui supporte la pendule) et mon Dictionnaire Stormouth rouge dans la bibliothèque située au midi, sur une planche plus basse, tout au bout à côté de la table.*

6. — Mon pèse-lettres.

7. — La boîte de fer blanc contenant des lames Gillette.

8. — Quand ce sera commode — le précieux cabinet avec tout son contenu.

Et c'est ainsi que je conclurai — en attendant d'avoir vos félicitations et ensuite votre présence. Sonia vous envoie à vous et à Annie une fontaine débordante de souvenirs et d'affections et ajoute sa voix au chœur de ceux qui insistent pour que vous veniez d'abord pour la réception (dont nous vous indiquerons la date) et ensuite d'une façon permanente. Dans ces pages j'ai passé en revue l'essentiel, excusez, je vous prie, en lui trouvant une explication, la déroutante et excessive longueur d'un document aussi important.

Avec toutes sortes d'affections et de bons vœux, et dans l'espoir de vous voir bientôt, j'ai l'honneur de me dire votre neveu et très affectionné serviteur,

Howard. »

Il fait de plus en plus sombre dans ce coin du salon où je me trouve. La fraîcheur gagne aussi du terrain. J'enfile ma vieille robe de chambre avant de rédiger l'adresse de ma tante.

Lorsque Sonia arrive, bien chargée de provisions, elle se hâte d'exhiber une ravissante petite lampe mandarine qu'elle pose sur « mon » secrétaire et qui, une fois allumée, enveloppe tout l'espace alentour d'une chaude ambiance orangée.

Le lendemain, je m'apprête donc pour mon rendez-vous avec Miss Gertrude E. Tucker. Je prends avec moi les quelques écrits que j'ai sous la main, me réservant le droit si le courant passe, de lui en transmettre d'autres à réception du colis de ma tante. Durant mon cours trajet métropolitain, je songe que si l'affaire marche, cela m'aidera bien car les seules ressources sont alors les seuls travaux de révision que je fais pour David van Bush. Miss Tucker n'est pas une inconnue pour moi. Sonia s'était liée d'amitié avec elle et l'avait invitée à dîner un récent samedi soir. J'avais découvert une dame courtoise, obligeante et paléoparthénoïde, qui faisait son âge (Sonia m'avait soufflé qu'elle avait alors trente-sept ans). Ce soir-là, dans le feu de la discussion, cette perspicace ex-Baltimoréenne, d'ascendance ancienne et distinguée, m'avait énoncé toutes sortes de propositions dans le genre affaires — contacts pour placer des œuvres, spéculations au sujet d'un recueil d'essais sur d'étranges survivances en Amérique, sans toutefois en concrétiser aucune, ce qui fait que je suis assez circonspect en lui rendant ainsi visite. Son bureau, dans un rez-de-chaussée, au fond d'une cour, est, malgré l'encaissement résultant des immeubles à l'entour, très lumineux, du fait que la moitié du toit est une verrière. Ayant apparemment la main verte, Miss Gertrude y a installé maints pots de fleurs, et j'ai l'impression qu'elle me reçoit dans une serre.

Assez diserte, elle me demande tout d'abord si Sonia accepterait une invitation à dîner (il n'est pas question de moi) car elle veut lui présenter Olga Petrova, la célèbre actrice américaine. Poli, je dis que je transmettrai l'invitation. Puis nous entrons dans le vif du sujet. Miss Tucker m'a, dit-elle, été recommandée par Edwin Baird. Elle me dit en outre qu'elle pense qu'un ouvrage sur mes textes (fiction et essais) est réalisable et, pour ce faire, elle souhaite que dans un premier temps, je lui laisse trois échantillons, ce que je fais. Tandis qu'elle dit çà, elle se met en devoir de prendre un petit arrosoir qu'elle emplit d'eau et commence à arroser ses plantations, supprimant par ci par là une feuille jaunissante, tous en poursuivant la conversation !

— Je pense aussi vous mettre sous contrat avec une chaîne de magazines pour y écrire sur commande, sur des sujets secondaires.

Je vais demander des précisions — quel magazine, quels sujets ? — mais elle ne m'en donne pas le temps. Elle est maintenant à l'autre bout du studio qui lui sert de bureau — le soleil joue dans ses cheveux auburn — et elle doit élever la voix pour se faire entendre :

—   Dès que vous aurez d'autres textes, n'oubliez pas de me les apporter ; je veux absolument les voir.

Je suis dubitatif au sortir de cet entretien. N'ai-je pas confiance en moi ? Ou certaines expériences antérieures m'incitent-elles à la prudence ? Je me mets à essayer de remplir le contrat moral qui me lie à Miss Tucker et entame sans trop d'enthousiasme la rédaction d'un essai sur les superstitions en Amérique, mais je me rends très vite compte qu'il me faut attendre la documentation que je trouverai dans l'envoi que ma tante doit me faire parvenir.

Après avoir esquissé les grandes lignes de mon projet, sur lequel j'ai beaucoup de peine à me concentrer, je réalise que je n'ai pas informé ce bougre de Morton de mon mariage. Laissant en plan mon labeur, je résous donc *in petto* de m'y atteler. L'en-tête une fois rédigée, je m'arrête derechef, pressentant qu'il convient de ménager mon vieil ami. « Eh bien, mon petit — pourquoi cette familiarité ? — après avoir envisagé tous les moyens ordinaires, réguliers, de vous donner un choc, mais vous trouvant insensible aux traits de mon étrange et violente personnalité, voilà que je lance sur vous le véritablement tout dernier dispositif breveté pour faire voler en éclats minuscules un flegme enraciné et soigneusement entretenu. Reconnaissez-moi au moins le mérite d'être d'une originalité tolérable !

Vous comprendrez d'après l'en-tête de cette lettre que je vous écris d'un endroit considérablement plus proche de la maison hantée de Brooklyn sud que de celui où je me trouvais aux dernières nouvelles. Vous comprendrez aussi en poursuivant votre travail de détective que ma vieille Remington m'a accompagné ici — ce qui suggère une présence beaucoup trop permanente pour un simple visiteur. Mon Dieu, le mystère s'épaissit !

Eh bien, pour faire un peu durer cette histoire courte, il apparaît que le Grand-père Theobald est installé ici pour de bon. Comment est-ce arrivé ? Le vieux Theobald va droit au but sur la base d'une association, les neuf dixièmes au moins du matériel étant représentés par une nymphe dont l'ancien nom vient juste d'être effacé au profit du mien sur l'écriteau de la porte à l'adresse ci-dessus. Oui, mon garçon, vous aviez pigé la première fois. »

Voilà, c'est écrit. Mais en me relisant, je m'aperçois que c'était, malgré mes précautions, assez abrupt et que je dois sous peine de ne pas être crû, enfoncer le clou. « Non — je ne vous fais pas marcher ! C'est la pure vérité, et si vous pouviez voir le coquet petit certificat que le révérend George Benson nous a refilé, vous le croiriez. C'est tout simple — les habitants de ces lieux sont H.P. et Sonia H. Lovecraft.

Je reprends dans les jours qui suivent le projet de livre sur la superstition envisagé par la rédactrice en chef de *The Reading Lamp*, qu'elle ne réussit jamais à placer. Quelques jours plus tard, je reçois une lettre de ma tante Lillian, m'informant que le paquet qu'elle m'a confectionné est en route et que — oui — elle me rendra visite à Brooklyn (sans toutefois préciser de date). En revanche, pas un mot sur mon mariage. Cela n'empêchera pas son neveu de lui écrire une longue lettre chaque semaine.

A partir de là, vie calme à la maison, rythmée par les tâches de la vie quotidienne. Sonia part en général vers les huit heures trente, après un petit déjeuner qu'elle a préparé et que nous prenons de conserve. J'ai souvent droit à un soufflé au fromage (que j'adore), ou alors à des sand-wiches (dignes de Dagwood, le personnage de la BD *Blondie* dessiné par Chic Young), des fruits, un morceau de cake, et du thé ou du café que je sucre à l'excès !

Sauf exception, et à l'encontre ce que nous avions établi, je m'occupe des courses et, sans ordre vraiment établi, me livre à diverses activités : lecture, lavage de la vaisselle et ménage (vite faits quand on est que deux), courrier et travaux personnels (en particulier mon essai pour Miss Tucker).

Parfois, nous nous retrouvons à l'extérieur pour aller au restaurant puis voir une opérette ou un film. Il y a à Brooklyn, non loin de chez nous, le Nitehawk Cinema aux séances duquel nous sommes assidus car il présente souvent des films anciens. C'est ainsi que j'ai le souvenir d'un film de Chaplin, *L'opinion publique,* qui m'a alors beaucoup marqué. Le film avait déçu à sa sortie, trois ans auparavant, car les spectateurs n'y avaient pas trouvé les occasions de rire des précédents films de l'auteur-acteur. C'était, semblait-il, le premier film sérieux de Charlie Chaplin, et Sonia et moi voulons nous faire notre propre avis. Après l'avoir vu, je dis sans ambages à Sonia que pour moi, c'est un chef-d'œuvre que cette histoire de deux jeunes aux prises avec les préjugés et les conventions de la vie. N'est-ce pas ce que nous pouvons constater chaque jour autour de nous ? La vie toute simple, telle qu'elle est à New York.

Lorsque nous ne sortons pas, Sonia est de retour vers dix neuf heures. Et, après le dîner, nous avons souvent de longues et belles discussions sur nombre de sujets intéressants. Mais il arrive parfois que nous soyons incapables de trouver un compromis sur un sujet qui nous divise. Chacun campe alors sur ses positions, sans violence, mais sans céder un pouce de terrain. C'est là la conséquence de nos caractères indépendants.

Sonia est parfois fatiguée et va alors se coucher relativement tôt. Lorsqu'elle a une idée derrière la tête (*sic*), elle s'arrange pour me le faire savoir et je peux affirmer ici qu'à chaque fois qu'elle me sollicite, je crois répondre favorablement à son attente.

Un jour — c'est au début du mois d'août — je reçois une lettre de Houdini qui, ayant momentanément posé ses valises, m'invite à lui rendre visite chez lui à Harlem. Connaissant l'homme, je décide de laisser passer un peu de temps, durant lequel je m'emploie à correspondre avec lui. Je dois avouer que contre toute attente, cette correspondance, où je prétexte moult occupations, se passe on ne peut mieux.

Le courrier vient ajouter à mon trouble. Comme pour m'influencer, une lettre de Hennerberger contient un nouveau chèque de cent dollars) qu'il m'envoie pour l'histoire Houdini. Le mot joint m'informe qu'il se peut que le texte paraisse sans mon nom, car Harry est si lent d'esprit qu'il ne voit pas comment un travail fait en collaboration a pu être écrit à la première personne — il s'attendait à ce qu'il soit écrit à la troisième et il avait versé des larmes amères parce que je ne l'avais pas conçu ainsi. Et il ajoutait qu'il était allé spécialement de Chicago à Murfrees-boro, dans le Tennessee, pour consulter Houdini à ce sujet !

Ma correspondance avec Houdini est néanmoins devenue fraternelle. Comme il me l'a demandé, je lui rends visite, un mardi matin, à son domicile new-yorkais (278, West / 113ᵉ Street, non loin de Morningside Park). Bel immeuble en grès rouge de trois étages, avec un rez-de-chaussée bas, à l'anglaise, et donc une douzaine de marches pour accéder à une double porte d'entrée en bois verni, vitrée, dont le bas s'orne de plaques de protection en cuivre jaune. A l'entour, dans cette rue calme, les escaliers métalliques de secours s'accrochent aux façades, entre les fenêtres à guillotine. L'appartement du « magicien » est à l'image de l'immeuble : calme et cossu. Un domestique m'accueille et me fait asseoir au salon, dans le canapé d'angle recouvert de velours grège, en m'assurant que « Monsieur » ne va pas tarder. En fait, « Monsieur » prend son bain et je l'entends chantonner — faux. Le salon, classique, sent la cire. Ces meubles-là — table basse, buffet, table et chaises, en acajou, me semble-t-il, brillent avec des éclats fauves dans la lumière. Dans une vitrine, quelques trophées — certainement des distinctions honorifiques — que je distingue mal à cause des reflets dans les vitres qui les protègent. Dans les angles de la pièce, des vases de zinias de diverses couleurs piquent l'ensemble, plutôt austère, ravivé toutefois par un fuchsia en pot sur la table basse.

Je me dis que j'ai eu beaucoup de chance d'avoir été repéré par cette célébrité qu'est alors Harry Houdini. A chaque fois qu'un journal s'intéresse à lui, c'est pour vanter ses exploits de magicien. A la lecture de ces dithyrambes, Je suis plus dubitatif. Moi le pragmatique, je sais bien que derrière tout cela, il n'y a qu'illusion. Ce qu'on peut certainement admirer, c'est la technique, la maîtrise avec laquelle se fabrique et s'exerce précisément l'illusion. J'ai hâte de découvrir l'homme qui se cache et entretient un ego apparemment surdimensionné. Il déboule, en robe de chambre éponge, à rayures bleues et blanches, me lançant un « excusez ma tenue, je sors de la douche » en me saluant d'un vigoureux *shake hands*.

— Asseyez-vous ! Asseyez-vous !, répète-t-il, pas de cérémonie entre nous » avant de lancer, à l'adresse de son domestique « James, apportez-nous à boire ! ». L'interpellé ne tarde pas à revenir, chargé d'un plateau qui supporte nombre de bouteilles. J'observe mon hôte qui préparait les boissons, La cinquantaine bien portée, râblé, on devine des muscles puissants sous la peau. L'habituelle raie au milieu a momentanément disparu sous les cheveux tout justes secs. Le visage a tendance à être rond et les yeux bleus y brillent d'un éclat particulier.

—   Mon jeune ami, dit-il en me tendant mon verre, je suis ravi de vous accueillir ici, chez moi. Notez bien que j'aurai pu vous voir en ville, mais je suis arrivé hier du Michigan et je repars après-demain pour une tournée dans l'Ohio. Alors c'est un principe d'organisation. Lorsque je suis à New York, j'essaie, autant que possible, de voir les gens chez moi. Cela me permet d'en profiter un peu plus. Vous aimez ? » Sans attendre ma réponse, il ajoute :
—   Mon agent m'a dit qu'il y avait un projet de tournée dans le Rhode Island, je ne sais plus trop à quel date... Si vous y êtes, je vous ferai signe. Vous serez mon invité d'honneur !

Je sors de chez lui sceptique. Je n'ai évidement pas évoqué les tribulations qui ont émaillé *Prisonnier des Pharaons*. Inutile de remuer le passé. Il est clair que l'ami Houdini vit dans un autre monde que le mien. Ce moment passé avec lui a eu le mérite de m'avoir fait oublier cette vérité taraudante qu'est le manque d'argent.

L'après-midi, Sonia et moi rencontrons un représentant de la Homeland Co., sise à Yonkers — le rendez-vous a été arrangé par mon épouse — en vue de l'achat éventuel de deux terrains à bâtir. Sonia tient à ce que sur le plus grand, on fasse édifier plus tard une grande maison, l'autre terrain étant destiné à la revente dans une optique spéculative. Nous nous retrouvons donc, avec notre vendeur, à Bryn Mwar Park, non loin de l'église presbytérienne, près de Yonkers (au sud de New York). Les terrains sont remarquablement situés, d'un accès facile par le trolley ou le train, pour rejoindre New York. Ce sera la campagne avec la ville tout à côté. Il convient toutefois de ne pas se faire d'illusions. Un jour viendra où tous les terrains offerts à la vente seront couverts de maisons mais ce sera sans la promiscuité fâcheuse de la cité. Ici il y aura toujours la verdure pour séduire un gentleman. Conquis, Sonia et moi signons un premier document que concrétisera quelques jours plus tard un second rendez-vous, au siège de la Homeland celui-là, pour le versement des fonds.

En rentrant, j'en discute encore avec Sonia. Certes, la somme nécessaire à l'achat de ces terrains sera prise sur les économies de Sonia. Mais notre situation financière, au jour le jour, n'est pas brillante. Sonia m'a avoué il y a peu que son magasin de la 57e rue, dans lequel elle a tant investi — pas seulement en terme d'argent — est en train de péricliter. Elle n'a alors émis aucune idée pour remédier à la situation, mais je la sens évidemment et éminemment préoccupée. Et bien qu'elle ne fasse aucune illusion, le gentleman que je suis se sent concerné.

Lorsque j'arrive au 259, Parkside, je trouve Sonia passablement énervée. En fait, elle a eu la visite de sa fille Florence qui, en mon absence, ne s'est pas gênée pour lui dire qu'elle désapprouvait le mariage de sa mère avec moi. D'après ce que m'en dit Sonia, la scène n'a tout de même pas été aussi loin qu'un an auparavant, où sa fille et elle s'étaient alors fâchées. Par ailleurs, sa fille était tombée amoureuse d'un demi-oncle de cinq ans plus âgé qu'elle. Sonia avait refusé de l'autoriser à se marier et sa fille avait alors, à sa majorité, quitté la mère.

Que dire sans ajouter au ressentiment ? Je tente de consoler mon épouse du mieux que je peux pour essayer de lui faire remiser ses mauvais souvenirs mais il faut croire que l'état de souffrance morale dans lequel peut se trouver un être humain est propice à des décisions pourtant lucides et courageuses mais empreintes elles aussi de châtiment. C'est la mort dans l'âme que Sonia m'annonce qu'elle a cédé sa boutique de la 57e rue contre une, plus modeste, à Brooklyn, non loin de chez nous. Elle ne m'a pas consulté pour faire ça, mais je ne lui en veux pas. L'inéluctable n'autorise aucune échappatoire, et ce que j'aurais pu lui dire pour la dissuader n'eût été que mensonges.

Le jour tombe peu à peu dans l'appartement. Silencieux et éprouvé par l'étalage alors mis à nu de notre situation financière, nous nous tenons cois, main dans la main, assis sur le canapé, dans la semi-obscurité qui envahit le salon.

Après une nuit où nous avons eu beaucoup de mal à nous endormir, je me retrouve seul lorsque Sonia est partie pour son travail.

Tout en débarrassant la table de la vaisselle du petit déjeuner, mes pensées reviennent m'assaillir avec la force du problème irrésolu au sujet duquel je tourne en rond. Je me mets en tête d'écrire à ma tante Lillian pour ainsi coucher sur le papier le démon, que je veux exorciser. « *Je pense que mes cartes envoyées à l'occasion ont dissipé l'impression créée par mon silence épistolaire prolongé, que Grand-papa était mort et enterré ! Pour dire la vérité, cette mort et cet enterrement ne sont que partiels, et occasionnés par le branle-bas et la fatigue des recherches d'ordre industriel que des finances difficiles ont accélérés. La non matérialisation de divers projets littéraires, associée à l'effondrement plutôt désastreux de l'entreprise indépendante d'articles de mode de Sonia, ont créé une sorte de trou dans notre budget ; si bien qu'il m'a paru indiqué de rechercher quels projets commerciaux d'un genre quelconque pouvaient se présenter — mais jusqu'à ce jour, les résultats ont été manifestement négatifs.* » Je lui précise alors mes intentions quant à cette délicate situation.

Je décide de ne descendre acheter le journal que vers onze heures. Je vais en effet terminer la lecture de deux livres, commencée quelques jours auparavant, *Jurgen* et *Ulysse*. Le premier (de James Branch Cabell), avait été saisi, quatre ans plus tôt, par la Prévention du Vice de New York (*sic*) avec un procès à la clé pour obscénité, qui se solda par un acquittement et la remise en vente. Mon opinion sur cet *opus* est qu'il est inutile de présenter la vulgarité, mais qu'on ne peut l'exclure si l'art doit exprimer la vie, ce qui est le cas de *Jurgen*. *Ulysse*, de l'Irlandais James Joyce, était interdit, mais j'avais contourné cette disposition pour me le procurer. *Ulysse* que ses détracteurs qualifient avec dédain de « cathédrale de prose ».

Revenu à la maison, j'épluche les offres d'emploi. Encore faut-il que ce soit un emploi qui soit dans mes cordes. Que sais-je faire d'autre à part écrire ? L'une d'elles attire mon attention. Elle ne donne pas de détails, tout au plus semble-t-il s'agir d'une « démarche attractive » ; Intrigué et intuitif, j'écris à la Creditors National Clearing House, à Newark, de l'autre côté de l'Hudson, à environ seize kilomètres de Brooklyn.

Une réponse me parvient, par retour du courrier, peut-on dire, me demandant d'appeler un certain M. Ott, le directeur commercial, pour un rendez-vous, ce que je fais dans l'heure qui suit. J'obtiens un rendez-vous deux jours plus tard. Je sors alors mon guide pour repérer le trajet auquel je serai astreint et estimer ainsi l'heure à laquelle je dois quitter le 259, Parkside pour être à onze heures à cet entretien. Il m'apparaît très vite que mon intérêt est d'utiliser le métro. User de tramways serait certes plus agréable mais ne me protégerait en aucune manière d'un retard dû à un embouteillage. Et même sur le plan financier, ce mode de transport doit être moins onéreux. Je dois en effet ménager au maximum les revenus de Sonia. Et ce ne sont pas les cinq dollars hebdomadaires que m'envoie ma tante — quand elle « n'oublie » pas — qui peuvent suffire. Il faut également que j'aille voir Miss Tucker. Quid de son projet ?

Hudson River Rail Road

Deux jours plus tard, je me lève en même temps que Sonia. Je vois sur son visage un certain étonnement et dois lui dire ce que j'aurais voulu lui celer. Mon amour-propre se serait en effet satisfait du fait qu'à mon retour j'aurais pu dire que j'avais un travail, mais se serait bien passé de devoir reconnaître que j'avais échoué dans ma tentative d'en trouver un. Elle ne me questionne pas, se contentant de me souhaiter bonne chance. Je la suis des yeux, par la fenêtre, et la vois s'éloigner dans la rue quasi déserte jusqu'à la perdre de vue.

Je n'ai pas le droit de la décevoir. Je dois absolument réussir ma démarche. Il ne saurait être question pour un gentleman de revenir les mains vides. Après avoir noué du mieux que je peux (je dois m'y prendre à plusieurs fois) ma cravate, j'enfile mon veston léger. Le soleil commence son ascension. La journée promet d'être chaude.

C'est une équipée, en grande partie parce que je ne connais pas le trajet que j'ai à parcourir. Lorsque je sors du métro à Washington Square, je trouve un bus qui m'emmènera à mon rendez-vous. Je montre au chauffeur l'adresse à laquelle je dois me rendre. Obligeant, il m'indique à quel arrêt je devrais descendre. Bien qu'anxieux quant à ce que je vais découvrir — le directeur commercial, mon futur job, la durée du trajet — je décide d'être positif et tout en surveillant les noms des arrêts qui défilent, j'observe la ville maintenant éveillée. Nous traversons, sous le soleil, l'Hudson et ses eaux calmes, encombrées de bateaux, puis Jersey City, où une torpédo d'un autre âge, et néanmoins pas tellement ancienne, retarde notre progression — je deviens fébrile : serai-je à l'heure ? — parce qu'en panne au milieu de la chaussée et descends enfin à l'arrêt qu'on m'a indiqué. Ici, ce n'est déjà plus New York : automobiles clairsemées, assurance tranquille des passants. Je demande mon chemin à un *quidam* à bottines et canne à pommeau rutilant, certainement un aristocrate du coin, qui me salue en soulevant comme il se doit, son haut-de-forme — ce qui me fait jubiler — avant de fort aimablement me délivrer le renseignement. Je suis en fait à deux pas de la Creditors National Clearing House, dont les quatre étages dépassent bien largement la hauteur moyenne des bâtiments à l'entour. Une fois introduit dans la place, j'annonce que je suis attendu par M. Ott. La charmante donzelle qui m'accueille prend son combiné téléphonique pour prévenir qui de droit que M. Lovecraft est là. Ayant reposé l'appareil, qui émet une sonnerie aigrelette, elle me prie de gagner le troisième étage où, me dit-elle, je suis attendu.

M. Ott, dont la porte du bureau est ouverte, me prie de la fermer derrière moi. M. Ott est imposant de stature et porte un costume de cheviotte foncé dont le veston bâille sur une chemise à plastron blanc. Il a le visage rondouillard, le cheveu rare et — je m'en aperçois très vite — une façon de tripoter, lorsqu'il parle, ses boutons de manchette, qui doit en faire sourire plus d'un.

Néanmoins sa voix est douce, qui contraste avec l'impression globale qui se dégage du personnage. Mon interlocuteur me précise d'emblée la nature de l'emploi auquel je prétends : le recouvrement de sommes légèrement arriérées avant qu'elles ne deviennent de mauvaises créances, avant d'ajouter :
— 	Si vous êtes combatif, ce job est pour vous.

Le suis-je ? Je le serai, quitte à me forcer, car c'est la situation qui le commande.

— 	Je vous considère d'un bon œil. Si vous êtes d'accord, topons-là, me dit-il. Je vous prends à l'essai.

Je me risque à évoquer le salaire.
— 	Pas de salaire fixe. Vous serez payé au pourcentage de dossiers traités de façon positive.

Je dois à ce moment faire montre en silence d'une certaine réserve, car, certainement pour emporter le morceau, c'est-à-dire mon adhésion, il ajoute :
— 	Je vous promets qu'après votre période d'essai de trois mois, un secteur fixe vous sera attribué. Alors, qu'en dites-vous ?

Ai-je le choix ? Non, d'autant qu'il ne me paraît pas possible d'envisager une autre possibilité de ramener un peu d'argent. J'accepte donc ces conditions draconiennes. En conséquence, j'emporte à la maison des contrats et une formule d'engagement. Le lendemain je retourne à Newark — le temps est gris, soulignant la laideur relative des immeubles — où je présente les formules remplies et reçois une sacoche pleine de matériel de vente que je dois étudier avant de retourner pour les derniers détails à la réunion des vendeurs le samedi matin.

La situation, après examen, renseignements pris, paraît claire ; à tel point que je revois dans ses grandes lignes la formule de proposition afin de mettre les faits bien en ordre. Attitude que je juge nécessaire pour marquer de mon empreinte la Créditors National Clearing House.

Le samedi 26 j'assiste à la réunion des vendeurs. J'y reçois des éclaircissements supplémentaires de la part de vétérans, et je suis présenté au chef de la succursale de Newark, un garçon fruste mais bien intentionné, appelé William J. Bristol chez qui, derrière son nœud papillon et ses lunettes rondes, semblent apparaître les traces d'une ascendance levantine.

Ma version révisée du discours du vendeur fait plus ou moins sensation et j'ai la satisfaction de m'entendre citer à la réunion, — lorsque M. Ott annonce à la foule que mon texte sera désormais adopté comme la formule réglementaire de présentation pour les ventes de la maison ! Le gentleman a ainsi marqué un point et réussi son entrée dans le dur monde du travail. Un petit bonheur ne venant jamais seul, Sonia me complimente pour mes efforts.

Pour fêter cela dignement, nous allons au cinéma. Nous y voyons *L'admirable Chrichton* de Cecil B. de Mille, d'après la pièce de J. M. Barrie, avec Gloria Swanson entourée — fait tout nouveau — d'une pléiade de stars : comédie de mœurs, satire sociale bien piquante, très drôle et très bien rythmée, avec une luxueuse partie babylonienne. Ah ! Les costumes extravagants de Miss Swanson ! Nous en sortons enthousiastes, comme portés par un léger nuage dans l'air doux de Brooklyn.

Mais la vraie vie a commencé le lundi quand j'entreprends mes démarches parmi des commerçants en gros, dont j'ai relevé les noms, sur la suggestion de M. Ott, dans l'annuaire du téléphone. Journée épuisante et sans résultat. Beaucoup de temps passé dans les transports en commun, des clients, auxquels je n'aurai certainement jamais adressé la parole en d'autres circonstances, ma gêne à peine dissimulée à venir réclamer leurs impayés : beaucoup d'énergie dépensée, mais rien de gagné.

Au moment où la fatigue vient interrompre net mon effort, je regagne mes pénates, et je me fais une opinion assez précise : je manque de magnétisme, du toupet ou de je ne sais quel don magique qui constituent l'essentiel d'un démarcheur efficace. Chez moi, au calme, je classe mes dossiers et couche sur le papier les traits essentiels de cette journée.

Le lendemain, je laisse mes articulations et mes muscles faire des progrès dans la récupération de leur élasticité normale. Puis, comme j'ai entendu dire par un vétéran que les détaillants sont plus commodes que les grossistes, je décide de retourner au combat le mercredi. Cette fois je fais le principal quartier commerçant de Brooklyn, mais avec des résultats à peine meilleurs qu'auparavant. Les marchands sont plus courtois mais pas enclins le moins du monde à entamer la discussion. Il n'y en a que deux — un opticien et un tailleur — qui prennent la peine d'écouter les caractéristiques précises du service de recouvrements ou qui acceptent que je leur laisse des imprimés. Cela est évident, je ne fais pas de progrès rapides pour atteindre à la nonchalance et à l'insolence couronnées de succès du démarcheur né ! Alors que je franchis le seuil de l'appartement, Sonia, déjà de retour, m'informe qu'un certain William Bristol a essayé de me joindre. A peine mon veston posé, je rappelle mon patron sans trop savoir ce qu'il me veut. En fait, il vient tout bonnement s'enquérir de mes premiers pas de démarcheur à domicile. Pas question évidemment de lui parler de tous les maux qui m'assaillent depuis trois jours. Je me contente de rester dans un flou que je juge artistiquement dévoilé.

Il me fixe en outre rendez-vous pour le lendemain à neuf heures trente à l'entrée du métro à Vulton Street, sans me donner plus de détails. Lorsque j'ai reposé le combiné, mon air dubitatif intrigue Sonia qui me questionne. Je lui fais part de mon étonnement. Mais nous en restons là, ne pouvant ni l'un ni l'autre répondre à ce minime incident existentiel.

A Vulton Street, je me retrouve à côté d'un inconnu qui a certainement, lui aussi, un rendez-vous. Grand et sec, vêtu d'un costume trois-pièces de flanelle grise que seul égaye un nœud papillon riquiqui, il consulte fréquemment sa montre et jette des regards interrogateurs à l'entour. Le mystère s'éclaircit lorsque paraît William Bristol, feutre taupé vissé sur le crâne, qui parait lui manger la moitié du front. Celui qui s'impatientait à côté de moi, et que je découvre, novice comme moi, un impétueux et aimable jeune ex-officier du nom d'Edward Hutchings, est venu lui aussi au rendez-vous fixé par Bristol. Ce dernier nous explique en quelques mots : nous allions être emmenés à titre de démonstration par un expert dans une tournée de démarchage, ce qui doit nos permettre ainsi d'assimiler les subtilités de la vente qui ne s'acquièrent qu'avec l'expérience.

Mais nous, nous étions à l'heure, et « l'expert » — un jovial vendeur vétéran appelé De Kay, *dixit* Bristol — ne l'est pas. En l'attendant, Hutchings me dit qu'il a obtenu des résultats légèrement supérieurs aux miens, mais il n'est pas satisfait de ses progrès et il laisse entendre comme vraisemblable son abandon anticipé. Au bout d'une demi-heure, De Kay apparaît. Plates excuses de sa part — « les embouteillages », alibi universel des automobilistes, réponses convenues : « ce n'est rien ». Nous est alors offert un trajet en voiture découverte — torpédo s'il vous plaît — de Broadway à la succursale de New York — au bureau d'un certain Mr D. Costa, qui prend ses instructions de l'état-major territorial de Newark. Là, on discute de nombreux détails, mais le caractère « grossier » de la proposition se fait de plus en plus visible — spécialement depuis qu'il devient évident que le démarchage le plus fructueux se fait parmi les « affaires de coutures », autrement dit les industries du vêtement, qui se trouvent entièrement entre les mains des gens les plus impossibles. Le détachement se divise alors en deux pour les tournées de démonstration, De Kay prend Hutchings et Bristol m'emmène avec lui. Peu après, mon guide commence déjà à se montrer très franc sur l'atmosphère de ces affaires, reconnaissant qu'un gentleman bien né et bien élevé a très peu de chances de réussir dans ce genre de démarche, où l'on doit être miraculeusement magnétique et captivant, ou bien assez grossier et endurci pour pouvoir passer outre à toutes les règles de délicatesse et entamer de force la conversation avec des victimes outrées, hostiles et non consentantes. En clair, mon « chef », remarquable psychologue qui m'a déjà clairement identifié, me déconseille implicitement de poursuivre. Je dois reconnaître que je suis merveilleusement soulagé de pouvoir renoncer à un travail ardu et me décharger de ce fardeau sans avoir à exécuter le préavis d'une semaine stipulé dans le contrat — et je suis encore plus satisfait de la déférence et de la cordialité dont fait montre l'honnête Bristol. Car dès qu'il n'est plus question de cette proposition de démarchage, le climat est plus détendu entre nous et il commence à me parler un peu de ses projets futurs et à me dire qu'il sera un jour en mesure de collaborer avec moi d'une façon très étendue pour des travaux de révision ou autres. Il n'est pas satisfait — mais il me prie de ne pas en faire état — de sa direction actuelle et il a hâte de retourner aux affaires d'assurances, dont il a avant tout l'expérience. Quand il concrétisera cette intention, il sera en mesure de me faire une proposition vraiment réalisable ; car dans ce cas, il aura besoin du concours d'un gentleman. Il m'apparaît qu'il a en fait péniblement conscience de sa propre grossièreté qui, à mon avis, représente pour lui un handicap sérieux pour accéder aux niveaux supérieurs des entreprises commerciales. Arrivé à ce point de notre conversation, qui se déroule alors que nous marchons, il me propose de nous arrêter dans un café. Et là, à titre de début, il m'offre de réviser (ou plutôt, d'écrire complètement d'après ses indications verbales) une lettre de candidature à une agence générale ou à une direction de secteur, qu'il se propose d'envoyer en deux exemplaires à toutes les principales compagnies d'assurances du pays. Avec cette proposition, dont il ne doute pas un instant qu'elle sera rédigée dans une rhétorique impeccable, il compte sur sa connaissance pratique du métier pour plaider sa cause une fois qu'il aura obtenu une audience avec l'autorité compétente. J'accepte évidemment ce travail, tout à fait dans mes cordes et je l'en remercie. Il baisse les yeux qui semblent se noyer dans le verre de bière posé devant lui. Sa situation m'apparaît en fin de compte un peu pathétique, si l'on tient compte de la lutte incessante entre une ambition illimitée et une rudesse de manières sur le compte de laquelle il ne partage à l'évidence pas l'idyllique inconscience d'un David van Bush. Relevant la tête, il ajoute qu'il désire améliorer son élocution et sa façon de s'exprimer aussi bien que son style écrit — mais pour cela je le renvoie à une autorité plus compétente que moi : ce bon vieux Morton, diplômé et ancien instructeur de l'Ecole d'Expression Curry, de Boston.

Après ces échanges roboratifs, nous nous séparons bons amis. De retour chez moi, et après un repas frugal, je m'attelle à la rédaction demandée. C'est la grande vie ! Rien à faire — si j'ai une supériorité en quelque chose c'est dans le genre écriture et révision. Le meilleur genre de situation que je puisse obtenir est là où je trouve l'emploi de ma plume — et je fais confiance au Temps et aux dieux pour faire naître une pareille possibilité sur mon chemin !

Si, eu égard à mon tempérament, je sors de la situation plutôt ragaillardi, il n'en est pas de même pour Sonia lorsqu'elle voit dans la corbeille à papier près du secrétaire les restes des dossiers de recouvrement dont je me suis promptement délesté. Il ne lui faut que peu de temps pour comprendre que ma tentative a échoué et la présentation que je lui fais du travail envisagé avec Bristol ne la convainc qu'à moitié. Il faut dire que, malgré ses efforts, sa boutique de Brooklyn ne lui apporte pas les assurances de gains qu'elle a escomptées et, bien qu'elle ne soit pas par nature du genre à s'inquiéter, je la sens préoccupée.

J'ai par ailleurs bien fait de ne pas attendre grand-chose du projet de livre de Miss Tucker sur la superstition. La rédactrice en chef de *The Reading Lamp*. ne réussit pas à atteindre son but et me fait savoir qu'elle abandonne. Une fois encore, je classe les feuillets rédigés dans un dossier, en me promettant d'y travailler ultérieurement pour aboutir à quelque chose d'achevé.

Ce vendredi 4 juillet, nous fêtons l'Independance Day, ce soi disant glorieux jour des rebelles yankees, à notre manière. Sonia et moi le consacrons à des lectures en plein air dans Prospect Park — il a plu au tout début de l'après-midi et des arbustes tout proches monte la délectable odeur de la terre mouillée après une longue période de sécheresse. Nous découvrons non loin de notre porte un rocher délicieusement déserté surplombant un lac et nous y passons plus de deux heures dans des lectures de pages d'amis, choisies sur nos étagères bien garnies. Le soir, nous sommes dans un petit restaurant de Greenwich Village. L'air est doux. Nous dégustons là du jambon cuit garni de pommes de terre persillées et, normal en ce qui me concerne, une grosse glace faite de divers parfums.

Je m'attire des remarques ironiques de Sonia qui me lance :
—   Il n'y a guère de café dans votre sucre, *dear* !

Et comme nous avons là un grand week-end de trois jours, nous renouvelons, après avoir hésité car les nuages ont été un temps abondants, l'opération « lecture au parc ». Par contre, comme le temps s'est gâté, nous passons la plus grande partie du dimanche à répondre à des annonces d'offres d'emploi parues dans les journaux.

Le lundi 7, dernier jour de liberté pour Sonia, nous le consacrons aux distractions et aux promenades — après toutefois une entrevue d'affaires pour mon épouse, en nous rencontrant au pied de Trinity Church, avec son clocher de pierre ciselée, vers midi, en allant dans le cimetière de la Trinité, saluer la tombe, en forme de pyramide, d'Alexander Hamilton, en visitant la belle maison coloniale du président James Monroe, avec ses deux imposantes colonnes blanches, qui s'élèvent le long des deux étages de la demeure, de part et d'autre du perron, en suivant certaines allées coloniales à Greenwich Village et en prenant finalement l'autobus à Washington Square pour remonter jusqu'à Fort George où nous descendons la pente escarpée jusqu'à Dyckham Street. Nous déjeunons dans un restaurant modeste et poussons jusqu'au *ferry*. Là, nous embarquons pour traverser le large Hudson jusqu'au bas de Palisades, Puis nous continuons notre périple en prenant un omnibus qui escalade, en faisant des zigzags, une pente rapide, ce qui nous permet d'admirer quelques magnifiques panoramas, le plus époustouflant étant évidemment la vue qu'on a là de New York. Pour finir, la route s'enfonce à l'intérieur des terres en traversant une forêt, bordée de belles propriétés, qui se termine dans l'étrange et somnolent village d'Englewood. Nous sommes alors dans le New Jersey. Nous descendons jusqu'à Fort Lee (en face de la 25e rue) par le tramway. A Fort Lee demeurent de vagues souvenirs (plaques commémoratives, de noms de rues) des laboratoires Eclair qui y avaient établi leurs studios de production cinématographique. Las, les studios furent détruits trois ans plus tard par un incendie, mettant fin à l'odyssée américaine de la Société. Nous traversons grâce au *ferry* et gagnons la maison par différents autobus. Ce fut une magnifique journée, avec — cerise sur le gâteau — quelques beaux effets de coucher de soleil sur le Woolworth Bdg. Terrassés par la fatigue nous nous couchons juste après la douche et j'affirme ici que notre sommeil fut des plus récupérateurs.

Le lundi, j'essaye de faire quelques visites dans des cas qui l'exigent. C'est une randonnée détestable et fatigante — porte à porte, refus sur refus — et le soir je suis prêt à changer de sujet, malgré le fait que j'ai réussi à travailler tout en faisant une tournée assez artistique et archéologique. Jugez plutôt : j'ai remonté à pied Madison Avenue, où se trouvent les magasins proposant les objets les plus rares et les plus magnifiques, me perdant dans la contemplation des vastes vitrines où sont exposés vases et pendules anciens, modèles de bateaux, miniatures, bureaux aux sculptures classiques sur lesquels se sont appuyées des poignets aux volants de dentelles, où se sont posées des mains tenant des plumes d'oie.

New York, 2ᵉ avenue, 1930

J'ai également revu la partie coloniale du bas Manhattan, avec ses rues étroites et sinueuses, la spacieuse Sutton Place ; je suis remonté jusqu'à proximité des quais de Queensboro Bridge, où la richesse et le goût ont annexé une courte fraction de la crasseuse Avenue A, pour la transformer en un paradis de jardins georgiens et de façades londoniennes, avec des terrasses bizarres ayant vue sur l'East River qui coule au loin, vers le bas. J'ai aussi visité Chinatown — les stations Mott et Doyer sur des embranchements partant de Chatham Square. J'avais vu cela après la chute du jour deux ans auparavant avec Kleiner et Loveman ; mais je le voyais en plein jour pour la première fois. Il y eut quelques intéressants balcons orientaux, sculptés et dorés, mais si peu nombreux qu'on fut inévitablement déçu. Le lendemain, encore de la marche et la visite de maisons — y compris une balade dans les rues vertes, ombragées, de la partie ouest de Flatbush qui me rappelle des quartiers de Providence tels que Cooke Street. Dans la soirée je fais un peu de travail pour Bush — un boulot arrivé soudain doit être inséré dans un livre à venir. J'accompagne d'abord Sonia à un rendez-vous d'affaires qui finalement n'apporte rien ; j'entreprends ensuite de lui montrer quelques-unes des choses que j'ai vues moi-même le lundi précédent, y compris Madison Avenue et Sutton Place. Je la mets ensuite dans un autobus allant vers la maison, puis je gagne à pied Central Park, où je passe tout l'après-midi à errer dans des sentiers verdoyants ou à rester assis sur des rochers sous des ombrages campagnards, à lire et à réviser, à réviser et à lire. J'y commence notamment la lecture d'*Endymion* (que j'associe à mon *Ode à Séléné*, écrite en 1919, vu qu'Endymion passe pour avoir été son amant) de J. Keats, emprunté dans la petite bibliothèque de Sonia. « *Une belle chose est une joie pour toujours Sa beauté s'accroit et ne s'abimera jamais dans le néant mais entretiendra pour nous un écrin de calme, un sommeil empli de rêves, ainsi que notre santé et de calmes respirations.* » Ce lyrisme m'exalte au plus haut point. Que ne puis-je exprimer d'aussi belles pensées par des images claires et cristallines ? Keats forme rapidement pour moi le zénith de l'art poétique. Le soir j'arrive à la limite nord et j'escalade la hauteur sur laquelle se trouve le vieux *blockhaus* de 1812. En revenant je traverse en passant par Morningside Park, escalade les hauteurs avoisinant la Cathédrale St-Jean de Dieu et sors sur le campus de l'Université Columbia. La, je prends à la station de Broadway et 116ᵉ rue le train en direction de la maison. A la fin de l'après-midi nous avons la visite d'un certain M. Bailey, en relation avec la Homeland Co., qui nous avait vendu le terrain de Bryn Mawr et nous discutons du genre de maison que nous voudrions si nous parvenons jamais à sortir du bourbier du danger fiscal. C'est en effet un projet que nous avons formé au lendemain de notre mariage, celui d'avoir notre maison bien à nous, sans méconnaître qu'il y a loin du projet à la chose.

Sonia a repris son travail. Dans le calme de l'appartement, je réfléchis. Je passe d'abord beaucoup de temps à étudier la partie préliminaire de mon aventure commerciale malheureuse.

New York en 1935

Mon économie est une chose que l'on doit admirer. Jamais de ma vie je n'ai dépensé aussi peu, et je pose vraiment les fondations d'un personnage fort et avare. Quand j'aurai enfin de l'or, je le conserverai dans des sacs de cuir, je le sortirai de temps en temps pour l'admirer ; je le ferai sonner dans mes doigts.

Cette réflexion m'amène à concevoir une lettre de candidature que je pourrai envoyer à des annonceurs éventuels, m'épargnant ainsi la nécessité d'avoir à rédiger à chaque fois. Je commence sur-le-champ sa rédaction : « *Si ma demande d'emploi non provoquée semble quelque peu inusitée en cette époque de système, de bureaux et de publicité, je suppose que les circonstances qui entourent celles-ci pourront contribuer à atténuer ce qui aurait été autrement une hardiesse indiscrète.* » A court d'idée, je m'arrête ; je poursuivrai plus tard. En rangeant cette ébauche, je m'aperçois que je l'ai rédigée au dos d'un courrier reçu de la Homeland Co....

Trêve de réflexion stérile : que faire pour ramener un peu d'argent ? De fil en aiguille, je songe que cela fait bien longtemps que, hormis quelques travaux de rédaction, j'ai interrompu mes écrits fictionnels. Il faut que je noie mes ennuis dans l'encre ou le cliquetis des touches de la Remington. J'en suis là de mes réflexions lorsque le téléphone sonne. Le sieur Henneberger veux me voir. Cela ne tombe on ne peut mieux.

Je dois voir Henneberger, celui-là même qui m'a déjà sollicité pour travailler pour Houdini et qui vient de m'écrire une lettre qui a provoqué une grande excitation dans cette famille paisible et récemment fondée. Cet éminent Henry, honnête mais malappris, m'écrit en effet qu'il va apporter un changement radical à la politique de *Weird Tales* et qu'il a en tête un magazine entièrement nouveau, qu'il veut intituler *Ghost Stories*, pour couvrir le frisson des marchés Poe-Machen. Soit. Il faut en discuter.

Je reviens à mon idée de lettre évoquée plus haut qui se transforme en texte de facture classique d'annonce qui débute par « Ecrivain et réviseur, *freelance*, etc. , etc. » que je dépose au *New York Times* et qui paraît dans l'édition du 10 août.

Je suis distrait par un coup de téléphone de Frank Long.

Il s'était absenté, me dit-il, de New York pour aller chercher sa mère, souffrante, dans le Maine ; elle faisait alors une forte fièvre et semblait d'une façon générale si mal en point que le retour à New York semblait être la seule chose à faire. Ce retour lui a fait du bien, elle se remet à présent régulièrement, mais les nerfs de Belknap sont de son propre aveu encore secoués par ce bouleversement soudain. En tout cas, j'ai beaucoup de nouvelles à lui communiquer : l'arrivée imminente à New York — avant peut-être trois mois — de ce poétissime esthète appelé à prendre immédiatement la suprématie sur notre cercle — Samuel Loveman! La plus grande partie des amis de Loveman, comprenant George Kirk, Hart Crane et Gordon Hatfield, y sont déjà; et maintenant il se propose de les rejoindre — fortifié par la quasi certitude du succès littéraire et de la consécration, pour lesquels il lutte depuis si longtemps. Ces nouvelles me sont un baume au cœur dans la situation où je me trouve.

La réunion du Kalem qui se réunissait alors tous les mardis soir, est alors déplacée aux mercredis parce que Frank Long a les mardis un cours du soir à l'université.

Le jour de mon anniversaire, Sonia me fait la surprise d'un cadeau, me remettant une enveloppe qui contient vingt dollars. Je me récrie : dans notre situation, est-ce bien raisonnable ? Elle me répond qu'elle n'a pas su quoi m'offrir et que ce billet argent sera pour quelque chose qui me fera plaisir. Je remercie en balbutiant, mais je ne suis pas dupe : elle a usé d'un subterfuge classique pour que je dispose d'un peu d'argent. J'apprécie d'autant plus le geste que la veille au soir, nous avons eu une grande discussion au cours de laquelle elle m'a exposé que la situation financière du Gardénia — sa boutique — semblait sans espoir. La saison d'été a assurément été désastreuse pour elle et elle ne semble compter, sans espérance, que sur l'automne pour tenter d'améliorer un peu ses ventes.

Ce soir-là, je tâche de lui donner la plus exquise sensation qui est en mon pouvoir, émerveillé en mon for intérieur des ressources que nous donne notre corps pour apporter tant de bonheur à l'être que nous chérissons.

Le lendemain, je suis à la maison, la plume à la main, lorsque dans la soirée se déclenche quelque chose qui mérite en vérité un large récit. Vers les dix-sept heures, je reçois un coup de téléphone de George Kirk qui me convie chez lui le surlendemain pour une réunion avec les Garçons — comprenez Arthur Leeds, Reinhardt Kleiner, Sam Loveman *himself*, Hart Crane, Gordon Hatfield, James Morton, Everett McNeil. Je confirme ma présence, pressentant par avance que ce sera une mémorable réunion. Frank Long, en déplacement à Atlantic City, s'est excusé. Loveman est désormais new yorkais, résident de l'aristocratique Columbia Heights, qui surplombe l'East River. Ce faisant il nous invite tous à lui rendre visite « dans quelque temps, lorsque son appartement sera en ordre. » A en juger par le soin presque méticuleux de son vêtement, je songe que cet appartement sera, à l'image de son locataire, c'est-à-dire des plus ordonnés. Quant à Crane, le pauvre hère, je ne fais que le tolérer — je suppose que c'est réciproque — sans être véritablement de ses amis, parce qu'il est très ami avec Loveman. En ce qui concerne Hatfield, sa transparence même me dispense du moindre commentaire. Mais je retrouve avec plaisir Leeds, que je n'avais pas vu depuis un certain temps. Il nous fait à tous une petite surprise en nous apportant, pour nous le montrer, un exemplaire de *Little Old New York*, ouvrage alors très attendu, où nous pouvons admirer les planches aquarellées de coins dont certaines n'ont en fin de compte pas complètement disparu aux yeux des grands enfants que nous sommes alors devant ces souvenirs étalés sous nos yeux ébaubis. De fil en aiguille, nos conversations portent essentiellement sur des questions d'antiquités et nous tiennent jusqu'à une heure et demie du matin. A en croire les discussions animées et les mines réjouies de tous les protagonistes. Je pense que tout le monde est ravi de cette soirée.

Le trafic sur la 6ᵉ avenue en 1939

Nous partons ainsi tous— y compris notre aimable hôte qui décide d'aller aussi loin que celui d'entre nous qui parcourra la plus longue distance. Egrenant notre chapelet d'amis, nous laissons Morton et McNeil à la station du chemin de fer aérien de la 104ᵉ rue, et Kleiner à la station de métro de la 103ᵉ rue. Cela laisse comme piétons survivants Leeds, Kirk et moi. Notre trio descend Broadway en admirant l'architecture et en projetant des explorations. A cette heure, la ville s'est déjà assagie et quelques rares taxis en maraude roulent lentement dans l'artère en d'autres temps si animée .A Columbus Circle nous tournons dans la 8ᵉ avenue et ayant avisé un bar encore ouvert, nous faisons une pause pour nous faire servir en terrasse — car l'air est extra. Atmosphère pleine de gaieté !

Puis nous reprenons notre déambulation. C'est comme si la ville nous appartenait. Arrivés à la 49ᵉ rue nous laissons Leeds à son nouvel hôtel — le Ray — dans lequel il vient juste de s'installer après avoir quitté le Cort qui se trouve de l'autre côté de la rue. Alors, encore et toujours prêts à l'action et avec encore du temps devant nous, Kirk et moi décidons de « faire » la ville coloniale — tout au moins ce qui en reste — celle-là même qu'évoque l'ouvrage que Kirk nous a mis sous les yeux. Comme j'ai avec Kirk un auditoire attentif, je me propose de lui montrer les antiquités georgiennes locales comme elles doivent être montrées, i. e. de manière chronologique et exhaustive ! Mon idée ne fut toutefois pas, au début, des plus lumineuses car nous avons continué à descendre la 8ᵉ avenue dans l'expectative. Jusque-là nous n'avons rien rencontré de colonial, car, à de rares exceptions près, toute la partie de la ville qui se trouve au-dessus de la 14ᵉ rue est du XIXᵉ siècle ou d'une date plus récente. Pourtant, aux alentours de la 20ᵉ rue et des suivantes nous voyons une ou deux vieilles maisons — des vestiges de ce qui fut à une époque Chelsea village — mais les choses vraiment sérieuses jaillissent sous nos yeux juste au-dessous de la 14ᵉ rue. Là la 8ᵉ avenue se fond dans l'ancienne Hudson Street à un croisement aussi étrange et vieux monde qu'une rue de Soho que j'ai en mémoire. Cela marque, tout naturellement, l'entrée de Greenwich Village, et c'est encore plus intéressant du fait d'un espace libre triangulaire du genre parc qu'on appelle Abingdon Square. Les maisons de briques de style colonial sont à présent nombreuses et, dans le calme du petit matin, je désigne à Kirk, visiblement épaté par mes connaissances, les caractéristiques typiques des principales entrées de portes coloniales de New York. Après l'Hudson nous tournons dans le Groce où l'on trouve quelques spécimens de style colonial splendidement conservés ; et partant de là, nous franchissons la porte à barreaux de fer de Groce Court pour parcourir un délicieux chemin détourné du XVIIIe siècle où des bouts de jardin et des entrées de porte parfois restaurées créent une atmosphère que seul un poète peut décrire. C'est en dehors du monde vulgaire, cala fait partie de l'univers du rêve tranquille et charmant. Les fleurs sont délicieuses dans cette atmosphère calme et des chats gris pleins de grâce apportent une touche de beauté mêlée d'étrangeté. Kirk et moi sommes sous le charme. De là nous nous rendons à Gay Street dont les courbes étranges séduisent Kirk, et ensuite nous traversons pour gagner Patchin et Milligan Places. Si ces coins anciens sont fascinants aux heures mouvementées du crépuscule, imaginez leur charme absolument poignant aux heures sinistres qui précèdent l'aube, quand il n'y a pour flâner dans un monde en train de s'éveiller, que les chats, les criminels, les astronomes et les poètes amateurs d'antiquités ! Kirk, qui voit cela pour la première fois, est transporté ; quant à moi, bien que connaissant l'endroit, je suis presque aussi enthousiaste que lui. Vraiment, nous avons mis de côté le monde moderne et visible et nous avons parcouru les siècles avec l'esprit d'une antiquité éternelle !

En partant de ce quartier — le Jefferson Market, une partie de Greenwich Village, nous nous avançons dans ces congères de ruelles connues sous le nom de *minettas*, où la nuit fait apparaître mille aspects captivants auxquels je ne me serais jamais attendu. Toute la crasse italienne est estompée par l'obscurité, et je crois voir à la lueur blême d'un quartier de lune disparaissant à regret derrière la rangée d'antiques pignons, des perruques d'un blanc immaculé et des chaises à porteurs. Nous explorons des cours intérieures secrètes que je n'ai encore jamais vues, où des recoins obscurs et des fragments de vieux murs éclairés par la lune constituaient des tableaux méritant le burin du graveur. Partant de là nous nous dirigeons vers la large étendue de style colonial de Varick Street, avec ses rangées sans fin de mansardes du XVIIIe siècle interrompues çà et là par un toit en croupe ; nous avons sous les yeux un tableau étendu, sans rival, du New York tel que l'ont connu Hamilton et Washington.

Le jour est presque levé mais nous sommes toujours frais et dispos. Nous nous arrêtons dans un petit restaurant pour prendre une tasse de café. Les réverbères sont encore allumés quand nous pénétrons dans l'antique Charlton Street — la mieux conservée de toutes les rues coloniales, avec des peintures impeccables et des heurtoirs rutilants qui évoquent la prospérité, une propreté impeccable et le goût artistique des maîtresses de maisons de l'époque des rois George.

Epicerie italienne, quartier de Syracuse, 1930

Encore des transports d'enthousiasme — et l'aube est grise quand nous entrons dans Prince Street, quand nous traversons Broadway et que nous nous arrêtons près de la maison pitoyablement décrépite où mourut James Monroe le 4 juillet 1831, jour anniversaire de l'Independance Day.

Cela, on l'imagine, aurait pu suffire pour une promenade ; mais la fièvre de l'exploration nous possédait, si bien, qu'oubliant l'heure nous avons tourné vers le sud en direction du quartier du pont de Brooklyn, en suivant alternativement Mott Street et Mulberry Street pour observer le plus grand nombre possible de maisons anciennes. A l'époque coloniale cette région était consacrée à la culture, si bien que toutes les vieilles maisons sont d'anciennes fermes — serrées au milieu de taudis surpeuplés construits en briques. A Chatham Square nous voyons le vieux cimetière juif des Etats-Unis, le plus ancien, semble-t-il, puisqu'il date de 1683, et nous nous dirigeons ensuite vers les pittoresques antiquités de Batavia Street et Cherry Street. Dans cette dernière voie accidentée et étroite nous découvrons bien des merveilles, par exemple une admirable cour cachée où brûle encore une vénérable lanterne en forme de diamant — la seule que j'aie vue à New York avec celle de Milligan Place. Ensuite, nous montons à Franklin Square, nous passons sous les quais du pont de Brooklyn, en regardant au passage la vieille sucrerie où avaient été enfermés les rebelles prisonniers de 1776 à 1783 (l'édifice d'origine a été détruit, mais l'une des anciennes fenêtres est incorporée au nouveau bâtiment) et nous faisons la découverte du magnifique quartier colonial qui entoure Vandewater Street et New Chambers Street — où abondent les toits en croupe, les rampes de fer forgé, et tout l'appareil évoquant le passé. Nous descendons alors Pearl Street jusqu'à Hanover Square et Fraunce's Tavern, en buvant çà et là dans les maisons coloniales et de l'autre côté de la rue, devant les échappées sur le front de mer qui s'échelonnent sur le trajet. Ensuite nous traversons Broadway pour gagner le front de mer ouest, remarquant les édifices vénérables de chaque côté, et spécialement le Planter's Hotel — la maison de style colonial que Poe a habitée pendant sa vieillesse misérable — et Tom's Chop House, qui est restée continuellement ouverte depuis 1797. Nous nous recueillons naturellement dans les cimetières de Trinity et de St-Paul, nous admirons la beauté de style georgien de l'église St-Paul — façade et clocher. Ensuite point culminant, nous nous approchons de City Hall (1812) dont la beauté classique est immortelle. L'aurore rose apparaît tandis que nous sommes dans Pearl Street, et dore les flèches du rivage de Brooklyn à travers l'eau scintillante.

Au moment où nous arrivons à City Hall, il fait plein jour et nous pouvons contempler les flèches magnifiées par le soleil du Woolworth Building, vues à travers l'arche du bâtiment municipal. C'est l'apogée. Nous jetons un coup d'œil au beau palais de justice inachevé dont les lignes classiques vont apparemment être gâtées par un ajout de mauvais goût au-dessus du fronton.

Puis, les meilleures choses ayant une fin, nous nous dirigeons vers nos domiciles respectifs, nous séparant alors que l'horloge de St-Paul marque un peu moins de huit heures et non sans que Kirk ne m'ait apostrophé en ces termes :

—   Sincèrement merci pour la balade, insensée et magnifique. Mais Howard, comment connaissez-vous tout ça ?

—   Mais, mon cher ami, le *Guide du New York inconnu*, celui-là même que vous m'aviez conseillé d'acheter...

Broad Street, New York

Un peu dépité, en arroseur arrosé, George s'engouffre dans le métro.

J'arrive au 259 un peu avant neuf heures. Sonia m'a laissé un petit mot tendre sur la table du salon. Bien que fourbu, je ressors pour acheter de l'épicerie et, en remontant les escaliers avec mes courses, je pense déjà à l'expédition du soir à Sheridan Square pour assister à la pièce d'Eugène O'Neill, *Tous les enfants du bon Dieu ont des ailes*.

Inutile de dire que j'ai dormi comme un loir jusqu'à dix-sept heures. Collation. Je viens de pendre ma douche lorsque Sonia rentre plus tôt que d'habitude, pour avoir le temps de se préparer. J'apprécie énormément qu'elle ne se laisse pas aller à m'abreuver de questions sur ma longue escapade nocturne. Je ressens cela comme une preuve indubitable de confiance qui nous honore tous les deux. Notre conversation est faite de brefs échanges, eu égard à nos occupations respectives. Dîner sur le pouce pour Sonia, puis douche et choix des vêtements qu'elle va porter, tandis qu'en peignoir de bains, je griffonne quelques notes sur ma promenade nocturne.

Nous arrivons si tôt que nous avons le temps de faire une courte promenade archéologique autour des places Patchin et Milligan. Les réverbères découpent sur les façades des pans de lumière que les feuilles des arbres font fluctuer au gré du vent, jetant çà et là une atmosphère trouble et mystérieuse.

La pièce d'O'Neill, qui traite du mariage d'une Irlandaise de basse classe avec un Noir instruit, s'est déroulée sans heurt, avec de bons interprètes, encore qu'un incident dont nous n'avions pas été auparavant informé, vint émailler le début du spectacle. Un *quidam* parut devant le rideau pour nous annoncer que le maire avait interdit qu'on donne le premier acte, car il suppose la participation de petits enfants qui devaient dire des choses vulgaires. Cet acte a donc été lu sur la scène par le directeur, qui intercala au texte des remarques sarcastiques parfaitement appropriées, des réflexions sur l'intelligence des maires et d'autres tracasseries. J'avais lu dans la presse, tout comme Sonia, de bonnes critiques de cette pièce mais aucun journal n'avait cru bon de citer la chose. Qu'ils aient été ignorants de l'affaire ou qu'ils aient péché par omission, les journaleux avaient là manqué à leur tâche.

La pièce finit de bonne heure, et nous rentrons avant minuit. Quoi qu'il en soit, il n'en demeure pas moins qu'O'Neill est un grand dramaturge — peut-être le seul dramaturge américain vivant. Sonia en convient avec moi. Le symbolisme tragique du thème de cette pièce est admirablement souligné par des détails tels que l'audition de chansons des rues de différentes époques et l'importance donnée à un masque du Congo — l'une des rares expressions artistiques primitives que les Noirs aient réussies. Et c'est encore Sonia qui me fait remarquer que ces masques sont en train d'acquérir une grande vogue parmi les ultras-modernes, qui copient leur technique dans certaines de leurs propres œuvres picturales ou sculpturales. La ressemblance m'avait échappé, et je dois convenir de là pertinence de sa réflexion, avant de sombrer dans un sommeil réparateur auquel ma virée de la nuit précédente n'est pas étrangère..

La journée se déroule de façon calme et mesurée. Sonia en passe une bonne partie aux tâches d'intendance. Je mets à jour mon courrier. L'heure du déjeuner nous rassemble avant de nous séparer à nouveau. Mais c'est une séparation consentie, dans laquelle chacun sait l'autre tout proche. C'est rassurant et réconfortant de savoir l'être aimé occupé mais néanmoins disponible.

Dans la soirée, nous dégageons les cartons entassés devant le piano que Sonia astique comme pour lui redonner une jeunesse perdue, en prévision de la visite, en compagnie de son épouse, du Révérend George T. Baker, qui, entre deux sourires aimables et au milieu de bouffées de cigares interminables que je supporte douloureusement mais vaillamment, nous fait une offre au sujet du piano — muet depuis mon installation ici — pour lequel Sonia a fait passer une annonce la veille. Nous avons besoin d'argent et l'odeur dégagée par la combustion du cigare de l'ecclésiastique n'est peut-être pas non plus étrangère à la rapidité avec laquelle la transaction est réglée. Nous le lui avons laissé pour trois cent cinquante dollars.

Le lendemain matin il vient le chercher avec un camion — sur lequel nous partons lui et moi pour aller jusque chez lui (tout près d'ici). Là il me fait un chèque accompagné d'une lettre d'identification pour sa banque. Je vais alors à la banque de Church et Flatbush Avenues, je prends l'argent, prélève sur la somme quarante huit dollars pour payer l'épicier et je rentre avec le reliquat.

Le 7 septembre, je retrouve donc Henneberger à son bureau. Après les amabilités de mise, il entre rapidement dans le vif du sujet, m'avouant sans ambages qu'il a perdu trente mille dollars entre ces deux magazines (*Weird Tales* et *Detective Tales*) et qu'il doit impérativement et rapidement redresser la barre, sans tarder sans tarder. Alors que je ne vois pas très bien ce que je peux faire pour l'aider, il me lance, renversé dans son fauteuil directorial, les pieds sur son bureau :
—			J'envisage de lancer un nouveau magazine.

Mon instinct premier est de penser que si les deux en route ne « marchent » pas, est-il bien opportun d'en envisager un troisième ? Il ne me donne pas le temps de répondre et poursuit :
—			Ce magazine sera tout-à-fait dans votre ligne, et je vous y vois très bien comme rédacteur en chef.

Je ne sais que penser. Certes, la proposition est alléchante. Je me hasarde à demander quelques précisions, qu'il me donne volontiers. Je demande à réfléchir quelques jours, ne serait-ce que pour en parler avec Sonia. Mais je ne vois pas d'obstacle majeur pour ne pas accepter.

Et lorsque je suis sur le point de quitter son bureau, il lâche :
—			Je vous installerai à Chicago. Les coûts y sont moins chers qu'ici...

Ainsi veut-il savoir si j'envisagerais d'aller m'installer à CHICAGO !

Howard Phillips Lovecraft à Chicago ! L'idée me paraît si extravagante que j'éprouve le besoin de me changer les idées. En sortant de chez Henneberger, je gagne le Musée d'Histoire naturelle et passe les heures du déjeuner à déambuler parmi les merveilles du monde animal, m'attardant évidemment dans la salle consacrée aux dinosaures. Puis je traverse Central Park, en longeant le lac du Belvédère, pour gagner le Metropolitan Museum of Art où je cible — visite que je voulais faire depuis longtemps — les Préraphaélites, période que je connais peu. Enfin, revenu à Brooklyn vers seize heures, j'ai encore le temps d'entrer au Musée de Brooklyn qui présente une exposition temporaire, annoncée à l'extérieur par un grand calicot, sur les découvertes faites à Coney Island à l'occasion de tentatives d'aménagement du site.

Au 259, Parkside, le dîner est houleux. Alors que je me démène en martelant que ça ne marchera peut-être pas, Sonia insiste pour que j'accepte si le projet se matérialise nettement et s'accompagne des garanties requises. Je ne peux envisager cela sans un frisson — pensez à la tragédie que représenterait un tel déménagement pour un vieil amateur d'antiquités venant de s'installer dans la vénérable Nouvelle Amsterdam et commençant à peine à se régaler des reliques qu'elle possède ! Sonia n'aurait vu aucun inconvénient à habiter Chicago — mais moi c'est l'atmosphère coloniale qui me donne la vie. Bien évidemment je lui cèle de tels arguments. Je ne veux pas envisager un tel déménagement, important bien que la proposition le soit aussi, si elle est sérieuse, sans avoir au préalable épuisé toutes mes ressources de rhétorique pour persuader Henneberger d'accepter que j'assure cette rédaction en chef à distance. Il y a un ennui, c'est que cette sacrée affaire pourrait échouer après quelques numéros, me laissant coupé de tout ce décor étranger de l'Ouest ...

Rien n'est tranché ce soir-là ; Sonia et moi campons sur nos positions. Le lendemain, j'examine tout d'un œil attentif avant d'envisager sérieusement cette solution ! Quelques jours passent. Sonia se garde bien de me demander si j'ai pris une décision. Elle est comme ça, Sonia. Elle donne son point de vue, dit ce qu'elle a à dire et me laisse ensuite le dernier mot, attitude que j'apprécie énormément. Moi je cogite. Tiraillé entre le confort de ma vie actuelle et l'exigence financière, j'essaye de raisonner objectivement. Si j'accepte, je n'ai aucune garantie quant à la pérennité de l'entreprise. Et si ça ne marche pas, je peux rapidement me retrouver planté à Chicago sans travail et sans perspective d'en avoir un autre, sans compter que mes goûts pointilleux me feraient certainement refuser une grande partie des publications ! Non, décidément non, il est plus judicieux et prudent de refuser. Quand je m'ouvre de ma décision à Sonia, elle se contente de me dire que ce que j'ai décidé est bien.

Mais après tout, il n'y a peut-être rien de sérieux là-dessous. Je me promets de revoir rapidement Henneberger, en me persuadant qu'un élément nouveau viendra à mon secours pour faire en sorte que le projet soit délaissé.

En attendant, dopé par l'exposé des déboires financiers de Sonia, je me démène comme un diable pour trouver un emploi. Mon emploi du temps du matin est toujours le même. Je descends acheter le journal et je passe au crible les petites annonces. C'est ainsi que je tombe sur celle de la succursale de la Compagnie d'électricité de la 80e rue. Ils demandent un releveur. Là au moins je n'aurai pas à me coltiner de clients récalcitrants. Et puis si ce n'est pas tout près, c'est tout de même moins éloigné que Newark. Je vais aller me présenter. Mais lorsque j'arrive, on me dit que l'emploi a été comblé la veille. Je ne dois qu'à moi-même et à ma nonchalance ce nouveau ratage.

Cest à la suite de ce nouvel avatar que je décide d'écrire une lettre passe-partout dont j'arroserai les recruteurs en puissance. Une espèce de profession de foi dans laquelle j'exprimerai aussi et surtout mes *desiderata*. Après quelques généralités sur ma personnalité, j'esquisse les thèmes favoris (service d'auteurs, réviseurs, correcteurs, chroniqueur « ou quoi que ce soit qui y ressemble, même de loin. » Et je termine par une présentation de mon *pedigree, curriculum vitae* avant l'heure en quelque sorte, auquel j'ajoute un humour de mon crû : « les chevilles rondes trouvent pour s'y loger des trous ronds, les chevilles carrées des trous carrés. Mais [...] je suis sûr qu'il y a sûrement quelque part un trou correspondant à une cheville trapézoïdale. » Bel et bien, ce texte va me servir de présentation originale pour tout nouvel emploi auquel je vais postuler. Lorsque je le fais lire à Sonia, je vois bien qu'elle semble dubitative. Alors que je la prie de me dire ce qu'elle en pense, elle m'avoue que le style est correct, mais qu'à son avis cela pèche sur le fond, arguant qu'il n'est pas du tout sûr qu'un recruteur s'entiche de lire une page et demie de prose, fût-elle la mieux tournée du monde.

Selon elle, il faut aller à l'essentiel.
—   Et si moi je veux montrer ainsi mon originalité ?
—   Libre à vous, *dear*... Vous me demandez mon avis, je vous le donne.

Elle a peut-être raison. La suite des événements nous le dira.

Le jeudi, dans l'après-midi, je prends en charge Loveman pour faire avec lui une promenade touristique. Nous visitons une série de boutiques, bouquinistes et antiquaires — il me revient là à l'esprit que nous aurions pu aller échanger le bon d'Henneberger, mais je l'ai oublié chez moi. Depuis Fort Greene Park, à Brooklyn, alors que nous sommes au pied de la colonne dorique du Prison Ship Martyrs Monument, surmontée de sa lanterne en bronze, la vue est magnifique ; puis nous étudions le front de mer colonial de Brooklyn, passons en revue la rue aristocratique qui s'étend sur les hauteurs au-dessus d'East River — Columbia Heights — où Loveman s'apprête à loger, de l'autre côté du hall de son vieil ami Hart Crane, de Cleveland — ce jeune esthète égoïste qui a bénéficié d'une sorte de véritable consécration dans *The Dial* et dans d'autres organes modernes et qui a une malheureuse prédilection pour le vin à condition qu'il soit rouge. Nous trouvons Crane chez lui et à jeun — mais se vantant de sortir d'une bombe de deux jours au cours de laquelle il a été ramassé ivre mort dans la rue à Greenwich village par un de ses amis qui l'a mis dans un taxi pour le faire ramener chez lui.

La promenade est tout à fait charmante. Columbia Heights est l'un des plus ravissants endroits que j'aie jamais vus — avec sa vue sur le port, ses petits espaces calmes ressemblant à des parcs, ayant vue sur l'eau où jaillissent des fontaines de cristal et où les pelouses sont couvertes de fleurs étranges. En descendant des hauteurs on eut au soleil couchant bien des échappées sur de vieilles maisons et des clochers éloignés. Nous sommes parvenus par les hauteurs au plus profond du crépuscule, lorsque la ligne des gratte-ciel de l'autre côté du fleuve a le charme particulier à cette heure. Un parfait effet de silhouette puisqu'il fait trop sombre pour que les détails de la surface apparaissent, et cependant trop clair pour permettre aux contours d'être noyés dans les sombres recoins de la nuit envahissante. Après avoir un peu conversé, nous partons faire une promenade pittoresque dans les rues anciennes qui serpentent à flanc de coteau près du rivage de Brooklyn. Il y a un charme triste dans ce front de mer en décrépitude ; le point culminant de notre tournée est le pauvre vieux *ferry* Fulton, que nous atteignons vers neuf heures, à la meilleure saison pour profiter du spectacle de l'arc flamboyant du pont de Brooklyn allant rejoindre la constellation des lumières de Manhattan de l'autre côté du fleuve et les faisceaux brillants des bateaux se déplaçant lentement sur les vagues clapotantes. La dernière fois que j'y étais allé — en 1922 avec Kleiner — le vieux *ferry* était toujours en service et la statue en bois représentant un Robert Fulton pensif — ce mécanicien américain, promoteur de la navigation à vapeur auquel on reconnaît l'idée du sous-marin et des mines sous-marines — contemplait encore cette scène de déclin du haut de sa niche, devant la gare du *ferry boat* de style victorien flamboyant. A présent même ces vestiges ont disparu. Le *ferry* a fait son dernier voyage le 19 janvier dernier, la statue est partie — pour aller probablement orner quelque musée — laissant une niche vide pour contempler rêveusement ce spectacle de désolation. De là nous retournons chez Crane en suivant encore de vieilles rues et en regardant par la même occasion si nous ne trouvons pas un logement pour Loveman sur Columbia Heights. Il y a une chambre grande et magnifique pour dix dollars par semaine dans un impressionnant hôtel particulier en briques de l'époque de Rutherford B Hayes. Loveman ne la prend cependant pas; et si j'avais les moyens de payer un tel loyer je l'aurais prise dès le lendemain. Mais je ne peux pas — et je pense entrer en rapport avec Crane et lui parler de la plus petite chambre à cinq dollars par semaine qu'il a de même recommandée à Samuelus.

Ferry sur l'Hudson River

De là nous nous rendons dans le jardin japonais, havre de calme et de paix, toujours aussi ravissant, près du Brooklyn Museum, et de là au 259 en traversant Prospect Park.

Après avoir dîné sur le pouce, nous partons prendre Frank Long, sur notre chemin, pour la réunion des garçons chez Kirk. Frank et moi sommes les seuls à savoir que Loveman est arrivé, si bien que notre entrée dans la réunion doit être une surprise. Les Long sont fous de joie de revoir Samuelus — même le chat, hautain Felis, se met à ronronner — et la cordialité des garçons, ainsi surpris, quand nous arrivons chez Kirk, est positivement tumultueuse. Après quelques agapes, auxquelles je ne participe que peu, s'ouvre une période de festivités littéraires — avec un fait cocasse : Morton nous lit à haute voix le plus grand, d'après lui, des poèmes de Loveman. Les deux protagonistes en sont tout aussi surpris l'un que l'autre : Morton qui avait prévu de lire un texte de Sam en ignorant précisément que ce dernier serait présent. Et tandis que Loveman a les joues rosies par la pudeur, Mortonius s'applique à faire entendre correctement sa voix de stentor pour ne pas trahir les vers que Sam a consacrés à l'art de Fra Angelico :

C'est un petit enfant peint par Angelico
Joues potelées rougissantes et nez trognonnet
Une aura blond pâle sanctifié par les ans
Et pourtant il irradie
Voyez les lèvres boudeuses à moitié pincées
Il semble que c'était hier qu'il souriait
Tel l'acanthe c'est de l'or dispersé
Les yeux bleus et doux
L'ourlet fragile de la chemise qui glisse
Ah quel miracle des mains
Pas le moindre tâtonnement, pas la moindre maladresse
C'est superbe
As-tu par hasard tiré cela, incrusté dans ton cœur
Toi, Angelico (Fra par la grâce)
Jusqu'à ce qu'une grande sagesse fleurisse et dépoussière
Ce lieu stérile ?

Lorsque James se tait, il y a un grand silence. Des bravos fusent. Des applaudissements éclatent. Sam savoure cet instant, sans ostentation mais confiant dans son talent. Je ne peux en dire autant à mon sujet. Moi, je suis incapable de parler de moi dans des vers. Car il ne faut pas s'y tromper. Là où la plupart des participants ne voient — et c'est déjà beaucoup — qu'un remarquable tribut à la versification et donc à l'art — je sens bien que cet hommage à la beauté, même infantile, est une traduction de ce qu'éprouve Loveman pour les humains, ceux de son sexe en particulier. Et je suis là partagé : j'apprécie Sam et sa personnalité — l'esthète, l'ami — mais je réprouve alors sa conduite personnelle. Je comprends mieux maintenant sa proximité avec Hart Crane et l'éternel suivant que semble être Gordon Hatfield.

La réunion se poursuit encore un moment. Morton, qui a beaucoup de mal à réprimer quelques bâillements, est le premier à décider de partir. En fait, jusqu'à ce qu'il prenne cette décision, nous nous accrochons inconsciemment les uns aux autres pour ne pas avoir à nous séparer, et ce départ nous fait revenir à la réalité. Nous partons ainsi tous. Samuelus rentre dormir chez moi. avant de transporter ses affaires de son hôtel provisoire du centre ville dans la maison de Crane. Après une courte nuit — lorsque nous nous sommes endormis, il était une heure trente — je lui fais mes adieux, mais lui emboîte bientôt le pas dans le bas de la ville pour faire la tournée des agences de placement où je laisse quelques-uns de mes feuillets dans certaines boîtes de recrutement. Puis, avec la bonne conscience du devoir accompli, je pars dans l'une de mes explorations solitaires, avec l'intention de voir Corlear's Hook, le long de l'East River, entre le pont de Manhattan et la 14e rue — qui était « *au XVIII* siècle un coin campagnard agréable, à deux miles de la ville, où se trouvait, dans un bosquet d'ormes et de saules à proximité de la mer, une vieille et calme taverne hollandaise que Washington Irving a immortalisée dans son histoire de Wolfert Webber, dans ses* Contes du voyageur. » (*dixit* mon guide du vieux New York). Aujourd'hui y fleurissent un peu partout les publicités pour ses courses de lévriers...

La journée du lendemain débute sous de mauvais auspices, car Sonia fait dans la cuisine un faux pas qui aggrave une entorse antérieure. Il faut appeler le médecin — le fidèle et expérimenté Dr McChesney qui l'avait soigné pour sa grande attaque de névrite de 1922-1923. Calmants et surtout repos sont son lot pour la journée. Je l'aide au maximum durant la matinée mais je dois m'absenter vers midi pour rende visite à Henneberger, qui m'a promis de grandes choses, mais chat échaudé craint l'eau froide, c'est pourquoi je reste circonspect et attentif devant ses envolées lyriques, et gardant la tête froide. Au terme de sa péroraison, il insiste pour que je l'accompagne à une course de chevaux à Belmont Park ; mais mon engagement antérieur du retour auprès de Sonia m'épargne cette corvée. Je la sais capable de se débrouiller seule et cet engagement-là n'est qu'un alibi. Je dois en fait retrouver Loveman chez Long et notre duo s'élargit bientôt du fait que nous allons tous les trois chez Kirk, où nous trouvons notre hôte qui nous attend. Peu de temps après Kleiner et Morton font leur apparition ; et nous terminons l'après-midi en festoyant. Frank doit rentrer chez lui à dix huit heures, et nous l'accompagnons quasiment jusqu'à sa porte. Ceux qui restent dînent dans un endroit de Columbus Avenue et partent à pied vers le bas de la ville. Nous nous arrêtons à chaque instant, dès que nous voyons un bouquiniste ... Nous descendons jusqu'au front de mer et sous les vastes quais du pont de Manhattan, avec l'intention de prolonger notre excursion jusqu'à la Fraunces Tavern et la rive ouest ; mais la fatigue ressentie par Loveman — il a en effet été sans interruption à demi malade depuis son arrivée à New York, par suite de troubles bronchiques — nous oblige à couper net notre excursion à Franklin Square vers trois heures et demie ou quatre heures du matin . Rentrer si tôt, c'est vraiment une honte, mais puisque nous ne désirons pas continuer sans notre hôte d'honneur, nous renonçons en rechignant et nous regagnons nos domiciles respectifs. Ce que c'est que de nous ! J'achète à Park Row une des premières éditions du *Sunday Times*, ce qui m'évitera d'avoir à sortir par la suite.

Lorsque j'arrive, je trouve l'appartement vide. Je juge que dans son état, Sonia ne doit guère être allée bien loin. Je l'attends un moment et sentant le sommeil me gagner, me couche et m'endors. Sonia, bravant les recommandations du docteur s'était aventuré à faire les courses d'intendance. Lorsqu'elle rentre, elle se garde bien de me réveiller, et, à mon réveil, dans l'après-midi, je la trouve elle-même assoupie dans le canapé du salon.

Le reste de la journée, ainsi que celle du lendemain, est mélancolique et énervant — encore et toujours des réponses aux annonces, ce qui est devenu une telle fatigue psychologique que j'en perds presque connaissance en le faisant !

Le lundi 15 je vais, en vain, dans une maison d'édition où m'a envoyé l'une des agences consultées par moi et je rends ensuite visite à d'autres agences — avec peu de résultats. Ensuite, pour penser à autre chose, je fais encore une tournée d'exploration solitaire ; je couvre cette fois toute la longueur de la coloniale Hudson Street, où subsistent intacts quelques maisons et coins merveilleux. Je m'attarde quelque peu à l'église épiscopale, de 1820, de Saint-Luke-in-the-Fields, avec sa tour carrée de grès rouge.

Le lendemain, Samuel Loveman vient et nous accompagne, Sonia — remise de son entorse — et moi, dans le centre ville, où il nous quitte pour rendre visite à un bouquiniste. De son côté, Sonia. a une entrevue au magasin Saks — sans résultat — et nous avons fait ensuite diverses courses — banque, Scribner's sur le 5ᵉ avenue où j'essaye, sans y parvenir, d'obtenir des espèces au lieu du crédit que m'a ouvert Henneberger. Je quitte la librairie un peu déçu, sans avoir choisi les livres auxquels mon bon me donnait droit, me réservant d'y revenir. S'offre à notre déambulation un magasin d'ameublement où nous admirons, avec envie, une splendide salle à manger Queen Anne, puis une boutique de soierie où nous rêvons, et pour finir un grand magasin de chaussures où Sonia. se trouve des chaussures montantes pour soulager sa cheville douloureusement éprouvée.

L'après-midi et jusqu'au soir, je lis Maupassant — *Le Horla*, plus précisément. « *Comme il est profond ce mystère de l'Invisible ! Nous ne le pouvons sonder avec nos sens misérables, avec nos yeux qui ne peuvent apercevoir ni le trop petit, ni le trop grand, ni le trop près, ni le trop loin, ni les habitants d'une étoile, ni les habitants d'une goutte d'eau... avec nos oreilles qui nous trompent car elles nous transmettent les vibrations de l'air en notes sonores.* » Ces mots me jettent dans des abîmes de perplexité et j'en oublie même d'allumer la lampe jusqu'au moment où il apparait que je ne peux décemment continuer à lire tant s'installe la pénombre.

Le lendemain, Henneberger vient pour affaires — il veut que je lui donne quelques échantillons de mes adaptations de blagues pour le magazine qu'il se propose d'éditer. Ce travail m'occupe le reste de la journée, non sans de laborieuses contorsions de mon esprit, et le soir j'en ai toute une pile prête.

Le jeudi, je suis chez Henneberger à dix heures et demie du matin. Apparemment en forme, il est enthousiasmé par mes échantillons et il m'embauche sur-le-champ.

Ainsi récompensé et encouragé, je poursuis ce travail — éprouvant pour moi, car pas du tout dans mes cordes — le lendemain — et à quatre heures et demie, j'accueille Loveman qui se sent cependant assez faible, si bien qu'il somnole dans le fauteuil Morris presque tout le temps où je continue à travailler. Après le dîner il se sent beaucoup mieux — cela est peut-être dû à la quinine qu'il a achetée et dont il a pris un comprimé — et je l'accompagne jusqu'à sa chambre à Columbia Heights, où je rencontre le redoutable Hart Crane, un peu plus rubicond, un peu plus bouffi et légèrement plus moustachu que lorsque je l'avais vu à Cleveland. Crane, quelles que soient ses limitations, est un esthète complet ; et j'ai avec lui une conversation agréable. Sa chambre est d'un goût excellent, avec quelques peintures de William Sommer (cet excentrique lithographe de Cleveland, plutôt âgé), une collection bien choisie de livres modernes et quelques splendides objets d'art dont les plus beaux échantillons sont un bouddha sculpté et une boîte chinoise en ivoire ciselé d'une manière exquise. La chambre de Loveman est à l'autre extrémité du hall, avec une vue par-dessus l'East River et un saisissant panorama des gratte-ciel de Manhattan se découpant sur le ciel. Je m'évanouis presque d'exaltation esthétique en admirant ce point de vue — ce décor vespéral avec les innombrables lumières des gratte-ciel, les reflets miroitant et les feux des bateaux bondissant sur l'eau, à l'extrémité gauche l'étincelante statue de la Liberté, et à droite l'arc scintillant du pont de Brooklyn. Mais même cela ne représente pas encore tout à fait l'apogée. Elle vient quand nous sortons sur le toit en terrasse (Crane et Loveman sont au quatrième et dernier étage) et quand nous voyons la chose dans toute sa magnificence illimitée et sans en être séparés par une vitre. C'est quelque chose de plus puissant que les rêves de la légende de l'Ancien Monde — une constellation d'une majesté infernale — un poème dans le feu de Babylone ! Rien d'étonnant à ce que Dunsany se soit mis à en chanter les louanges la première fois qu'il l'a vu... ce spectacle défie la description de tout autre que lui ! Tout cela s'ajoutant aux lumières étranges, aux curieux bruits du port, où le trafic du monde entier atteint son apogée. Trompes de brume, cloches de vaisseaux, au loin le grincement des treuils, visions de rivages lointains de l'Inde, où des oiseaux au plumage étincelant sont incités à chanter par l'encens d'étranges pagodes entourées de jardins, où des chameliers aux robes criardes pratiquent le troc devant des tavernes en bois de santal avec des matelots à la voix grave dont les yeux reflètent tout le mystère de la mer. Soieries et épices, ornements curieusement ciselés en or du Bengale, dieux et éléphants étrangement taillés dans le jade et la cornaline. Ah, mon dieu ! Qu'il fasse que je puisse exprimer la magie de la scène.

La vue depuis Brooklyn, 1913

Après ce déluge de visions extatiques, Crane, qui nous a préparé un thé, nous conte par le menu son travail du moment. Il consacre au pont de Brooklyn un long poème sur le mode moderne, qui sera — peut-être un jour — imprimé dans *The Dial*.

En évoquant l'œuvre, le visage de Crane s'anime et met en relief son haut front qu'accentuent encore ses cheveux qu'il ramène régulièrement en arrière avec les mains. Peu à peu je m'habitue à ses gestes parfois efféminés ; je découvre une autre facette de celui qu'une réaction épidermique instinctive a écarté de mon univers.

Encore une fois nous aurions pu demeurer ainsi longtemps à discuter. Mais la soirée s'avance et je rentre à la maison, m'abritant du mieux que je peux de la pluie.

Le courrier m'apporte une bonne nouvelle : la visite — que j'espérais depuis longtemps — d'Annie, la plus jeune de mes tantes, prévue pour le lendemain. Annie qui m'a toujours soutenu et encouragé du plus loin qu'il m'en souvienne, là-bas, dans la grande maison d'Angell Street, où elle ne craignait pas de s'opposer parfois aux idées conservatrices et consensuelles de la famille. Cette nouvelle me ragaillardit pour la journée. En début d'après-midi, Samuelus et moi nous retrouvons chez Frank, et, après avoir salué ses parents, nous partons tous les trois dans une grande tournée de bouquinistes. C'est notre jour de chance. Je déniche en effet ce jour « mon » Hérodote, dans une édition que je cherchais depuis longtemps, et ce pour un prix abordable. Et les dieux sont avec nous. Peu de temps après ma découverte, Frank trouve *Merveilles du monde invisible* de Cotton Mather — dans l'édition originale de 1693, s'il vous plaît —pour un dollar cinquante ! Qui dit mieux ? L'amateur éclairé qu'est Sam doit convenir que c'est là un coup d'éclat, qui est enregistré comme la première trouvaille de l'après-midi.

Après un pot, pour fêter nos trouvailles, nous nous séparons vers dix huit heures trente. A vrai dire « dispersons » serait plus approprié, car Samuelus vient dîner avec Sonia et moi. Inutile de dire que la première chose dont je fais état à ma chère et tendre est mon Hérodote que je brandis comme un trophée ! Le dîner, concocté mi par Sonia mi par un traiteur, nous entraîne sur le terrain de l'art. Samuel est un esthète éclairé et ses conversations s'avèrent passionnantes. Cette discussion nous amène naturellement à un amusement : faire des croquis l'un de l'autre, tandis que Sonia se pose en observatrice. Temps imparti : quinze minutes. Et je découvre alors que mon hôte a un coup de crayon aussi remarquable que le mien est moyen ! Et Sonia, pour ménager la chèvre et le chou, de tempérer ma désillusion...

J'avais reçu à Providence une lettre de Houdini — qui jouait à l'Albee et était descendu au Crown — m'offrant de m'aider à trouver une situation à mon retour à New York. J'avais donné à Eddy une lettre d'introduction pour lui et ils avaient eu tous les deux des discussions très poussées, durant lesquelles le magicien avait exprimé un grand désir de nous aider tous les deux.

Je viens de recevoir une nouvelle missive dans laquelle Houdini me demande de lui téléphoner dimanche ou lundi, car il sera encore là avant son départ en tournée sur la côte du Pacifique.

Je passe la journée du dimanche 21 en lectures décousues, dont celles du *Providence Evening News* et du *Providence Sunday Journal,* auxquels je suis abonné, et à m'énerver de longues heures durant en attendant l'arrivée de ma tante. A dix huit heures, rien. A notre invitation — car j'ai voulu, toutes affaires cessantes, lui présenter ma tante, Loveman vient dîner. Songez un instant à mon inquiétude et à ma déconvenue que Sonia essaie de modérer au mieux, quand enfin arrive le coup de téléphone de l'invitée d'honneur. Vous pouvez par contrecoup imaginer à quel point je suis ravi d'accueillir notre hôtesse. Dès qu'elle passe le seuil de notre porte et qu'elle cède à Sonia son petit chapeau violet et sa veste lie-de-vin, elle nous apparaît, aussi fraîche et rayonnante qu'aux jours heureux dans la grande maison de Providence. Cela fait un certain temps que je l'ai vue et je la retrouve, égale à elle-même, avec sa manière si particulière et gracieuse de se mouvoir, comme si elle avait toujours vécu là où elle se trouvait, mais sans avoir l'air de s'imposer. Somme toute ravi de la revoir, je lui présente Sonia et Samuel, qui la surprend d'emblée en lui offrant une copie de quelques vers qu'il vient d'écrire... sur moi !

Le dîner est des plus agréables. Et j'en suis satisfait. Je savais que le courant passerait facilement entre nous trois. Et je ne me suis pas trompé. Après le départ de Samuelus, tout le monde se retire — la chambre d'amis est évidemment pour ma tante — pour aller dormir du sommeil du modérément juste.

Le lendemain — lundi 22, c'est Annie qui s'occupe des courses.

—   Mais vous ne connaissez pas le quartier ? s'est écriée Sonia au petit déjeuner.

—   Eh bien je chercherai et je trouverai » lui répond l'intrépide Annie.

Lorsque ces dames quittent, presque en même temps d'ailleurs, l'appartement, je fais un peu de travail pour Henneberger. Vers onze heures, ne voyant pas revenir ma tante, je commence à m'inquiéter ; ne se serait-elle pas égarée ? C'est mal la connaître... Elle arrive tout sourire, les bras chargés de victuailles en proclamant que « l'intendance est assurée pour plusieurs jours ». Je l'aide de mon mieux à tout déballer et ranger. Le déjeuner est calme, comme au 454, Angell Street lorsqu'enfant, j'étais seul avec elle quand les autres membres de la famille étaient sortis. Je lui parle de mon ami Frank que nous irons voir dans l'après-midi. Comme d'habitude, elle m'écoute avec attention et se déclare impatiente de faire sa connaissance. Elle tient absolument à faire — seule, précise-t-elle — la vaisselle avant que nous partions. J'en profite pour parcourir le journal. Nous nous ébrouons vers les quinze heures. Pendant le trajet en métro, je fais un bon morceau du travail d'Henneberger sur un petit bloc, m'accrochant ainsi à mon labeur malgré mon embarquement dans une sorte de croisière de plaisirs. Car nous sommes attendus chez les Long, où Frank et sa maman sont heureux de voir l'aimable voyageuse. Mrs Long a préparé des *cookies* que nous dégustons avec du thé. Et là aussi, le courant passe on ne peut mieux et les discussions vont bon train lorsque le père de Frank vient, entre deux patients, nous saluer, en blouse blanche, en s'excusant et regrettant de ne pouvoir demeurer avec nous plus longtemps.

Le lendemain, je suis convenu avec Sonia de lui amener Annie dans le bas de la ville : papotages de femmes et *shopping* en vue ! Mais ma tante m'assure qu'elle peut se débrouiller seule. Je me sépare donc d'elle tandis que j'emmène Samuelus au cottage de Poe à Fordham, dans le Bronx. Poe s'est inspiré de la tour de l'église de l'université jésuite pour écrire son poème *Les cloches*. Il habitait là une petite maison en rez-de-chaussée, sans voisinage à l'origine — situation d'ailleurs assez préservée — avec un grenier mansardé et un appentis attenant. Murs de bois peints en blancs. La magie de jadis continue à hanter ce lieu, et donne à Loveman ce sentiment de repos et de simplicité dont l'absence du New York moderne le trouble si gravement. Loveman a un peu dormi pendant notre trajet de retour — il a la faculté de piquer un somme n'importe quand — et, reposé, il part pour le bas de la ville retrouver Crane et faire avec lui une tournée des centres littéraires. Descendant moi aussi dans le bas de la ville, j'y fais une de mes tournées solitaires d'exploration coloniale en cherchant quelques-uns des coins étranges que mon ami Walter J. Coates, membre de l'UAPA, m'a recommandés.

Lorsque je rentre à la maison, je trouve ma tante feuilletant une des quelques revues qu'elle a achetées.
—   Je me suis permis d'emprunter la sortie de bain de Sonia, dit-elle, tout en ajoutant sans me laisser le temps de dire un mot : « La journée a été bonne ? »

C'est à ce moment que je me rends compte, à mon grand désarroi, que j'ai oublié de laisser un message téléphonique à Samuelus. Bien qu'un peu fatigué, je décide de repartir aussitôt pour son appartement de Columbia Heights. Lorsque je m'en ouvre à ma tante, elle me demande deux minutes, le temps de s'habiller pour venir avec moi. Je me réjouis en mon for intérieur de sa décision car je souhaite précisément lui montrer les aspects plaisants de ce quartier. Le trajet est très agréable, mais hélas nos hôtes sont absents (j'apprendrai par la suite que Crane avait sombré dans une saoulographie hilare et que Loveman avait dû le ramener chez lui au milieu de nombreux incidents divertissants). Je fais monter ma tante sur le toit et lui montre cet extraordinaire profil de gratte-ciel illuminés qui m'avait tellement bouleversé lors de ma visite précédente. Mes émotions devant ce panorama demeurent intactes et je sais par ce qu'elle en dit le soir au dîner qu'il a de même emporté son adhésion.

Je raccompagne ma tante à Grand Central où elle doit prendre son train. La séparation est digne et les effusions limitées. Son séjour lui a permis de connaître un peu de New York. Elle a également appris à connaître Sonia. Je lui ai moi-même fait rencontrer plusieurs amis. Et surtout sa présence m'a comme fortifié ; c'est certainement le fruit des discussions que nous avons eues, comme autrefois au 454, Angell Street...
26 septembre : réunion du Blue Pencil Club (une section de la NAPA) à Brooklyn. Pour chacune de ses réunions, il y a un thème préconisé. Celui de ce soir-là est « les vieilles maisons natales ». Quel meilleur stimulant pour moi qui récite Providence, poème en treize strophes, qui aura d'ailleurs les honneurs du journal du Club.

Grand Central Station, 1937

Je dois situer ici un épisode pour le moins rocambolesque. L'idée m'est venue d'aller explorer l'Hubert's Museum dans la 42e rue, à Times Square. Et j'y vois là, parmi une exhibition de « monstres » un homme qui retient mon attention, un Italien qui, pour quelque raison, se présente lui-même sous le nom français de Jean Libéra. Il a une petite excroissance anthropoïde qui lui est poussée sur l'abdomen et qui le rend diaboliquement horrible lorsqu'il est dévêtu. Habillé, il ressemble bêtement à un individu bedonnant. Devant les yeux ébaubis et voyeurs des visiteurs, il se dévêt et se revêt à l'envi. Mais il paraît tellement raffiné dans ses gestes que je me suis alors demandé si cela l'enthousiasmait d'être exploité comme un monstre, ou s'il s'interrogeait sur ce qu'il aurait fait si un coup de chance l'avait privé de la nécessité d'une occupation aussi ignominieuse. La première chose qu'il aurait fait, pensai-je, aurait été de faire supprimer cette excroissance. Mais ne pouvant me mettre à sa place, je me perdis en conjectures et me plongeai, sur le chemin du retour, dans un abîme de perplexité.

Alors que je fais un peu de rangement dans l'appartement, Henneberger m'appelle au téléphone et j'ai en début d'après-midi toute une conversation avec lui à son hôtel. Il promet de me payer régulièrement à partir de vendredi prochain et il ne me reste plus qu'à espérer qu'il tienne cette fois sa promesse.

Puis je file flâner chez Scribner's, à Manhattan, et à l'entour, m'offrant même le luxe d'un cornet de maïs grillé en sortant de la librairie. A mon retour, je trouve une lettre péremptoire d'Eddy accompagnée d'une enveloppe portant son adresse ! Il est vrai que depuis plusieurs jours — et la visite de ma tante n'a rien arrangé — j'ai délaissé mon courrier, situation inadmissible pour un gentleman. Dès le lendemain, je me mets à jour.

Sonia est toujours dans la même place, celle où elle est depuis ces quelques dernières semaines, mais elle a l'impression que la situation manque de stabilité et elle recherche activement quelque chose de plus solide et de plus prometteur. De fait, nos conversations sont parfois émaillées de longs silences de sa part qui, sans nul doute, trahissent ses préoccupations lancinantes quant à son travail et son avenir.

Et si je relançais Henneberger ? C'est le genre de type qu'il faut relancer souvent car avec ses nombreux projets, il a une fâcheuse tendance à en laisser traînasser certains pour en fin de compte les oublier un jour définitivement. C'est d'ailleurs lui qui est venu me chercher et je ne dois pas le lâcher. Lorsque je l'ai au bout du fil, après avoir patienté quelques minutes, je m'enquiers de *Ghost Stories*.

Il ne voit pas à quoi je fais allusion — fait-il mine d'ignorer ? — avant de lâcher :
—   Ah oui... écoutez, passez à mon bureau... eh... demain matin, voulez-vous ?

Bien sûr que je veux. Le projet a-t-il avancé ? J'ai plutôt tendance à penser qu'il n'en est rien.

Je rencontre donc à nouveau notre homme le seize septembre. Lorsque j'arrive à son bureau, le hall d'entre est rempli de femmes en pleine discussion. L'une d'elles, surtout, piaille à ameuter un régiment et comme elle surpasse les autres en taille, les aigrettes de son chapeau surmontent le groupe en oscillant de façon comique au gré des dodelinements de tête de la dame. Lorsqu'elles m'aperçoivent, elles mettent une sourdine à leurs propos et amorcent un repli vers la sortie.

Jacob Henneberger est assez évasif quand je le questionne sur *Ghost Stories*. Je sens que je le mets mal à l'aise.

—   Oui, je vous l'accorde, il y a du retard : c'est un problème de financement », avoue-t-il. Il jure néanmoins ses grands dieux que la revue sortira.

—   Et mon financement à moi ? » dis-je, légèrement agacé.

Il reste interloqué. Je suis assez libre avec lui pour lui exposer la mouise dans laquelle je me trouve et lui fais donc savoir que la concrétisation rapide du projet serait la bienvenue.

La main gauche au menton, il réfléchit quelques instants et me dit :
—   Ecoutez, en attendant, j'ai une proposition à vous faire. J'envisage également à moyen terme de concocter un autre magazine. Je souhaiterai que vous me livriez quelques échantillons de vos blagues pour que je voie un peu ce que ça vaut. Si l'esprit me plaît, je vous y engagerai comme rédacteur en chef... Bien entendu, dès la mise en route, je vous ferai un à-valoir.

J'avoue que la proposition est rude et inattendue. Je me retrouve dans la rue, ne sachant plus trop où je suis tant je cogite. Il m'arrive même de heurter une dame chargée de cabas, auprès de laquelle je m'excuse platement, tant je suis absorbé dans mes pensées. L'incident me fait revenir sur terre. Pourquoi Henneberger me propose-t-il, à moi qui lui ai livré un récit d'horreur comme *Herbert West*, d'être le responsable d'une revue drolatique ? Pourquoi un tel virage à cent quatre vingt degrés ? A moins qu'il ait subodoré en moi un pince-sans-rire, un humoriste noir que moi-même je ne soupçonne pas. Par ailleurs, dans cette affaire, je suis encore une fois la victime de ma situation. Fauché comme je le suis, suis-je en position de force pour refuser l'offre ? Si j'avais le moindre revenu ou l'assurance que l'affaire de Sonia n'est pas en péril, je refuserai à coup sûr.

Je reviens chez nous, envahi par la honte de devoir me plier au *diktat* de notre situation financière et l'exaltation de retrouver malgré tout un travail d'écriture, même si la tâche à accomplir n'est pas vraiment ma tasse de thé.

Henneberger m'a donné quinze jours pour lui soumettre le fruit de mon labeur. Je vais m'y mettre *hic et nunc*.

Lorsque j'arrive, je découvre une multitude de cartons empilés près du secrétaire. Sonia est à la cuisine et lorsque je l'interroge, elle délaisse le morceau de viande qu'elle était en train de parer pour venir sangloter dans mes bras. Je la console du mieux que je peux. J'ai compris : elle s'apprête à fermer la boutique. Je n'ose pas poser de questions. Je me sens inutile et le lui dis. Elle se récrie. Même sans parler, ma présence lui est d'un grand secours. Faisant contre fortune bon cœur, je la vois me sourire à travers ses larmes, s'excusant d'avoir flanché, avant de retourner à la préparation du repas.

Je suis ébranlé. Je n'ai pas vu venir. J'avais bien vu Sonia préoccupée depuis quelque temps, mais je ne pensais pas la situation aussi grave. Sans aller jusqu'à dire que j'ai fait l'autruche, j'avais mis son état sur le compte de la fatigue. Et désormais, au moins pour un moment, je dois mettre les bouchées doubles pour ramener de l'argent. Et Henne-berger qui me demande un recueil de blagues ! Je n'ai pour l'heure pas du tout la tête à ça. Ce soir-là, je suis rentré avec l'intention de noter quelques idées mais je remets à plus tard.

La semaine qui suit est difficile. Sonia continue de rapatrier ses matériaux. Les cartons s'entassent dans le salon jusqu'à recouvrir le mur le long du secrétaire. Je me suis mis à travailler pour Henneberger et tout en ayant l'impression d'œuvrer dans quelque entrepôt, j'évite de regarder tous ces emballages sans grâce. En fait, je me rends rapidement compte, lors de mes séances de travail — pour Henneberger — que je m'arrête souvent quelques instants au cours desquels je réfléchis ; et il m'apparaît tout aussi rapidement que la meilleure solution pour moi, face aux aléas de la vie, est encore de me plonger à nouveau dans mes écrits de fiction. Certes, cela ne paiera pas tout de suite, mais j'aurais l'esprit occupé par ce que je sais être capable de faire et, de plus, ce sera pour moi une échappatoire hautement positive aux difficultés du moment. L'esprit revigoré par cette décision, je passe le plus clair des quelques jours qui suivent à concocter ce que Henneberger m'a demandé. Lorsque je lui livre les épreuves, il m'assure qu'il va les lire et que j'aurai une réponse sous huitaine. Je repars, un peu rassuré : point n'est en effet besoin d'avoir fait une grande école pour ce qu'il m'a demandé, et je suis presque certain d'avoir répondu à ses *desiderata*. Je m'accorde alors une journée sabbatique pour me rendre dans le New Jersey et visiter l'ancienne cité coloniale d'Elizabethtown, fondée en 1665 par des colons britanniques, et dont le nom n'a pas été donné en référence à la reine Elizabeth 1ère mais en l'honneur de l'épouse du vice-amiral George Carderet, l'un des deux propriétaires initiaux de la colonie du New Jersey. Pourquoi cette visite impromptue à Elizabethtown ? Parce que j'ai lu dans le Times quelques jours auparavant un fait-divers sur cette ville à propos d'une certaine maison que je n'ai de cesse de trouver lorsque je suis sur place. Je découvre là, à l'angle nord-est de Bridge Street et d'Elizabeth Avenue, une maison terrible, avec une façade noirâtre non peinte — qui tranche avec les autres demeures —, un toit à la pente peu naturelle, et une volée de marches extérieures qui mènent au deuxième étage, imbriquées de façon étouffante dans un enchevêtrement de lierre si dense qu'on ne peut qu'imaginer que c'est maudit ou rempli de cadavres, bref un endroit infernal où de sombres actions ont dû avoir été commises au début de 1700 et qui me rappelle, à Providence, la maison Babbitt sur Benefit Street. Je reste là un long temps à contempler ce tableau et peu à peu germe en moi l'idée d'un récit fantastique. Je prends quelques notes pour ne rien oublier et je m'arrache peu à peu à la vision de cette bâtisse pour parcourir le reste de la ville qui par contrecoup et bien qu'intéressant me paraît plus conventionnel.

De retour au 259 Parkside, je sors mes notes et les classe de suite dans une chemise sur laquelle j'écris *La maison maudite*, issu en droite ligne de ce que je viens de voir. Je vais en effet sans tarder écrire le récit que je porte en moi. L'écriture en est assez facile, mais plus longue que ce que je produis d'ordinaire et nécessite donc beaucoup de soin, si bien que de nombreuses suppressions radicales et de multiples remaniements sont adoptés par force avant que je puisse en faire quelque chose de continu.

Alors que je suis en train d'écrire, Frank Long vient me rendre visite et je le mets à contribution. Nous discutons de l'histoire et Frank me fait plusieurs suggestions pour rétablir les proportions du récit, dont l'une est adoptée par moi avec beaucoup de reconnaissance.

Et j'ajoute que je dois souvent m'interrompre pour téléphoner à Henneberger qui traîne visiblement des pieds tant sur le projet de *Ghost Stories* que sur celui des *jokes*. Concernant ce dernier projet, il finit par m'en confirmer le lancement. Pressé par l'aspect financier, je le boucle rapidement et lorsque je lui livre, Henneberger me lâche qu'il va me payer soixante dollars, mais comme par hasard, il n'a pas la somme sur lui. Il faut croire que l'expression de mon visage parle pour lui, car il me jure la main sur le cœur qu'il me règlera à son retour de Memphis où ses affaires vont l'occuper durant deux jours. Dès son retour, je l'assaille de coups de téléphone qui me permettent de vérifier sa mauvaise foi ; un jour il est souffrant ; un autre jour, un rendez-vous imprévu l'a empêché de passer à la banque, etc., etc. Enfin, après un forcing qui me paraît interminable d'autant qu'il entame mon énergie, il me demande de passer à son bureau. Je crois avoir touché au but. Mais le malin Henneberger ne me règle pas en espèces, pas même en chèque. « Il a dû s'absenter inopinément » me dit sa *bimbo* de secrétaire en me remettant une enveloppe que je trouve bien mince et pour cause : elle contient un bon de soixante dollars à échanger contre des livres dans une librairie new-yorkaise de la 5ᵉ Avenue !

Faisant contre mauvaise fortune bon cœur (encore que cela commence à m'échoir plus souvent qu'à mon tour), je me remets à l'écriture, après avoir mis en lieu sûr dans le secrétaire le bon d'Henneberger. Tout en me remémorant *La maison*, un poème que j'ai écrit en 1919, je relis ce que j'ai écrit de *La maison maudite*, basée sur la maison de Stephen Harris, à Providence, sise au 135, Benefit Street, à deux pas du Roger Williams National Memorial, grande maison de trois étages — avec son grenier mansardé — et sa porte d'entrée latérale gauche. Ma seule crainte est d'avoir laissé trop longtemps ce texte en plan, mais en fin de compte, je retrouve assez facilement le fil de mon récit et l'idée que j'en avais. La rumeur avait longtemps couru que les ossements d'un couple de Français y avaient été « oubliés par mégarde » et reposaient toujours sous la maison. Cela avait enflammé mon imagination et j'avais décidé d'incorporer dans mon récit *La maison maudite* la légende, que je tirai d'un petit conte lu dans l'ouvrage de Charles M. Skinner, *Mythes et légendes de notre terre* (1896), dans lequel était évoquée une maison de Schenectady, Etat de New York, où la poussière formait sur le sol de la cave une silhouette humaine qui réapparaissait constamment même si on la balayait.

Après avoir écrit le mot « fin », je laisse de côté mon œuvre pour quelque temps, comme j'en ai l'habitude, avant de la reprendre pour une relecture et d'éventuelles corrections. Je m'aperçois alors qu'il s'agit du plus long des récits que j'ai concoctés jusqu'alors — un peu plus de dix mille mots. Si je vous dis que je juge le début trop long et trop verbeux, me croirez-vous ? Mais en fait curieusement, je me sens incapable d'élaguer quoi que ce soit au texte ; je juge en effet que, du fait de sa longueur même, il faut conserver le tout en l'état : raccourcir ce début déséquilibrerait les autres parties.

La maison maudite est achevé le 2 novembre. Je ne l'envoie pas à *Weird Tales*, craignant inconsciemment un refus pour ce texte dans lequel j'ai mis tout mon enthousiasme pour en fin de compte n'en être pas complètement satisfait. Le lendemain, j'envoie le texte à Edwin Baird pour son *Detective Tales*.

Coup de téléphone de Sam Loveman que j'ai, il est vrai, laissé quelque temps sans nouvelles. Je le connais assez pour constater qu'il a l'air excité comme une puce. Il me tient la jambe pour me narrer le concert auquel il a assisté la veille au soir, au Connie's Inn, celui d'un jeune trompettiste et chanteur noir qui officie avec son orchestre. Il ne tarit pas d'éloges sur l'homme : talent, charisme, qualités de *show-man*, personnalité généreuse, etc. Sans pouvoir l'interroger, car je n'arrive pas à placer le moindre mot, je me demande bien comment au cours d'un seul concert, mon ami Sam a pu déceler la « personnalité généreuse » de son héros du jour. Pourtant, en relisant le *New York Tribune* du 30 octobre je m'aperçois que deux colonnes ont été consacrées à ce qui s'apparente à un petit événement : les gens présents ce soir-là au Connie's Inn, aurait découvert ce « *Louis Armstrong qui allait faire du folklore afro-américain enraciné dans le* gospel *et le* blues [mots barbares pour moi] *traditionnel et enfermé dans un terroir, un courant musical national.* » Le journaliste prend à mon humble avis quelques risques en encensant ainsi un Noir. Par ailleurs, je découvre à cette occasion un pan de la vie de mon ami Sam, qui va donc ainsi se fourvoyer nuitamment en plein Harlem. Et par quel cheminement forcément illicite un Blanc a-t-il enfreint la législation en vigueur ?...

L'image de notre appartement est à l'unisson du climat. Les jours raccourcissent à vue d'œil, semant des zones d'ombre inquiétantes dans notre salon. Les cœurs sont à la même enseigne. Il est évident que Sonia glisse vers la dépression, ce qui ne laisse pas de m'inquiéter, bien que je n'en parle pas pour ne pas jeter de l'huile sur le feu. Elle pleure souvent en silence, lève alors des yeux de cocker vers les cartons entassés près du secrétaire et lâche un profond soupir en tamponnant de son mouchoir ses yeux rougis par les larmes. Je tente souvent tant bien que mal, mais certainement plus mal que bien, de la réconforter pour mettre du baume sur sa souffrance morale à laquelle j'accorde plus d'importance qu'à l'aspect financier. Elle souffre en effet psychologiquement de n'avoir pas réussi dans un métier qui lui plaisait.

Vers minuit ce soir-là, je me prépare à aller me coucher — mais je dois me rhabiller en toute hâte au moment même où je sors du *tub*, à cause de spasmes gastriques dont Sonia a été prise soudainement, après une journée entière passée au lit, en proie à un malaise général. Je dois dire que peu de temps après le départ de ma tante pour Providence, la santé médiocre de ma femme avait tourné à la crise véritable, de deux natures, nerveuse et gastrique.

N'ayant pas de domestiques dans l'appartement, ma femme ne veut pas traîner à domicile sans traitement — spécialement du fait qu'elle est menacée d'une opération d'ablation de la vésicule biliaire. Cette nuit-là, et en accord avec notre médecin traitant, elle va donc s'installer au quatrième étage de l'hôpital de Brooklyn, dans une chambre dont les fenêtres donnent sur un grand balcon et qui a vue à la fois sur les hauteurs verdoyantes de Fort Greene Park et sur les pentes pittoresques de la partie est de Brooklyn.

Trois maîtres de la profession — notre docteur, le Dr Westbrook, un généraliste descendant en ligne droite de l'architecte Sir Christopher

Wren (mon héros), le Dr Kingman, un spécialiste des nerfs, et le Dr Crane, un oto-rhino-laryngologue qui pense que certains de ces troubles nerveux provenaient d'un déplacement de la cloison nasale, vont beaucoup faire pour atténuer la violence de ses troubles.

L'appartement me paraît vide ce soir-là. Voilà que moi, l'homme solitaire de Providence, qui, en des temps pas si éloignés, s'extrayait facilement des cancans épisodiques de ses tantes, je me retrouve dans le silence ouaté du 259, Parkside avec pour seuls interlocuteurs les meubles inertes du salon, les cartons entassés près du secrétaire, à la fois témoins d'événements heureux, et aujourd'hui muets de ces mêmes péripéties de la vie. Je demeure longtemps assis sur le canapé, dans l'obscurité, que troue par endroits la lumière d'un réverbère

Le lendemain, lorsque j'arrive à l'hôpital, Sonia dort. On m'explique qu'elle est sous sédatifs et que je ne dois guère espérer pouvoir lui parler. La situation est pour moi comme irréelle. J'ai devant moi une femme — ma femme — inerte, les mains reposant sur les draps blancs. Je me rappelle mon père qu'enfant j'ai longuement observé à l'hôpital de Providence. Ainsi le monde des vivants, ceux qui se bougent, agissent, décident, doit-il parfois céder devant cette inertie occasionnelle.

Par chance, je peux m'entretenir avec le chef du service dans lequel se trouve Sonia. Sans pouvoir préjuger de l'évolution de la santé de Sonia, il me dit qu'il conviendra de toute façon, qu'à sa sortie, elle intègre une maison de convalescence. Il faut croire que je dois ouvrir des yeux ronds car il m'explique alors qu'il est important que des patients comme elle ne se retrouvent pas de suite au contact de la ville — comprendre New York — et de ses « agressions ».

Devant mon trouble évident, il vient à mon secours en me suggérant un lieu de convalescence du New Jersey, avec lequel il est en relation, jouant pour moi le guide touristique : à Somerville, petite ville tranquille à environ cinquante kilomètres à l'ouest de New York.

—   Il faudrait qu'elle y reste au moins trois semaines, pour une bonne consolidation de son état. Mais ne vous inquiétez pas, nous avons l'habitude. Et je peux vous assurer qu'elle y sera très bien.

Que dire de plus ? Qu'ajouter à la dure réalité ? Je donne mon accord, sans même me préoccuper de l'aspect financier de la situation. Pas question de toute façon d'ergoter sur la santé d'un être humain,…

— 	Bien. Je me charge d'annoncer moi-même à votre épouse notre décision.

Et c'est ainsi qu'après près de trois semaines de régime et de séjour au lit, la malade est libérée avec pour instructions de prendre, non pas trois, mais au moins dix semaines de repos à la campagne. Le Dr Westbrook veut l'opérer de la vésicule biliaire, mais, en novice que je suis, j'insiste auprès de ma femme pour qu'elle ne se laisse pas faire sans avoir eu des avis concordants de plusieurs médecins de premier ordre. Une telle opération a été la cause immédiate de la mort de ma mère, et j'ai entendu parler d'autres méthodes pour traiter des affections hépatiques rebelles.

Pendant la durée de cette hospitalisation, je fais ma première expérience de maître de maison abandonné à lui-même. Avec l'aide des instructions écrites de ma femme, je prépare du café que je peux vraiment boire, je fais cuire des spaghettis que je peux réellement avaler — et pour ma satisfaction personnelle, je tiens la maison balayée et époussetée, tâches nobles quand elles sont exercées pour le bien commun d'un couple d'époux. Je vais à l'hôpital tous les jours ; j'apporte des livres, des journaux et les choses à manger autorisées et j'acquiers à cette occasion une pratique de la préparation solitaire des aliments.
Un soir je reçois un coup de téléphone qui me conforte dans l'attitude de mon refus d'une opération. Je fus très heureux d'avoir tenu bon, car un autre médecin, une femme diplômée de la Sorbonne, qui, me dit le Dr Westbrook, l'avait contactée et qui jouissait à Paris d'une excellente réputation, m'appela. Elle faisait, me dit-elle, des merveilles par des méthodes diététiques sans violence et m'assura qu'elle se déclarerait, après avoir examiné Sonia, certainement opposée à la chirurgie.

A la Toussaint, après avoir décoré le living-room de guirlandes appropriées noires et orange, et de sorcières en papier aux points stratégiques, j'accueille ma maîtresse de maison. Ce retour au bercail est fêté calmement. Mais il ne fait pas de doute que chacun apprécie les retrouvailles.

Néanmoins, dès le lendemain, nous sommes chez le Dr Lopez, qui confirme son diagnostic — pas d'opérations. Elle fait quelques aménagements au régime diététique prescrit par l'hôpital et souhaite une bonne convalescence à la patiente qu'elle veut, dit-elle, voir à son retour.

Trois jours plus tard, nous trouvons ce qui nous paraît être une bonne retraite campagnarde pour une malade ou une convalescente. Sonia jette son dévolu sur la province agreste d'une certaine Mrs R.A Craig à South Somerville, New Jersey, à un peu plus que la moitié de la distance pour Philadelphie.

J'accompagne Sonia dans le train qui l'emmène à Somerville. Il fait beau ce jour-là et par la vitre du wagon, le soleil éclaire au gré de ses apparitions le visage encore pâle de Sonia. Le village de Somerville nous paraît très étrange et plein de charme. Nous arrivons à la ferme en auto, venant de la gare et nous la trouvons tout à fait supportable, bien qu'un peu isolée. Sonia y est installée dans une chambre indépendante, un peu à l'écart du corps du bâtiment. Et Mrs Craig lui précise bien qu'elle aura accès à tout et que si elle manque de quoi que ce soit, elle ne doiit pas hésiter à demander. Le dîner, pris à la table d'hôtes, est simple mais des plus corrects. Et à mes yeux considérablement amélioré par la présence d'une grande famille d'irrésistibles petits chats gris. Je reste avec Sonia cette nuit-là. Le lendemain nous explorons la campagne environnante qui se révèle un peu plate, comparée à la Nouvelle-Angleterre, mais cependant loin d'être sans attraits.

Au moment de mon départ, je promets évidemment à Sonia de revenir la voir. Nous convenons, pour satisfaire à nos finances, d'une visite hebdomadaire. Je pars donc et marche un peu pour gagner la gare afin de prendre le train qui doit me ramener à New York. De chaque côté de la route, des champs de graminées ondulent au vent.

Dans le train, je repense à Sonia, à la chambre, à la ferme et à la balade que nous avons faite la veille dans la campagne.

Je retrouve le 259, Parkside. Je vais y demeurer seul pour un moment. Certes, la présence de Sonia est indubitable, non seulement par des réalités

— les cartons près du secrétaire, ses vêtements dans la penderie de notre chambre — mais aussi par des choses abstraites comme sa voix, sa silhouette lorsqu'elle lisait assise dans le canapé du salon, Mais je me suis néanmoins fait depuis si longtemps une amie de la solitude que je sais pouvoir supporter cette séparation provisoire qui nous est imposée pour le bien de Sonia.

Lorsque je m'éveille, c'est cette impression de solitude qui s'impose à moi. Mais je dois retrouver Kleiner — que je n'ai pas vu depuis un certain temps — et Loveman dans le centre ville pour faire une tournée des bouquinistes. Une panne de métro me retarde cependant d'une façon désespérante — la rame qui nous précédait a eu un essieu qui chauffait et il a fallu couper le courant pendant une demi-heure — si bien que, après avoir connu les affres d'un métro surchauffé — je manqué mon rendez-vous à Union Square. Arrivé là et me trouvant tout seul je fais seul le tour des magasins de livres ; je dégotte plusieurs occasions à dix cents, dont la plus frappante est une pièce sur les sorcières de Salem par Mary E. Wilkins Freeman.

Tout content de ma trouvaille, je fais dans une modeste cafétéria de la 8ᵉ rue, un déjeuner merveilleusement bon et bon marché, 35 cents seulement — ragoût d'agneau, tarte aux pommes, et café ; après quoi je rentre à la maison où je lis la pièce sur Salem, avant de me coucher. Le lendemain matin, je fais un café passable en suivant les instructions écrites que Sonia a eu le temps de me laisser et j'étoffe mon petit déjeuner avec du pain, du fromage, et un œuf que j'ai fait cuire pendant vingt minutes avec une grande finesse

Après ma douche, je m'habillé car c'est en effet ce jour-là que je dois aller avec Frank échanger chez Scribner le bon d'Henneberger. C'est Frank qui s'est proposé de m'accompagner « pour m'aider à choisir de bon livres ». Eu égard à sa gentillesse, j'ai accepté avec joie et je me suis même promis de lui offrir un ouvrage pour le remercier, lui et sa famille, de toutes les prévenances qu'ils ont pour moi. Par chance, on nous attribue un vendeur charmant — un jeune type bien élevé, avec une moustache naissante rousse qui discute d'une façon intelligente et littéraire de tous les auteurs que nous citons — et avec son aide nous entreprenons notre agréable travail. Le choix est difficile. Indécis, j'oriente au bout d'un moment mes choix sur Lord Dunsany, Arthur Machen et sur une liste d'ouvrages de documentation coloniale. De plus, certains livres sont plus coûteux que je m'y attendais mais je réussis tout de même à réunir de quoi garnir d'une manière très respectable une étagère d'un mètre soixante. Je vais essayer de vous donner la liste de mes acquisitions. A tout seigneur, tout honneur. En ce qui concerne les ouvrages de mon cher Dunsany : *La fille du roi des Elfes, Fifty-one Tales, Five Plays, .Plays of near and far*. Pour A. Machen : *La Chambre des âmes, La colline des rêves, Far-Off Things, Things Near and Far, The Secret Glory, The London Adventure* et *Hieroglyphics*. Ouvrages d'architecture coloniale : *L'architecture de l'Amérique coloniale*, par Harold Eberlein, *L'Ameublement de nos ancêtres*, par Esther Singleton, *Les Artisans de l'Ancienne Amérique*, par Walter Dyer, *Les églises anciennes e la Nouvelle-Angleterre*, par Dolores Bacon et enfin *Rues tortueuses et étroites du Vieux Boston* par Ann Thwing.

A l'issue de ce choix pour lequel j'avoue que Frank me fut d'un grand secours, il me restait encore un petit casuel. Ce fut là que je suggérai à mon ami de se choisir un livre. Je dus insister un peu pour lui faire accepter l'idée de ce simple présent, mais il finit par surmonter sa modestie et se choisit le nouveau roman d'horreur de Harper William, *La chose dans les bois*. Je brûlai quant à moi mes dernières cartouches avec *Les Episodes de Vathek* par William Beckford et *Rome aujourd'hui et d'hier* par John Dennis.

N'était-ce pas là un fameux coup de filet ? Vous pouvez voir facilement quel trésor j'ai réuni. Je dois avouer que je n'aurais jamais fait un tel plongeon si cela n'avait pas été le seul moyen d'obtenir la contrepartie de ce que me devait Henneberger. Mais j'en suis tout de même satisfait !

Frank repart avec le livre qu'il s'est choisi, mais moi j'ai demandé — ce qui ne fit aucune difficulté — qu'on me livre au 259, Parkside, mais pas le mercredi car c'est mon jour de visite à Sonia.
Les livres me sont livrés dès le lendemain, mais en ouvrant les deux cartons qui les contient, j'ai quelques sueurs froides : il manque le Beckford, deux Dunsany et un Machen. Mais un courrier joint, que je découvre un peu par hasard, signale que ces ouvrages sont en rupture de stocks et qu'ils me seront livrés sans frais sous huitaine.

Le lendemain, il fait encore nuit lorsque je me lève pour gagner la gare et le train qui me déposera à Somerville. J'emporte avec moi des livres, des journaux, de la papeterie et quelques douceurs pour Sonia, ainsi qu'une ou deux revues, et l'un des livres acquis de Machen, que je vais lire durant les trajets. Au terminal, j'observe le lever du soleil sur la ville, les premiers passants qui passent, pressés, pour leur labeur quotidien, et lorsque le train démarre, j'ouvre *La maison des âmes* : « *Par un gris après-midi de mars de cette année, je suis allé avec un ami faire une longue promenade. Je résidais alors à Clay Inn et nous poussâmes, à l'occasion d'une de ces étranges explorations impromptues des recoins de Londres, qui m'ont toujours ravies, jusqu'à Inn Road... *»

C'en est fait de moi : je suis à Londres. Je ne vois rien des quelques voyageurs qui montent ou descendent aux arrêts, ni du paysage, et ce n'est que lorsque le chef de gare, un Noir patibulaire, crie d'une voix éraillée « Somerville » que je sursaute et sors du wagon, mon Machen tout juste refermé.

Je trouve Sonia allongée sur une chaise longue, dans la grande et lumineuse véranda qu'orne à l'intérieur de grands palmiers en pot. A l'extérieur, au pied du muret qui supporte les vitres, une frise de géraniums rouges délimite l'espace. Sonia me sourit lorsque je m'approche d'elle. Elle a bien meilleure mine que lorsque je l'ai quittée, même si des cernes ombrés sous ses yeux trahissent encore une lassitude certaine. Elle me présente sa nouvelle voisine, récemment arrivée. Paula — c'est son prénom — me salue par correction d'un sourire convenu. Je m'enquiers des conditions de Sonia. Se sent-elle mieux ? Mange-t-elle bien ? A-t-elle besoin de quelque chose ? Elle me prend les mains, me retourne les questions : est-ce que je me débrouille ? Et la nourriture ? Je la rassure du mieux que je peux. La seule chose qui doit lui importer est de guérir. « Ne vous inquiétez-pas pour moi, ma chère. Tant que vous me verrez ici, c'est que je m'en sors. »

Je prends à témoin mon Machen pour lui expliquer, sans entrer dans les détails pour ne pas la fatiguer, mes achats chez Scribner, ce que j'ai fait depuis son absence. Lorsque Mrs Craig lui apporte son repas, elle me suggère de la prévenir, si je le désire, pour ma prochaine visite. Je pourrais ainsi déjeuner avec mon épouse. « Et si le temps le permet, vous pourrez même déjeuner dehors » nous lance-t-elle d'un ton enjoué. Cela signifie indubitablement que l'état de Sonia s'améliore.

Je quitte le lieu avec le baume au cœur et sitôt installé dans le train, je repars pour Londres par la lecture.

Le lendemain, Frank Long m'appelle vers les dix huit heures, pour me proposer de l'accompagner au cinéma. Plongé depuis le matin dans mes travaux d'écriture et, peu enclin à les abandonner, je cède néanmoins devant son insistance.

Alors que nous patientons dans le hall du cinéma, je parcours le *synopsis* de ce que nous allons voir. *La roue* d'Abel Gance. Thème : un mécano qui recueille une petite orpheline à la suite d'une catastrophe ferroviaire. Je crains le pire. J'ai le souvenir de *La chauve-souris,* d'après la pièce de Mary R. Rinehart et Avery Hopwood, qui m'avait fait somnoler dans les années 1920. Comme soporifique appliqué je recommande le théâtre populaire bassement « horrible » ou les dialogues de cinéma ou de radios. Ils sont tous semblables — plats, communs, synthétiques, mélanges essentiellement de hurlements conventionnels, de murmures et de situations superficielles et standardisées. J'ai vu juste. Si je ne succombe pas à l'endormissement, c'est par égard pour Frank, mais ne trouve guère d'intérêt à cette histoire, mal traitée de surcroit. Et pour ne pas le froisser, je reste évasif lorsqu'il me demande mon avis, estimant que toutes mes vérités ne sont pas bonnes à dire.

Au début de la semaine, les livres manquants acquis chez Scribner me sont livrés. Je les joins évidemment aux autres, et durant quelques jours, j'y jette régulièrement un œil lorsque je travaille, fier et heureux de mes acquisitions.

Le mercredi je suis à Somerville. Comme convenu, Sonia et moi déjeunons dehors. Le temps est exceptionnellement beau pour la saison. Des abeilles viennent butiner les géraniums près desquels nous sommes assis et au loin, une rangée d'arbres aux feuillages mordorés barre l'horizon. Sonia est en bien meilleure forme. Je crois qu'elle a recommencé à se maquiller — légèrement certes mais il en a toujours été ainsi. Elle me questionne encore beaucoup sur mes activités, s'inquiète à nouveau pour ma nourriture et je juge de l'amélioration de sa santé lorsqu'elle commence à faire des projets qu'elle mettra en œuvre à sa sortie. Elle évoque là un déménagement auquel je ne prête pas attention, et que j'attribue au fait que si sa santé s'améliore, elle n'a cependant pas encore recouvré tous ses moyens.

Nous regagnons la véranda lorsque le temps fraîchit, et je la quitte peu après pour aller reprendre le train alors qu'une petite pluie fine commence à tomber.

Mais je ne rentre pas à la maison. J'ai prévu de passer deux jours à Philadelphie, non pas pour aller en pèlerinage sur ma lune de miel ratée, mais parce que les quelques heures que j'avais alors pu y consacrer m'avaient mis l'eau à la bouche. Je déboule à Philadelphie — Philly — à l'aube grise et je loge au même hôtel que précédemment — même pour deux nuits il n'y a pas de petites économies — et, après une toilette sommaire et un petit déjeuner qui l'est tout autant, je pars à l'aventure, mon guide sous le bras. Impossible évidemment de tout voir et j'axe mes visites sur mes centres d'intérêt. C'est ainsi que je visite l'ancienne ville allemande et fais une bonne marche le long du Wissahickon qui sépare le nord et l'ouest de la ville. Je visite le jardin botanique de l'explorateur et botaniste John Bartram, qu'il créa en 1728, en contrebas de sa maison qui domine la colline, pittoresque maison en pierre que le grand naturaliste construisit de ses mains en 1731. L'endroit est désormais un parc public maintenu dans une gloire immaculée — manoir typiquement colonial sur les bords du Schulkill. Il est toutefois complètement encerclé par un terrain affreux — usine à gaz, villas de banlieue bon marché, et manufactures minables de l'autre côté du fleuve. Je vois également le cottage en briques, qui ne se visite pas, loué par Poe de 1842 à 1844. Bref, beaucoup de bon temps passé là.

Je suis de retour chez moi le samedi soir et, après une nuit réparatrice, je passe presque la matinée à lire mon livre sur les maisons coloniales, au moins jusqu'à ce que je m'aperçoive que je n'ai plus de provisions de bouche. et dans l'après-midi je vais voir l'homme pour qui Houdini — dont j'avais trouvé un message dans mon courrier — m'avait donné un mot d'introduction — Brett Page, qui est à la tête d'une agence de presse, et dont le bureau se trouve au coin de Broadway et de la 58ᵉ rue. Page, la trentaine, cheveux roux, fut étonnamment affable et me retint pendant une heure et demie de conversation cordiale ; mais il n'avait rien qui ressemblât à une situation vacante. Après avoir discuté à bâtons rompus avec moi, pour, mine de rien, me cerner un peu, il me dit qu'il y avait deux genres de places qui me conviendraient — rédacteur en chef adjoint d'un journal commercial, et lecteur ou réviseur dans une maison d'édition. Il me conseilla donc de demander à Houdini une introduction auprès d'un éditeur — ce que je ferai quand mon état nerveux, malmené par ma situation du moment — santé de Sonia, problèmes financiers — me permettrait de rédiger une épître cohérente.

En sortant de son bureau, je jugeai toutefois que l'entrevue n'avait pas été totalement négative. Elle déboucherait peut-être enfin sur un emploi qui me conviendrait. Lorsque je fus de retour chez moi la nuit tombait. Dans la soirée, je lus encore, comme d'habitude, des documents coloniaux.

Ce mode de vie perdure jusqu'au début du mois de décembre.

Réunion du Kalem Club. J'y fais sensation en lisant à l'assemblée rapidement ébaubie *La maison maudite*. Sam Loveman est parmi les plus enthousiastes et me demande de le dactylographier dans les trois jours, ce qui me sera impossible. En fait, Loveman voulait montrer le tapuscrit à l'éditeur Alfred A. Knopf, avec lequel il était en affaires. Faisant contre mauvaise fortune bon cœur, Sam m'assure néanmoins qu'il ferait tout son possible pour promouvoir le texte.

Mais l'arbre ne doit pas cacher la forêt. Derrière ces amabilités — sincères, faut-il le préciser — une fracture se fait jour dans le club pour une sordide histoire d'argent emprunté par Arthur Leeds qui tarde à rendre à Everett McNeil les six dollars qu'il lui a empruntés. L'animosité contre Leeds ne fit que s'accentuer car tous les autres membres, sauf moi, se liguèrent contre Leeds qu'ils trouvaient « vieillots et sans grande conversation ». Malgré l'entregent que je déployai —sans enthousiasme car il me semblait que cela ne rehaussait guère le niveau — cette situation aboutit à l'existence de réunions distinctes baptisées « McNeil » et « Leeds ». Ces dernières rassemblaient évidemment peu de membres, mais je le fis un devoir de toujours y assister.

Lorsque j'arrive à Somerville le mercredi, Sonia m'attend. Le docteur qui s'est occupé d'elle lui a donné le feu vert. Il voulait m'appeler pour m'en informer mais Sonia lui a demandé de n'en rien faire, assurant que de toute façon je serai là et qu'ainsi j'en aurai la surprise. Je dois signer quelques documents, prends la petite valise de Sonia et nous nous acheminons vers la gare.

Le trajet est silencieux. On n'entend que le bruit cadencé des roues sur les rails. Le soleil joue à cache-cache avec les nuages et dévoile lorsqu'il se montre, l'état de saleté des vitres du wagon. J'observe mon épouse à la dérobée, en me posant cette question lancinante : est-ce effectivement terminé ? Est-elle apte à affronter derechef la grande ville, ses tensions et nos difficultés, pécuniaires notamment ? Je n'ai évidemment pas toutes les réponses, mais je ne décèle rien qui puisse me donner à penser qu'elle n'a pas recouvré toute son énergie.

Lorsque nous abordons les premiers faubourgs de New York, elle se serre contre moi et émet le souhait de déjeuner en ville.

Après avoir déposé la valise, nous revenons donc, d'un coup de bus, dans le centre ville, dans cette drôle de cafétéria en sous-sol au coin de Madison Avenue et de la 36ᵉ rue.

Je passe le reste de la semaine avec Sonia. Tout en classant des documents dans les dossiers, je l'aide pour le ménage — avez-vous vu votre serviteur, la taille ceinte d'un tablier de domestique et un plumeau à la main ? — ainsi que pour les courses et même la préparation des repas. Je guette son moindre regard vers les cartons entassés près du secrétaire, mais elle n'y prête aucune attention particulière.

C'est le vendredi que je sais que Sonia était guérie. Elle recommence à s'intéresser aux questions de sa profession, non seulement échafaudant des projets, mais aussi désireuse de mettre en œuvre ceux qu'elle a déjà formés. Aussi, lorsqu'elle reçoit une offre pour un poste important et fort bien rémunéré dans le plus grand magasin de nouveautés de Cincinnati, dans l'Ohio, elle décide d'essayer pendant un certain temps, tout en me faisant comprendre qu'elle ne pourra pas assurer deux locations d'appartements, celui où nous sommes et celui, même s'il ne s'agit que d'un studio, où elle logera dans l'Ohio.

Le dimanche après-midi, nous faisons une promenade à pied dans Prospect Park et dans la soirée nous allons au cinéma. Notre petit cinéma de quartier donne *Crainquebille* du cinéaste français Jacques Feyder, d'après le roman éponyme d'Anatole France. Je m'attendais au pire avec cette histoire d'un marchand de légumes estimé qu'on emprisonne pour outrage à agents et qui, à sa libération, est rejeté par son voisinage. Mais je dois reconnaître que si le sujet ne trouve guère grâce à mes yeux, la réalisation est autre que celle d'Abel Gance avec *La roue*.

En sortant de la salle, tout en confrontant nos points de vue sur le film, nous achetons une glace dans la confiserie du coin et nous revenons la manger à la maison.

Réunion spéciale, tout à fait charmante — même sans Mortonius — des garçons. C'est à cette réunion que , pour la première fois, j'entrevois — car il ne peut rester — Wilfred B. Talman, un correspondant de dix années, dont je reparlerai. Loveman fait marcher son nouveau poste de radio à cent dollars — apportant un moment dans notre modeste salle de club la voix rauque de son « cher » Armstrong— et McNeil, qui me paraîtt avoir un tantinet usé de la dive bouteille sans l'avoir accompagné de la nourriture solide du buffet concocté par Kirk, occupe l'auditoire avec des propos, certes frappés au coin du bon sens sur les choses simples de la vie. Nous nous séparons à une heure et demie. Kleiner prend le métro. Mais Kirk accompagne toujours ses invités jusque chez eux, aussi loin qu'ils aillent, de sorte qu'avec lui, McNeil et moi nous embarquons dans un voyage à pied vers le centre ville. C'est une merveilleuse petite promenade le long de Central Park West et vers la fin se lève un croissant de lune à son déclin. A cette heure de la nuit, le calme règne sur la ville. Seuls circulent, silencieux, quelques taxis en maraude A la 49ᵉ rue nous obliquons vers l'ouest et nous accompagnons ainsi McNeil jusqu'à son domicile perché de la « Cuisine de l'Enfer » pour y bavarder jusqu'à cinq heures du matin, avant de nous transporter dans une cafeteria de Broadway près de la 49ᵉ rue. Pendant le trajet pour nous rendre dans cet endroit, nous nous livrons à une spéculation astronomique considérable à propos d'un curieux dédoublement du croissant lunaire que nous avons pu observer l'un et l'autre, sans avoir subi au préalable la moindre préparation alcoolique. Dans la cafeteria Kirk fait dévier la conversation sur la philosophie — et le temps s'évanouit sous forme d'un brouillard gris. L'aube pâlit à l'est, pour dorer les pointes des gratte-ciel du voisinage. Mais nous l'ignorons. Nos esprits sont absorbés par de sérieuses généralités, et comme aucun garçon ne vient nous déranger nous nous envolons jusqu'aux plus lointaines limites du cosmos, tandis que notre argile grossière s'étale dans des fauteuils le long du mur à carreaux vernissés.

A neuf heures et demie nous repartons en promenade dans l'air frais du matin pour faire une tournée d'exploration d'antiquités. Nous allons tout d'abord à pied jusqu'au vieil hôtel de Jane Teller au pied de la 61e rue, très beau avec le soleil à son extrémité est, et nous flânons longuement avant de passer sous la sinistre maçonnerie de Queensboro's Bridge, à la recherche de Sutton Place, rue cossue du quartier restauré sur une terrasse élevée dominant l'East River : rues désertes, maisons de maîtres fortunés, chien errant de façon incongrue...

De là nous retournons aux rues plus fréquentées, tout en philosophant, nous lavons nos mains pleines de terre à une bouche d'eau bien commode, nous explorons une belle remise de voitures sur la 8e avenue, où, parmi des véhicules plus modernes, nous trouvons une splendide voiture à chevaux ancienne transformée et utilisée comme véhicule de transport. A Times Square nous déjeunons dans un *Automat* (libre-service et bon marché) où il me revient qu'Arthur Leeds et moi sommes déjà venus. Mon menu se compose cette fois de macaronis, d'une salade de pommes de terre, d'une tarte au fromage et d'un café bien sucré. En partant de ce poste de ravitaillement nous retournons 40e rue pour examiner le tout nouvel immeuble de l'American Radiator Company — le nouveau gratte-ciel dunsanien noir et or dessiné par l'architecte Pawtucket. Nous faisons là un long arrêt. Imaginez nos deux silhouettes au pied de ce géant de cent trois mètres, mélange d'art déco et de gothique, à degrés dans ses étages supérieurs, comme la pyramide du roi Djeser. La lecture de mon guide que je fais à Kirk, nous apprend que la brique noire de la façade symbolise le charbon, qu'elle a été choisie pour donner une idée de solidité en donnant à l'immeuble son côté massif et que les briques et les motifs gothiques enduits d'or évoquent le feu et les flammes.

Le radiator Building

Et, cerise sur le gâteau, nous explorons, pour la première fois, l'intérieur. Le sous-sol est un rêve de pittoresque et de charme spectral —
crypte sur crypte aux voûtes massives en maçonnerie, roches terribles
reposant sur des colonnes cyclopéennes, *choses* noires et niches hantées
ici et là, et des escaliers de pierre sans fin conduisant plus bas, plus bas,
encore plus bas, toujours plus bas, à d'infernales catacombes où suinte

une eau poisseuse et saumâtre. Cela ressemble aux endroits voûtés qui se trouvent sous les entrées d'un amphithéâtre antique de Rome ou de Constantinople, ou à quelque cauchemar vampirique qui ne peut être imaginé que dans les visions procurées par les drogues sans nom venant de l'Inde insondable.

Somptueuse balade en vérité.

Lorsque je rentre enfin chez moi, Sonia est sortie : un petit mot sur la table basse du salon en atteste. Elle rentra lorsque je dormais et je ne la vis donc qu'en début d'après-midi, ct fidèle à elle-même, elle se garda bien de me réveiller. Elle s'autorisa quelques questions sur la réunion chez Kirk, mais pas un mot sur mes déambulations nocturnes. De mon côté, j'avais perdu l'habitude, que je n'avais d'ailleurs pas chevillée au corps, de l'interroger, sachant pertinemment que lorsqu'elle sortait, c'était pour tenter de retrouver un travail.

Et à son seul comportement lorsqu'elle revint, je sais qu'elle n'a rien trouvé. Si ses démarches avaient été couronnées de succès, elle n'aurait pu contenir sa joie et me l'aurait tout aussitôt fait partager. Il est donc inutile que je remue le couteau dans la plaie en l'abreuvant de questions.

Certains peuvent penser que c'est une attitude étrange, pour des jeunes mariés, que de ne pas se questionner mutuellement sur leurs activités lorsque les époux ne sont pas ensemble. Je réponds là que la confiance est de mise entre nous et que je ne saurais considérer comme de l'indifférence le silence de Sonia quant à mes activités nocturnes. Elle sait pertinemment que j'ai besoin de ces moments passés avec des amis, que, pour la plupart, elle connaît. Et elle sait très bien que je percevrai toute tentative de sa part d'en savoir plus comme une ingérence dans ma vie.

Mon correspondant Edward L. Sechrist, anthropologue de son état, est pour quelques jours à New York. Je suis impatient de rencontrer l'homme qui a, m'a-t-il écrit, passé beaucoup de temps dans les mers du Sud et en Afrique centrale. Je le rencontre en ville et j'ai mis pour la circonstance un œillet rouge à ma boutonnière — ce doit être notre signe de reconnaissance. Jugez de l'étonnement de la fleuriste à laquelle j'ai demandé de me vendre non pas un bouquet mais un seul et unique œillet ! Nous nous retrouvons devant les Anderson Galleries, salle des ventes à l'angle de Park Avenue et 59e rue. C'est Sechrist qui a fixé ce lieu de rendez-vous, car un de ses amis — un nommé John M. Price — y est employé à des travaux de rédaction — préparation de catalogues, etc. Curieusement les deux hommes se ressemblent. Sechrist est un peu plus grand — mais on peut aisément les prendre pour deux frères : la cinquantaine, cheveux clairsemés, nez légèrement camus, etc. Je pourrais également multiplier les points de comparaison dans les vêtements. John M. Price nous fait visiter la maison avec la plus grande courtoisie. .Je pense alors que s'il pouvait m'aider à trouver le moyen de solliciter une place aux Anderson Galleries, il me sauverait virtuellement la vie ! Je pourrais très bien faire ce travail.

Lorsque nous sortons, après avoir quitté Price, je m'en ouvre à Sechrist qui me reproche de ne pas en avoir parlé, m'affirmant qu'il pense que Price pourrait m'aider. En fait, il y avait déjà longtemps, Loveman m'avait suggéré qu'un tel travail me conviendrait très bien.

Sechrist hésite, regarde sa montre et me dit qu'il n'a malheureusement pas le temps de retourner voir Price, car il a un autre rendez-vous, d'affaires celui-là, à honorer. Je lui dis que j'ai été heureux de faire sa connaissance et nous nous séparons.

Je pense revenir voir Price. Mais j'ai besoin d'abord d'une bonne coupe de cheveux. Je bâtirai donc demain mon programme en conséquence.

Il est hors de question pour moi de suivre Sonia à Cincinnati, à neuf cent kilomètres de New York ou de Providence. J'argue de prétextes que je sais plus ou moins inconsistants — l'éloignement de ma famille, le coût d'un déménagement pour une telle distance, les affaires que j'ai en cours à New York, etc. Le seul argument auquel se range Sonia, encore qu'elle ne réfute les autres, est celui où je lui dis que j'espère que ce sera pour elle, et donc pour nous, une situation provisoire. J'ajoute que pour réduire les dépenses, je vais me trouver un studio à louer — à Brooklyn, ce qui me permettra de baigner encore dans l'atmosphère des beaux jours passés ensemble depuis la date de notre mariage. ce qui achève de gagner Sonia à ma cause.

Je m'ouvre, sans arrière-pensée, de mon projet à ma tante que je vois débouler trois jours plus tard et qui veut m'aider dans la recherche de mon futur logement. Et tandis que Sonia règle les détails de son installation dans l'Ohio, ma tante et moi déambulons plusieurs après-midi de suite dans Brooklyn, balade pas réellement agréable certains jours tant la bise, à certains carrefours, nous contraint à serrer les poings, moi dans mon pardessus, ma tante dans son manteau, pour avancer. Par une de ces après-midi donc — nous venons de nous arrêter pour avaler un café chaud — nous tombons finalement sur un vieil endroit de Brooklyn, avec vue sur la mer, et avec un air vieux continent de majesté surannée qui fait beaucoup penser à certains quartiers de Londres : immeuble de grès rouge, du début du victorien, de cinq étages avec un rez-de-chaussée encaissé, à l'anglaise, hautes fenêtres à guillotine, et à l'intérieur, au premier étage, le studio que je recherche.

Le studio est vaste, de proportions agréables, boiseries claires classiques ; deux alcôves, avec des rideaux tendus, peuvent faire bibliothèque, avec une kitchenette et une douche à l'est. Vue assurée sur les anciennes maisons de brique de State Street et de Clinton Street. Tout cela me convient parfaitement. J'adore ces « pièces à vivre » qui, si l'on sait s'organiser, permettent d'avoir tout à portée de main. Je signe pour en emménagement au 1er janvier. Ce qui signifie que Sonia et moi avons peu de temps pour quitter notre 259, Parkside.

Je ne peux évidemment prendre tous les meubles avec moi. Mon choix, outre les indispensables — lit, canapé, chaises et table basse du salon, se porte sur le secrétaire qui continuera, avec sa lampe mandarine, à me servir de bureau, Les autres — l'armoire de la chambre, ainsi que la table de la cuisine iront au garde-meuble avec les cartons de Sonia, dont, superstitieuse, elle ne veut pas se séparer définitivement.

— Si je ne les conserve pas, ça veut dire que je renie mon travail et ça me portera le mauvais œil... !

Je reste sans voix devant ce genre de déclaration à laquelle elle ne m'a guère habitué jusqu'alors.

Réexpédition du courrier. Quelques correspondances d'ordre administratif pour signaler le changement d'adresse. L'arrêt des contrats domestiques, bref, la routine qui nous amène au 1ᵉʳ janvier où Sonia, que j'accompagne à la gare avec deux énormes valises prend le train pour Cincinnati. Pas d'effusions — ce n'est pas notre habitude — mais certainement pour elle comme pour moi le sentiment que peuvent ressentir deux personnes qui, après avoir consenti à faire le chemin ensemble, ont choisi, du fait des circonstances, d'y contrevenir. Je regagne mon nouveau domicile où m'attendent mes meubles et les cartons épars que les déménageurs se sont contentés de déposer. Je m'adonne au rangement une bonne partie de la journée, sans évidemment le mener à son terme et ne m'arrête que lorsque j'éprouve le besoin de me sustenter. N'ayant pas accès au gaz — le préposé ne viendra que le lendemain — pour me faire chauffer une boîte, je descends dans une trattoria repérée non loin et l'énormité du plat de spaghettis qu'on me sert me fait penser que Sonia et moi n'avons pas eu le temps de fêter ni Noël ni le jour de l'An. Si c'est dommageable pour notre couple, c'est néanmoins bon pour moi, car durant l'absence pour convalescence de Sonia, j'ai réussi un exploit des plus spectaculaires : celui d'avoir maigri. En effet, depuis l'année d'avant j'avais grossi — à coup sûr les bons petits plats de Sonia — et sans que je n'ai rien dit, cela me rendait amer. Pendant la période correspondant au séjour de ma femme à Somerville, j'avais eu l'occasion de régler mon régime pour la première fois de toute ma carrière — en mangeant juste ce que je désirais, plutôt que dans les quantités que quelqu'un d'autre que moi estimait nécessaire. A la fin de cette période, j'avais minci d'une façon perceptible. Je ne savais pas exactement combien j'avais perdu en poids, car après avoir atteint les quatre vingt dix sept kilos (*sic*), j'avais toujours refusé de monter sur une balance ! Pendant l'hiver j'avais surveillé farouchement mon régime et j'avais réussi à ne pas reprendre ce que j'avais perdu.

Et maintenant que je suis souverain absolu à la table de mon petit déjeuner, de mon déjeuner et de mon dîner, je lance mon chapeau en l'air et entreprends de maigrir sérieusement. Et je me rends compte au fil des jours qu'il n'est pas le moins du monde inéluctable que je sois gros ! J'aide au traitement par de l'exercice et de la marche en plein air, et chaque fois que mes amis me voient, ils sont ou satisfaits ou épouvantés par ce rétrécissement renversant.

De semaine en semaine, j'achète des cols de plus en plus étroits. Et quelle histoire racontent la balance et mes vêtements ! Ces derniers doivent en fin de compte être entièrement retaillés.

Pis, je reçois de longues lettres de réprimande de mes tantes, que Sonia a dû mettre au courant (je n'aurais pas dû lui écrire sur ce sujet), et je suis sévèrement chapitré par Mrs Long chaque fois que je vais voir son fils. Mais je sais ce que je fais et je m'y tiens farouchement. Je me déclare publiquement maître de mon régime.

Dans les premiers courriers qui me parviennent à mon nouveau domicile, je trouve une lettre de John Price, réexpédiée, auquel j'avais demandé d'intervenir pour moi auprès des responsables des Anderson Galleries. Il a bien noté l'intervention de notre ami commun Sechrist, mais ne promet rien.

Il y a également au courrier une lettre de Sonia qui me rassure : elle a trouvé une excellente pension — un milieu presque familial où ses principales voisines sont deux professeurs de collège du Maine, dont elle me donne même les noms, Miss Parington et Miss Curtis.

Ainsi rassuré sur l'état de mon épouse, et après avoir terminé le déballage des cartons, je passe presque toute une journée à répondre aux courriers en souffrance de mes correspondants. Puis avec le sentiment du devoir accompli, je descends faire quelques courses pour mon dîner. Et c'est en remontant que je trouve une porte ouverte, à l'étage au-dessous du mien. Un homme d'un certain âge contemple le vide du studio autour de lui. En m'apercevant, il vient vers moi, me salue et se présente comme étant le propriétaire du lieu. « Il est, me dit-il , venu voir dans quel état est son bien après le départ, peu de temps avant mon arrivée, de ses locataires. Je me présente à mon tour comme étant le locataire du dessus. Son œil s'allume. « Si vous connaissez quelqu'un que cela intéresse, c'est à louer, de même que le studio du cinquième étage, au-dessus de chez vous, et, pour moi, le plus tôt sera le mieux. » J'en déduis qu'il doit avoir besoin d'argent — je ne suis pas le seul — et promets de faire ce que je pourrai. Il me salue à nouveau et, pensif, retourne au milieu de son studio désert, non sans m'avoir laissé une de ses cartes de visite défraîchies.

A quelques jours de là j'entreprends de faire à mes amis l'honneur de mon nouveau logis. Je reçois d'abord Kirk, le plus disponible, qui s'extasie sur les dimensions, pourtant toutes relatives, de mon home et de l'usage rationnel que j'ai dessiné par l'organisation de l'ameublement. Et, dans un de ces heureux hasards de la conversation, il me confie « qu'il faudrait bien qu'il se trouve un coin [*sic*] comme le mien car l'endroit où il loge, qui n'était d'ailleurs au départ qu'une dépendance de la librairie, est vraiment trop exigu. »

Je sors en toute hâte la carte de visite du quidam croisé quelques jours auparavant et la tend à George, en lui assurant que deux studios sont libres dans mon immeuble. Très intéressé, George Kirk s'enquiert du prix du loyer et, encouragé par ce que je lui dis, à savoir que ce serait formidable s'il venait habiter là, entreprend d'examiner mon studio sous tous les angles « pour voir, me dit-il, quel parti il pourrait tirer de celui qu'il occuperait s'il se décidait. » Et lorsqu'il découvre, par mes fenêtres, la vue sur l'océan tout proche, il décide appeler le propriétaire pour lui louer le studio au-dessus du mien car « la vue sera encore meilleure. »

— 	Qui sait, par temps clair, je verrai peut-être la Statue de la Liberté, lança-t-il en prenant congé.

Après son départ, je songe que Samuel Loveman loge à quelques pâtés de maisons : nous avons certainement de quoi former là une petite colonie littéraire.

A partir de ces débuts prometteurs, je m'emploie à développer activement les affaires de notre Kalem Club — Morton, Kleiner, Loveman, Leeds, McNeil, Long, Kirk, etc. Tandis que perdure la zizanie Ledds-McNeill, je les reçois fréquemment dans ce studio dont ils ont si abondamment vanté le mobilier. Certes, lorsque le nombre de participants est élevé, on est un peu à l'étroit, mais la richesse et l'entrain des conversations font oublier cette promiscuité. Ils me font l'honneur de dire que ma maison paraît exceptionnellement classique et reposante, et que son calme ouaté fait croire à une occupation continue pendant des années sinon des générations. Et tous reconnaissent que je m'en suis remarquablement tiré avec le peu de place dont je dispose.

Il y eut des réunions où Sonia était présente. Lorsque son travail l'y autorisait, elle venait passer le week-end avec moi. J'appréciai d'autant plus sa présence qu'elle devait faire un long trajet — aller et retour — pour passer un peu de temps avec moi. Mais, s'il lui arrivait de venir alors qu'une réunion était prévue, elle se comportait en hôtesse de la plus extrême amabilité.

Ceci était bel et bien, mais, un jour que je m'accordai un peu de répit, je fus contraint, en toute conscience, de reconnaître que je n'avais plus rien écrit depuis mal de temps. D'autre part, l'aventure Henneberger semblait apparemment terminée, les éventuelles embauches genre 80e rue, avaient fait long feu et les recommandations de John Price auprès des Anderson Galleries n'avaient pas — une récente lettre de lui me le confirmait — encore abouti. Certes, il y avait bien eu la révision de *Quatre heures*, une nouvelle de Sonia, qu'elle avait malgré tout réussi à écrire à ses moments perdus, au milieu de tous nos ennuis. Cette révision m'occupa durant de longs moments et surtout, évidemment, ne nous rapporta rien dans l'immédiat.

Sans le lui avoir dit, j'ai tendance à penser que Sonia écrit de façon malhabile, inégale et même incohérente.

Je continue donc à vivoter. Pourtant, les apparences sont parfois trompeuses. Le 8 janvier, je reçois une invitation personnelle de Harry Houdini pour assister à la première de son nouveau spectacle à l'ancien hippodrome. L'invitation est pour deux personnes. Je me mets en quête de voir lequel de mes amis pourra m'accompagner, mais — il est vrai que c'est un samedi soir — aucun n'est libre. Je suis d'emblée impressionné par la foule qui se presse là. En attendant le début du spectacle, des groupes de gentes dames et de beaux messieurs s'agglutinent, desquels émerge un brouhaha, régulièrement ponctué par des rires plus ou moins sonores. Ce hourvari ne cesse qu'à l'annonce du début de la représentation, lorsqu'un bataillon de projecteurs éclaire la place où doit se produire l'artiste qui entre en scène sous les hourras des spectateurs. En bon connaisseur, Harry a évidemment planifié les difficultés — ou ressenties comme telles par les gogos crédules — pour comme, dit-il souvent, « faire monter la sauce ». Le clou du spectacle est évidemment sa désormais célèbre évasion d'une cage métallique pleine d'eau, avec façade en verre pour qu'on puise suivre ses évolutions, dans laquelle on l'immerge, les pieds tenus dans un carcan de fer. Les belles dames à côté de moi retiennent leur souffle autant que leurs piaillements, comme pour mieux libérer un tonnerre d'applaudissements après que le magicien se soit libéré de ses chaînes.

Je garde la tête froide au milieu de tous ces débordements. Je suis, à vrai dire, un matérialiste absolu. L'illusion n'est pour moi qu'un travail et l'illusionniste l'artisan de sa mise en œuvre. Et je nourris la même défiance, même si j'en use dans mes écrits, vis-à-vis de l'occultisme. Il serait toutefois possible, que je puisse recueillir les germes de quelques bonnes idées dans le boniment de marginaux psycho-lunatiques ; et j'ai souvent pensé acquérir un peu de cette camelote vendue dans une librairie de la 46ᵉ rue. L'ennui c'est qu'elle coûte abomina-blement cher pour moi dans l'état actuel des choses. Mais si l'un quelconque de ces cultes de timbrés possède des brochures gratuites et de la « littérature » avec des détails suggestifs, je ne vois aucun incon-vénient à avoir mon nom sur sa liste de gogos.

Sonia arrive pour le week-end, éprouvant pour elle car en sus de la fatigue induite par son travail, elle cumule celui du long voyage pour venir me voir. Je tente au mieux de lui éviter toutes les tâches d'intendance habituelles et inévitables. Nous passons beaucoup de temps à parler d'elle, de moi, de nous. Elle m'interroge sur mes travaux littéraires — au point mort — et il m'apparaît qu'elle redoute de couper les ponts avec certaines de ses anciennes occupations. C'est ainsi qu'elle me demande si je continue à fréquenter le Blue Pencil Club, la section locale de Brooklyn du NAPA. J'élude la question. En fait c'était elle qui m'y avait emmené et pour quelque raison j'évitai ces réunions lorsque Sonia était absente. Sans insister, elle me fait néanmoins pro-mettre d'assister à la prochaine réunion du club.

Fort opportunément, ladite réunion consiste en un déplacement à Yon-kers — à environ quinze kilomètres — pour assister à une éclipse de soleil. Je dois me lever dès potron-minet car même si le trajet est court, l'événement est annoncé pour neuf heures douze. Nous gagnons la campagne bien avant le commencement de l'éclipse, et choisissons un pré au sommet d'une colline, d'où la vue est large, nous assurant un bon observatoire. Le ciel est pommelé, et nous sommes tout naturellement anxieux. Allons-nous pouvoir en profiter ? Le soleil se montre d'abord un petit peu puis il nous permet d'observer le spectacle durant de longs moments. Le paysage ne change d'aspect jusqu'à ce que le croissant du soleil devienne plus petit ; alors il y a comme une espèce de vivacité de coucher de soleil. Après que le croissant ait diminué jusqu'à son extrême minceur, la scène devient étrange et spectrale — un état de mort inhérent à la chétive lumière jaunâtre. A ce moment le soleil disparait sous un nuage. Puis le mince fil avant-coureur du scintillement global, émerge d'une partie du ciel clair. La surface des vallées se fane dans une nuit surnaturelle — Jupiter sort de la profondeur violette des cieux — des bandes d'ombre fantomatiques font la course au long des blancs et tortueux nuages — la dernière bande perlée de la brillance s'évanouit — et la pâle couronne vacille dans un éclat auréolé autour du disque noir de la lune obscure. A quel spectacle avons-nous assisté !

La lecture du journal du 27 octobre m'apprend une nouvelle qui me stupéfie. Harry Houdini est mort. L'article n'est pas très explicite. Il semble que ce soit à l'issue d'une bagarre au cours de laquelle il avait reçu un coup à l'abdomen qui avait nécessité son hospitalisation. En tout cas, cela sonne le glas d'un travail, issu en droite ligne de ce que je viens de voir, que j'avais commencé avec Eddy Martin, travail que nous avait précisément commandé feu Houdini.

J'éprouve un certain remords envers le Blue Pencil Club. Dans sa revue *The Brooklynite*, figure en bonne place — la première page — un des poèmes, *Mon personnage préféré,* que j'avais écrit à l'occasion d'une réunion du Club antérieure au départ de Sonia.

Sonia est de retour à la mi-février pour un travail d'un mois à New York, à confectionner des chapeaux. Un semblant de vie commune reprend alors. Nous le savons précaire puisque temporaire mais je pense pouvoir affirmer que chacun de nous deux joue honnêtement sa partition.

Alors qu'un soir, nous dînons, la vaisselle sur la table se met à frémir. Attitude inhabituelle, me direz-vous, pour des couverts d'habitude enclins à la léthargie. Cela dure quelques secondes, assez en tout cas pour que nous nous en apercevions. Puis tout rentre dans l'ordre. J'en suis assez estomaqué car je viens de m'apercevoir qu'à force d'imaginer des situations rocambolesques, mon esprit dérangé va jusqu'à les imaginer dans mon environnement immédiat. Sonia de son côté ne succombe pas à la peur mais je la sens également inquiète. Nous n'avons pas été le jouet d'une hallucination. George Kirk et Samuel ne tardent pas à nous appeler pour nous le rappeler. Eux aussi ont vécu le même phénomène. Et le lendemain, le *New York Times* nous informe que tout Brooklyn et tout New York ont été logés en même temps à la même enseigne. A Charleston-Koumouraska, au sud de Québec, dans l'est du Canada, la terre a tremblé. D'après le journal, la secousse a été ressentie dans un large périmètre au Etats-Unis : jusqu'en Virginie, jusqu'au Mississippi à l'ouest, jusqu'à l'Océan Pacifique à l'est, et au nord jusqu'à un camp situé à cent trente kilomètres au nord du lac St-Jean.

Ce doit être vers cette époque que je découvris Wilfred Blanch Talman. Alors qu'il étudiait à la Brown University, il avait fait publier un petit recueil de poésie et avait eu la bonté de m'en faire parvenir un exemplaire dont la lecture m'avait charmé. Lorsque je l'eus rencontré, nous fûmes tout de suite en phase. Wilfred était jeune et splendide — grand, mince, aristocratiquement soigné, avec des cheveux châtain et un excellent goût vestimentaire. Je me réjouissais par avance de sa rencontre avec Samuel, autre dandy d'exception. J'appris de sa bouche un peu plus tard qu'il descendait d'une famille hollandaise assez ancienne de l'Etat de New York et que son plus récent hobby était la généalogie.

Le printemps pointe certains jours le bout de son nez. Il y a dans les arbres de Prospect Park un vent léger qui fait frémir les feuilles légèrement écloses des bourgeons. Un beau jour de mars, James Morton m'arrive avec une grande nouvelle. A la suite de tractations dont il ne me dit rien mais dont je devine qu'elles ont été longues et laborieuses, il vient d'être nommé conservateur du Musée Municipal de Paterson, New Jersey, à vingt-cinq kilomètres de là. J'en suis content pour lui, même si je réalise aussitôt que les réunions du Kalem Club vont dorénavant se dérouler le plus souvent sans lui. Je le félicite pour cet emploi qui me paraît tout à fait dans ses cordes — il est tellement touche-à-tout qu'on se demande d'ailleurs ce qui pourrait ne pas lui convenir — et lorsqu'il me demande où j'en suis de mes activités rémunérées précise-t-il, je comprends qu'il a une idée derrière la tête.

—   Ce ne serait évidemment pas pour tout de suite, car il y a des problèmes à régler qui ne dépendent pas de moi.
—   C'est-à-dire ?
—   Le musée est pour l'heure installé dans une ancienne écurie, près de la bibliothèque publique et les administrateurs attendent le décès d'un locataire âgé de la maison adjacente à l'écurie pour démolir le tout et édifier un bâtiment nouveau.
—   Certes, je ne souhaite la mort de personne...
—   Mais ça vous arrangerait bien… » reprend Morton en me donnant une bonne tape sur l'épaule. « Mais si cela m'était possible, ça me ferait plaisir de dégotter un poste pour vous dans ce fichu musée, lâche-t-il entre deux gorgées de bière. Vous accepteriez ?

Si j'accepterais ? Bien évidemment et plutôt deux fois qu'une. Il repart, me promettant de me tenir au courant, tout en insistant sur le fait que cela prendra certainement un peu de temps.

Le soir, je repense à cette hypothétique possibilité qui me sera peut-être offerte et à ses conséquences. Si cela est, je serai amené à lâcher le studio de Clinton Street et du même coup Kirk et Loveman, tout comme les réunions du Kalem Club. Fichue perspective ! Mais nécessité fait loi. Cela rééquilibrerait un peu ma situation financière, qui n'a que trop duré. Emporté par mon imagination, je me mets à rêver : pourquoi un travail rémunéré dans un milieu artistique ne pourrait-il pas m'échoir ? La chance finira bien un jour par me sourire, ce qui prouve bien que même un matérialiste convaincu peut parfois se parjurer !

Mais cette exaltation qui s'est emparée de moi ne dure pas. Je suis ramené à la réalité par la fatigue résultant de sa nouvelle situation qui affecte la santé de Sonia, si bien qu'elle fera deux séjours dans un hôpital privé — un établissement bien connu dirigé par le Dr Beyer — à Cincinnati et elle qu'estimera finalement préférable de renoncer aux responsabilités de son poste qu'elle jugera « délicat ».

Elle se repose là à Cincinnati durant un mois puis elle suit l'avis qui lui a été donné en octobre, en cherchant à se retirer à la campagne pour un long moment. C'est cette fois dans des conditions idéales, dans la maison d'une femme médecin, à Saratoga Springs. Elle y reste un autre mois et revient alors pour un temps indéterminé.

Je la trouve assez bien, bien que facilement fatiguée. L'agitation et la cohue de New York la dépriment, dit-elle, et, par mimétisme peut-être, je me prends à penser que, l'effet de nouveauté des musées, du profil des gratte-ciel et des architectures hardies étant épuisé, je finis par trouver tout cela assommant et j'espère retourner en Nouvelle-Angleterre pour le reste de ma vie — d'abord le district de Boston, et ensuite Providence si je peux jamais avoir assez d'argent pour y vivre d'une façon qui convienne à un membre de ma famille. Mon dernier souhait rêvé d'atterrir à Paterson n'est-il pas l'illustration flagrante de mon état d'esprit ?

L'attitude de Sonia sur tous nos problèmes est si généreuse et si magnanime que tout projet d'isolement permanent de ma part paraitrait très proche de la barbarie, et totalement contraire aux principes du bon goût qui vous contraignent à reconnaître et respecter un dévouement aussi peu égoïste et d'une force si peu courante. Je n'ai jamais vu une plus admirable attitude pleine d'égards désintéressés et de sollicitude ; chaque difficulté financière que j'éprouve est acceptée et excusée dès qu'elle se révèle inévitable ; son approbation s'étend à mes déclarations (telles qu'elles sont déterminées par l'observation que je peux faire de l'effet sur mes nerfs de conditions variables) selon lesquelles une condition *essentielle* à ma vie et à ma production littéraire est une certaine tranquillité et une certaine liberté — que je dois trouver, que je sois ou non employé à autre chose, ou qu'il en résulte ou non un conflit avec le système d'heures matinales et régulières qu'un régime plus simplement industriel aurait consacré comme normal.

C'est d'autre part l'une des caractéristiques d'un vieux gentleman à l'ancienne mode, tel qu'il se distingue de la foule des modernes frustes et négligents, de reconnaître ses rapports harmonieux avec le milieu dans lequel le Destin l'a placé, et de ne jamais cesser de vivre aussi pleinement qu'il le peut conformément aux responsabilités esthétiques qui peuvent résulter de ses décisions antérieures. Je suis peut-être inefficace et peu judicieux, mais je crois fermement que je ne serai jamais en opposition avec ce qui est artistique, ou mal élevé dans mon comportement. Les révoltes amères ou brusques, les désaveux sont choses inconnues d'un Anglais de goût ; et quand la plus profonde admiration, le respect et l'estime résultent des conditions qu'on rencontre, il n'est pas difficile de se conformer à cette attitude conservatrice que tous les canons de l'art et tous les préceptes de l'éducation aristocratique présentent comme la seule qui convienne.

Bien entendu, je n'ai soufflé mot, pour le moment, de mes idées d'abandon de New York. Et quelle n'est pas ma surprise de constater, au détour d'une de nos conversations que Sonia entérine complètement mon dessein de retour ultérieur en Nouvelle-Angleterre et qu'elle a l'intention de rechercher dans quelque temps des débouchés commerciaux dans le district de Boston, encore que « pour l'instant, dit-elle, sa seconde situation à Cleveland semble présenter de grands avantages et offrir des conditions qui sont exceptionnellement convenables dans ce genre de choses. La rémunération n'est pas importante, mais les perspectives de progression sont considérables. »

Pour moi, seule la possibilité « Paterson » me retient à New York. La moindre chance de trouver une situation en Nouvelle-Angleterre me ramènerait chez moi en un instant, avec une hâte presque comique aux yeux d'un spectateur ; et en vérité l'enterrement définitif de la possibilité « Paterson » me pousserait à émigrer en tout cas — pour trouver un logement près de Boston et entreprendre une recherche méthodique de travail, d'une façon qui ressemblerait beaucoup à ma prospection — j'ose seulement espérer que celle-ci serait moins vaine que par les annonces du *Times*. A Boston, à dire vrai, je pourrais être capable de mettre plus de cœur (bien que ne pouvant certainement pas mettre plus de patience et de diligence !) à mes recherches ; car il y aurait autour de moi un monde avec lequel j'aurai au moins un semblant de relation, au lieu du désert hostile qu'est pour moi le New York d'aujourd'hui.

Dans l'état actuel des choses, mon principal passe-temps tous ces temps-ci est donc de quitter l'atmosphère de New York. L'été précédent et ce printemps j'ai passé beaucoup de temps à explorer les abords coloniaux de Staten Island, de l'autre côté de Brooklyn, au-delà de

Gravesend Bay, et le rivage voisin du New Jersey — principalement la vieille Elizabethtown, une cité du style georgien le plus pur que je hantai constamment et où nous avons passé l'après-midi, Sonia et moi, il y avait encore deux jours.

Deux mots de ma visite délicieuse à Washington et aux régions adjacentes de Virginie. Bien qu'ayant disposé de peu de temps, je me suis efforcé de l'utiliser au mieux ; si bien que j'ai la certitude d'avoir acquis une bonne connaissance de la région antique que j'ai traversée.

La veille de mon départ est marquée par une très grande agitation. MM. Kleiner et Loveman dînent avec les voyageurs en instance de départ — George Kirk, Esq. et moi-même — à la table d'hôte italienne de Downing Street, à West Village. Ensuite, ils nous accompagnent non seulement chez nous, où nous achevons nos derniers préparatifs, mais aussi à la gare. Ils nous font leurs adieux à minuit alors que nous sommes alignés à l'extérieur de la grille, attendant que le wagon soit prêt.

Quand nous avons pu gagner nos places nous avions trouvé la compagnie moins mélangée que le caractère public du véhicule ne nous l'avait fait craindre ; nous avions avisé une banquette agréable sur le côté gauche et entrepris de nous y installer confortablement — mon compagnon insistant pour que je prenne la place près de la fenêtre, puisque le trajet était nouveau pour moi, alors que lui l'avait déjà fait ...

De Baltimore elle-même, nous n'avions vu que peu de choses, car la plus grande partie de sa traversée se fait sous deux tunnels, entre lesquels se trouve la gare.

Et très soudainement, alors que nous étions encore dans une région si verdoyante et si campagnarde qu'elle ne présentait aucun signe laissant prévoir l'approche d'une grande ville, le chef de train s'était écrié : « Washington ! » et chacun de s'emparer de ses vêtements pour se préparer à descendre. Et ce fut ainsi que j'avais émergé d'une arche romaine et que j'ai vu la ville. Nous avons retrouvé là deux « collègues » qui purent nous servir de guide : Anne Tillery Renshaw (qui, à ne pas négliger, avait une voiture — une Buick rutilante) et Edward L. Sechrist.

Le soleil matinal était haut et brillant et l'atmosphère estivale me le fit sentir sur-le-champ : j'avais enfin mis le pied dans ce Vieux Sud clément dont j'avais si souvent rêvé.

L'osmose continue. Sam Loveman s'apprête à emménager au premier étage de mon immeuble, dans le studio juste à côté du mien. J'ai su cela par Kirk, quelques jours après notre périple à Washington, et j'ai compris que c'était lui qui avait œuvré à ce rapprochement mémorable. J'ai toutefois oublié de lui demander si Crane déménageait lui aussi... Je suis évidemment là lors de « l'installation » de Sam. Arrivé un peu après les déménageurs, alors que ceux-ci sont en train de lui livrer meubles et cartons, il repère tout de suite l'un des cartons — j'ai su par la suite qu'il avait mis dessus un signe distinctif — qu'il ouvre pour en extraire un poste de radio qu'il me met entre les mains en me disant qu'il me l'offre.

Comme je me récrie en disant qu'il n'y a aucune raison à un tel geste, il répond :
—   Ne vous inquiétez pas, j'ai prévu d'en acheter un autre, plus récent Mais, vous savez, mon vieux, celui-ci est encore tout à fait en état de fonctionner...

Je ne peux que remercier de tant de sollicitude et ramène chez moi mon trophée involontairement acquis. Je tâtonne un peu pour trouver le lieu idoine de son installation, tant sur le plan esthétique que fonctionnel et du coup passe la soirée à rêvasser et à écouter les sons musicaux qui sortent de cette grosse boîte avec son œil vert qui ressemble à un gros trèfle à quatre feuilles. Cela fait remonter en moi des souvenirs : certaines émissions radiophoniques que ma tante écoutait, ravissait mon âme d'enfant. Je me rappelle en particulier la voix d'un explorateur — j'ai oublié son nom — qui nous était parvenue, hachée et irréelle, du Pôle nord.

Je dois maintenant avouer un affaiblissement de ma résistance à la tentation d'acheter. Mes pas — et peut-être aussi, inconsciemment, mon cerveau — m'ont entraîné vers les Grands Magasins Schulte. Là, un gros volume d'Edward G. Bulwer-Lytton, avec la plupart des romans — *Zanoni, Une étrange histoire* et *La Maison et le cerveau*, pour dix cents seulement se trouve être pour moi un appât fatal ; et j'ai quitté lcs Grands Magasins Schulte avec moins dans ma poche et davantage dans la main. On peut certes douter en souriant de l'authenticité de ma retraite à l'écart du monde. Oui, on peut douter, mais enfin : seulement une pièce de dix cents ! Après cette exception, je me suis tenu à ladite règle. Il est deux heures de l'après-midi lorsque Kirk vient frapper à ma porte, prêt pour un après-midi de flânerie au hasard chez les bouquinistes. A la fin de nos pérégrinations sous un soleil printanier et revigorant, il me propose de prendre un café à Sheridan Square (un bar déjà fréquenté par nos petites personnes) parce que, me dit-il, « le bistrot de Downing Street est plutôt faible pour ce qui est du breuvage. » Certes, mais, après mes dix cents dépensés le matin, je fais des excuses extrêmement polies, m'incline bien bas, et prend pour finir la diligence souterraine pour rentrer chez moi où je reste à lire et à écrire pendant le restant de la journée.

Le lendemain, après avoir entendu les nouvelles tout en prenant mon petit déjeuner, je calé mes livres sous le bras et part passer une journée solitaire en plein air dans Fort Greene Park voisin tout proche. Là, sur un banc situé à l'écart contre une pente verdoyante, je lis sans interruption toute la journée. Je ne m'arrête qu'à la tombée de la nuit.

Je fais alors le chemin à l'envers vers la maison, tout en m'arrêtant au restaurant italien John — aux vitres couvertes de photos de mets gargantuesques — pour y faire mon habituel dîner du dimanche soir : boulettes de viande avec des spaghettis, glace à la vanille, café. Soit dit en passant — à peu de distance de là, de l'autre côté de Willoughby Street, j'ai découvert un restaurant spécialisé dans les haricots cuits à l'étouffée. Il est fermé le dimanche mais je me suis promis de l'essayer. Haricots, quinze cents, avec du porc, vingt cents. Avec des saucisses de Francfort, vingt-cinq cents. C'est un endroit qui vaut le mal qu'on s'est donné pour le trouver !

Après mon dîner je fais quelques provisions dans l'endroit le moins cher, une épicerie ouverte le dimanche, et de là je rentre à la maison. Après m'être défait de tout mon barda — les provisions dans la kitchenette et mes habits à la patère derrière la porte d'entrée — je prends l'une de nos quatre cent quarante quatre chaises de salle à manger et je « sors » pour la soirée — jusqu'à mon alcôve, avec une pile de livres !

Au bout d'un moment, on frappe à la porte. Mais comme les fenêtres et les fentes de la porte ne laissent filtrer aucune lumière, cela veut dire que je ne suis pas là. J'imagine mon visiteur — certainement Kirk ou Loveman — se grattant le nez en se demandant ce que j'ai bien pu aller faire...

Lorsque le sommeil commence à me gagner, tard dans la soirée, je me mets alors silencieusement au lit ; je me réveille le lundi à midi et je me remets à lire et à écrire. Comme j'ai des provisions, je ne sors pas et ne m'habille donc pas, mais quand arrive le soir je songe que ce ne serait pas politique d'être encore une fois « sorti » deux soirs de suite ; cela peut sembler curieux au premier abord. Je laisse donc la lumière paraître — et bien sûr Loveman arrive. Je suis cordial — mais je suis en robe de chambre et en pantoufles et le ménage n'est pas fait. Je m'en excuse mais n'amorce aucun sujet de conversation nouveau ou personnel. A la vue de tous les feuillets écrits entassés autour de moi, avec tout le fardeau de la conversation retombant sur lui, mon visiteur ne se prélassé pas, comme d'habitude, dans le fauteuil ; mais il part peu après pour gagner le repaire de Kirk — mais non sans promettre de repasser à son retour. Une demi heure s'écoule encore. Alors que je continue à écrire, j'entends les trois coups familiers de Kirk sur le tuyau du radiateur — une convention entre nous — auxquels je suis obligé de répondre, puisqu'il sait que je suis chez moi.

Ma réponse sera néanmoins longue à venir et chez Kirk je suis cordial mais sans faire de frais de conversation. Encore une demi-heure, le temps pour mes amis de palabrer tout en sirotant du marasquin et Loveman s'en va — avec une cordialité parfaite — tandis que Kirk se porte candidat à une faveur — que je suis particulièrement heureux de lui accorder puisqu'il m'a forcé à accepter tant d'importantes gentillesses.

Il me paraît que lui aussi a aussi trainé — ou travaillé — en robe de chambre, et qu'il a grand besoin d'un repas, tout en étant très réticent à l'idée de s'habiller. Je suis alors moi aussi sur le point de dîner, si bien que dans un esprit de parfaite hospitalité, je l'invite. Imaginez deux jeunes hommes en pyjama et robe de chambre se faufilant le long d'un mur pour aller de l'appartement de l'un au studio de l'autre : qu'en déduiraient des âmes bien pensantes ? Je sors ma plus belle porcelaine bleue pour le menu : spaghettis, fromage, pain, gaufrettes à la vanille. Kirk apprécie ce repas pourtant frugal et, alors que s'étant levé, il ramène les pans de sa robe de chambre au velours bleuté, je lui adresse un adieu courtois — car lui aussi sens combien il est peu indiqué de s'attarder en raison de l'atmosphère incontestable de préoccupation qui règne en ces lieux. Car pendant tout ce temps-là, j'ai fait sur le mode léger et railleur des allusions à ma réforme littéraire, aussi bien auprès de Kirk que de Loveman ; et j'ai parlé de l'important travail que j'ai devant moi.

Il m'est ainsi facile de m'assurer du lendemain en prenant sur le moment l'initiative de notre prochaine rencontre. Je dis donc à Kirk, en le priant de transmettre à Sam, que je le verrai à la réunion régulière des garçons du mercredi, sauvant ainsi virtuellement mon mardi. De cette façon, je peux être assuré d'une soirée de mardi tranquille sans avoir à me retirer dans l'alcôve.

Le mardi après-midi, alors qu'un beau soleil brille à l'extérieur, j'écris, sans être dérangé, des lettres jusqu'à fort avant dans la nuit. J'ai au début de mon exercice ouvert la fenêtre, par laquelle m'arrivent des arbres proches des chants d'oiseaux et, lorsque, la fraîcheur gagnant, je la referme, je n'ai pas vu dans l'intervalle un visage humain. Au moment du dîner, je réalise que le lendemain je dois faire quelques courses — peut-être en profiterai-je pour m'offrir ce costume gris repéré quelques jours auparavant, si le prix m'en est accessible et peut-être serai-je assez hardi pour aller jusqu'à un chapeau de paille, auquel cas je ferai alors nettoyer celui de feutre.

Dans la soirée du mercredi je dois assister à la réunion des garçons chez McNeil. Elle sera probablement peu brillante car Morton n'est pas sûr de pouvoir venir. Du coup, je ne suis pas non plus certain d'y participer. Comprenez-moi bien : je ne vais pas essayer désormais d'esquiver ces réunions. — la chose importante est de se débarrasser des visites quotidiennes inopinées et des flâneries à la cafeteria, ce qui est la mort de toute vie intellectuelle personnelle ou de création. Ce serait difficile de mettre la bande à l'écart, mais avec un peu de tact j'y parviendrai certainement.

Pour le moment, ma première difficulté est de trouver le moyen de ne pas froisser Loveman en refusant sa proposition d'excursion à Philadelphie un de ces prochains dimanches. Il veut voir la partie coloniale de la ville et désire s'assurer de mes services en qualité de guide — et il tient beaucoup à payer mes frais au tarif spécial d'excursion de trois dollars. Si j'avais l'argent, je serai assez heureux de faire ce voyage — Dieu sait si j'ai assez envie de voir une vraie ville de l'homme blanc — mais à moins de payer ma dépense, il y aura une atmosphère d'obligation à laquelle je ne pourrai échapper qui diminuera mon sentiment d'indépendance.

C'est pourtant d'un goût si douteux d'accepter qu'un type vous offre une excursion le dimanche tout en refusant de lui ouvrir la porte le lundi soir !

Si bien que je vais devoir me dégager — mais comment le faire sans l'offenser ? Devant sa cordialité pressante, cela exige certainement des doses allopathiques de cette subtilité que je désire désormais souvent mettre en œuvre. Il m'apparaît que je me disperse trop. Sonia absente, je n'ai plus de garde-fou à une certaine insouciance qui induit un délitement subreptice mais néanmoins avéré de mes activités.

Ainsi obnubilé par ces pensées existentielles, je suis ramené à la dure réalité. Je passe l'après-midi à Fort Greene Park — je m'installe sur un banc devant un somptueux massif de jonquilles — où je relis un vieil *All-Story Weekly* de 1920 et notamment le récit de Victor Rousseau intitulé *L'œil de Balamok*. A mon retour, grande est ma découverte quand je constate que j'ai été cambriolé de la façon la plus subtile qui soit. Certes pas un bris, encore moins de désordre. Les chenapans ont en fait pénétré chez Loveman — lui ont-ils dérobé quelque chose ? L'avenir le dira quand il sera de retour de voyage — et forcé une porte condamnée qui sépare son studio du mien, leur permettant ainsi d'accéder chez moi.

Il faut une vraie rhétorique pour exposer les sensations de quelqu'un soudain dépouillé d'un habillement — car c'est bien de cela qu'il s'agit — qui constituait non seulement un ornement délicat du présent, mais une relique de ma prime jeunesse, et un legs des temps passés représentant — dans le cas des vêtements les plus anciens — virtuellement l'équivalent sentimental d'un souvenir de famille ! Adieu les vêtements de ma petite enfance, conservés dans leur fraîcheur et à présent coupés — ou arrachés — dans le plus bel épanouissement de leurs premières décennies ! Ils ont connu la juvénile minceur d'autrefois, se sont élargis pour s'adapter à la corpulence de l'âge mûr — et ont rétréci à nouveau pour ensevelir les membres ratatinés de la vieillesse — quoi ? Samuel Loveman m'a bien donné du « mon vieux » en m'offrant son poste de radio ! — Et à présent ils sont partis, et l'homme grisonnant de trente cinq ans qui les portait survivant pour gémir sur sa nudité, en rassemblant autour de ses flancs maigres les tresses de sa longue barbe blanche pour qu'elles lui tiennent lieu de vêtement !

Oui, le nouveau pardessus Flatbush 1924, le vieux costume épais 1915, le costume épais plus neuf 1921, et le très neuf costume gris épais 1923 ont disparu. Autres soustractions dont je ne me suis pas aperçu tout de suite : la valise d'osier de Sonia et — malédiction — le poste de radio de Loveman.

Convient-il de se lamenter outre-mesure sur la disparition de ces biens matériels, dont nous avons certes, pour ce qui est des habits — l'usage au gré des caprices météorologiques ? Eh bien soit, je verse un pleur. Mais il nous reste le costume bleu léger 1918, le pardessus léger 1909, le pardessus d'hiver 1918, le vieux pantalon de flanelle grise mangé aux mites, la veste grise sans forme, le chapeau de paille propre et sans forme, le chapeau de feutre nouvellement remis à neuf, le vieux chapeau de feutre marron pour les jours de pluie, tous les gants, les cravates et le linge, tous les souliers, les caoutchoucs et les pantoufles. Ah mais !! Néanmoins il me faut reconstituer au moins une partie de ma garde-robe. Après avoir longuement cherché tant pour la qualité que pour le prix, je jette mon dévolu, chez Borough Clothers, Fulton Street, à Brooklyn, sur un costume léger, pour vingt cinq dollars, que je dénomme le « transit », car mon idée est de le compléter, dès que les finances m'y autoriseront, par d'autres vêtements, d'hiver ceux-là.

Le moment venu, en ai-je essayé de ces habits — des douzaines de manteaux « impossibles », à des degrés divers, ou chiffons sans texture, fripés, mal taillés. Je finis enfin, après d'âpres marchandages, à me faire vendre un manteau, deux pantalons longs et un court pour — un exploit — douze dollars. Je fais reprendre le tout par un tailleur et le tour est joué. Quelques jours après cette prouesse mémorable, cela m'amuse de voir comment de jeunes ballots frimeurs doivent dépenser des fortunes dans toutes sortes de vêtements onéreux qu'ils doivent à l'évidence considérer d'un goût méritoire.

C'est à cette époque que je dois prendre une décision douloureuse, mais j'y ai mûrement réfléchi. Mes obligations sociales, la volumineuse correspondance pour le compte de l'UAPA augmentée de mes échanges épistolaires privés, me prennent beaucoup de temps. Par ailleurs, je n'ai rien écrit d'autre que quelques poèmes durant le premier semestre de l'année. Pour ces raisons, (il y a bien également les bisbilles entre les membres qui m'échauffent parfois, mais cela n'entre pas en ligne de compte dans ma décision) je décide donc de cesser mes fonctions d'éditorialiste à l'UAPA et je refuse dans la foulée le poste de président de la Critique que m'offre l'association « concurrente » — qui eût été trop contente d'avoir pu me récupérer — qu'est la NAPA.

Le surlendemain de mon achat mémorable, je déjeune, à leur invitation, chez les Long, où il est bien sûr question de mon cambriolage. Je n'ai pas grand-chose à en dire, hormis ce que j'ai constaté, mais on se charge d'extrapoler : *la ville n'est pas assez sûre, que fait donc la police ?* et autres banalités du même genre. Je pardonne à mes hôtes ces discours creux qui ne leur ressemblent guère et que je mets sur le compte de l'émotion suscitée par mon avatar.

Je dis au revoir à Frank, qui est descendu avec moi mais a ce jour-là d'autres choses à faire, à la station de la 96ᵉ rue et je gagne en bus Bryant Park, où j'apprécie un court instant les sonorités bon enfant d'une fanfare colorée qui donne, au kiosque du parc, une aubade — puis j'entre à la Bibliothèque Publique, toute proche, de la 42ᵉ rue avec l'intention de lire une nouvelle histoire d'Arthur Machen, *La Pyramide de feu*, dont Frank m'a parlé, en bien, livre qui peut être communiqué, mais qu'on n'a pas le droit d'emporter. Je dois dire que ce récit d'un jeune homme aux prises avec des assemblages de pierre à la limite de sa propriété me passionne. Je n'ai levé la tête que pour m'extasier sur les boiseries vernissées aux ouvrages mémorables alignés, et sur les tables qu'éclairent de place en place les lampes aux abat-jour vert.

A la fin de ma lecture, je referme l'ouvrage et constate en levant les yeux que la salle est clairsemée. Ses lecteurs ont dû peu à peu la déserter, attiré par d'autres occupations.

La bande des garçons m'a demandé de passer cette soirée aux alentours des taudis de la 4ᵉ Avenue et de Downing Street. Seulement deux mois auparavant je me serais cru obligé d'accepter, par politesse. Mais je suis strictement et sans répit mon propre maître ; et je décline poliment toute invitation partant d'une bonne intention en déclarant que mes affaires personnelles risquent de rendre mon acceptation impossible, à mon grand regret, etc. Avec cette façon de considérer mes soirées comme m'appartenant, de lire ou de faire ce qui me plaît chez moi, j'acquiers un sentiment d'équilibre, de liberté, et je récupère une personnalité dont je manquais depuis longtemps. Ainsi, ce que je veux faire, je le fais — par exemple avoir lu *La Pyramide de feu*. J'ai trouvé cela beau sans être du meilleur Machen.

Je prends le métro pour regagner la maison et un foyer paisible, j'accueille fort civilement Kirk et Loveman (avec cependant des indications montrant mon intention de me coucher de bonne heure — telles que lit ouvert, etc. — qui n'encouragent pas à flâner longuement, les yeux perdus dans le vague) quand ils viennent me voir vers minuit, et je m'installe pour finir un livre, commencé, de Joseph Conrad, avant de me diriger finalement vers mon lit. C'est simple : je conquiers le monde en m'entraînant ! Le vieil esprit grégaire et vide ne menant à rien s'amenuisait sans aucune diminution de ma cordialité, et dans ma paix et ma tranquillité retrouvées je pose les fondations d'une puissance de concentration qui peut me mettre en mesure de faire quelque chose — au point de vue financier aussi bien qu'artistique — et de retrouver cet esprit plus actif et ce sens de l'humour dont j'étais doué autrefois ; une puissance que rien ne peut diminuer, même pas le choc déprimant de ce cambriolage soudain et du manque de garde-robe convenable.

Le lendemain, je suis debout à midi. Ablutions, petit déjeuner après quelques courses dans le quartier — le pain, le journal — le courrier en remontant chez moi. Une lettre de Sonia m'apporte de bonnes nouvelles : elle va bien et s'annonce pour un prochain week-end (sans toutefois pouvoir encore préciser lequel). Une lettre oblitérée de Paterson m'attire mais elle s'avère décevante. James Morton me donne lui aussi de bonnes nouvelles mais pas une ligne sur notre commun projet de cooptation.

Une première lecture — « survol » est plus adapté — du journal me livre une brève critique d'un petit livre, du Révérend Wilbert W. White : *Le spiritisme talonne la religion*, par Horace Green. « *Deux éléments rafraîchissants, encore qu'avec un raisonnement un peu confus, se détachent du petit livre du Rév. White. Tout d'abord le livre est un effort sincère pour coordonner le mouvement spirite avec la foi biblique, de saisir au vol [sic] l'intérêt public du renouveau incarné par Flammarion, Sir Oliver Lodge, Sit Arthur Conan Doyle et d'autres...* » Ainsi donc, l'hôpital volerait au secours de la charité, la peste serait devenue l'alliée du choléra. Je dois lire cet *opus*... si j'ai quelques cents de trop.

Le temps ne m'apparaissant pas des plus engageants — brumes de mer d'un côté, nuages lourds et sombres sur la cité — j'écris et lis énormément avant qu'il soit temps d'aller chez Frank Long pour la réunion. J'y retrouve l'atmosphère à la fois bon enfant et passionnée de ceux qui ont les mêmes centres d'intérêt que vous.

A la faveur d'une discussion qui s'est engagée entre Frank et Georges Kirk, je me rapproche d'Arthur Leeds, qui m'a confié quelques jours plus tôt dans un courrier déposé dans ma boîte aux lettres qu'il veut me parler. J'avoue avoir été sur le moment intrigué, mais certainement échaudé par toutes les offres de gain qu'on m'a fait jusqu'alors miroiter, j'ai oublié jusqu'à ce que sa présence me ramène à sa proposition. Mon ami évoque un projet de revue commerciale, destinée entre autres, aux professionnels et clients de l'immobilier. La fin de la réunion ne nous permet pas de parler longtemps — d'ailleurs le bruit des voix rendrait notre aparté difficile — et ce n'est qu'à l'extérieur, en descendant en ville avec Leeds que nous poursuivons la conversation et que j'obtiens de plus en plus de détails utilisables de ses lèvres aimables et complaisantes. Son projet ne prévoit rien moins que moi comme rédacteur. Et je m'aperçois que je suis devenu si intéressé par les réalités commerciales que j'ai enfreint la règle anti-flânerie, que j'avais instaurée, pour aller prendre avec lui un café dans un restaurant voisin de son hôtel ; j'écoute l'exposé des principes de sa proposition, j'apprends exactement ce qu'on s'attend à me voir faire et ne pas faire si je décide une fois pour toutes d'entrer dans la combinaison et de « spéculer » pour gagner réellement de l'argent avec un peu de temps, de l'énergie et de l'indépendance que j'ai pourtant nouvellement et péniblement récupérées.

Arthur, souscrivant à ma demande, opine pour me mettre tout à fait au courant et pour veiller à ce que mes articles (qui n'ont pas besoin d'être signés) soient convenablement vendus. Flatteur ou sincère, il me prédit en me tapant sur l'épaule que j'ai autant de chances de gagner de l'argent que lui-même ou n'importe qui ayant prouvé qu'il en était capable.

Mû autant par la nécessité que par la curiosité, je lui dis que je veux bien essayer. Il est deux heures du matin. Sur le trottoir désert, nous devons avoir l'air de deux silhouettes incongrues. A quelques mètres, l'enseigne de l'hôtel où loge Leeds s'éteint et se rallume au gré du vent qui la fait légèrement osciller.

Il a l'intention de m'envoyer ma première commande dans une semaine ou deux, quand il aura pu réunir les sujets me convenant le mieux (propriété foncière, en grande partie) et trouver les modèles à imiter dans ses vieux magazines. C'est sur ces mots que nous nous séparons.

Naturellement, je ne suis plus ému ni excité par aucune éventualité de ce genre. Je sais que toutes ces perspectives d'affaires tournent rapidement aux mirages, faisant que vous vous mordez les doigts pour avoir fait montre par avance d'un enthousiasme naïf. Mais ce n'est du moins pas un crime de se permettre une spéculation du domaine des phantasmes et je peux me voir — d'une façon fictive et imaginaire — avec un revenu véritable et un avenir possible.

Ce raisonnement est conforté par une missive reçue le lendemain de James Morton, qui m'égrène sa vie à Paterson, qu'il me conte par le menu, allant jusqu'à m'écrire que dans la seconde moitié du XIXe siècle, la cité s'appelait « la ville de la soie » en raison de sa production de ce textile. Mais aucune allusion à ce poste d'assistant. Aurai-je eu la berlue ? Aurai-je rêvé ? J'incline plutôt à penser que James certainement de bonne foi, avait un peu anticipé.

Quoi qu'il en soit, la première chose que je ferai dès que je me serai assuré d'appointements réguliers, d'où qu'ils viennent, sera de retourner en Nouvelle-Angleterre : le district de Boston (en dehors de la route Salem-Marblehead) tout d'abord, jusqu'à ce que je puisse acquérir une certaine stabilité ; et finalement, à terme, après un apprentissage convenable de Boston, le sol sacré de Providence, reconquis dans la douleur et le labeur.

Quinze jours plus tard, c'est un courrier d'Arthur Leeds qui avec moult circonvolutions, m'apprend que son projet doit, en raison de sujétions sur lesquels il ne s'étend pas, subir « quelque retard ». La lettre est assez explicite pour que je comprenne, à travers les lignes, que l'affaire ne se réalisera pas.

A la fin du mois de juin, Edward Sechrist vient de nouveau passer deux jours à New York, avec deux de ses enfants. C'est pour moi l'occasion — que je considère comme un devoir — d'avoir à son égard les attentions qu'il a eues pour moi à Washington.

A la fin juin toujours, George Kirk m'annonce qu'il quitte le 169, Clinton Street. Il a trouvé une vaste surface, 317 West 14e Rue, à Manhattan, où il va installer sa résidence et sa librairie, Chelsea Book Shop.

Sonia m'a bien eu. Alors que dans sa dernière lettre, elle m'avait annoncé qu'elle s'apprêtait à venir passer un week-end avec moi, je la vois arriver, sortant d'un taxi, avec trois valises que le chauffeur dépose sur le trottoir. L'enfant dont elle s'est occupée à Saratoga Springs, est maintenant élevée par une de ses tantes, et son emploi de gouvernante a donc cessé, de sorte que mon épouse revient au bercail. Il faut entasser les valises dans notre petit studio. En fait, Sonia n'en défait qu'une. Elle a calculé ainsi pour créer le moins de désordre possible, tant dans mon home que dans ma vie puisqu'elle m'annonce très rapidement son intention de chercher un nouvel emploi. J'avais oublié de lui écrire que Loveman était désormais mon voisin, et grande est sa surprise lorsqu'il vient, en soirée, frapper chez nous pour me souhaiter le bonsoir. Du coup, l'occasion faisant les larrons, ladite soirée est l'occasion d'une petite fête pour souhaiter le retour de Sonia.

Ce retour est pour nous l'occasion de promenades aussi dignes d'intérêt les unes que les autres. C'est ainsi qu'en juin, nous sommes à Scott Park, à Elizabethtown et à Bryn Mawr Park à Yonkers, où nous avions tenté d'acquérir un terrain. Pour les raisons que vous imaginez, nous avons dû y renonce, mais le charme du lieu est encore présent.

Début juillet, nous passons la journée à Coney Island — où je déguste cette montagne de sucre qu'est une barbe à papa. Là, Perry, un Noir, fort doué — je dois le reconnaître — découpe dans du papier la silhouette de Sonia : œuvrette pieusement conservée par mes soins.

Au cinéma nous voyons *Le fantôme de l'Opéra,* de Rupert Julian, d'après Gaston Leroux, avec Lon Chaney. Je dois dire que durant toute la première partie je dois lutter contre une fâcheuse tendance à m'assoupir. Mais le visage qui nous est révélé lorsque tombe le masque ! Je suis là bien éveillé !

Mon foyer ayant ainsi retrouvé un air de vraisemblance, je me remets moi aussi à écrire. Les tribulations de célibataire auxquelles je m'étais livré en l'absence de Sonia s'estompent et, bien que Sonia ne m'ait jamais rien reproché lorsque je les évoquais avec elles, je ressens peut-être de manière inconsciente un certain besoin de me « poser » et de retrouver ainsi la quiétude de jours passés. Je sens en tout cas que le temps est enfin venu d'un vrai travail de création.

L'action de mon récit se déroule à Brooklyn et je n'ai pas trop d'efforts à faire pour être à nouveau motivé. Me revient en effet le souvenir d'une balade faite six mois auparavant, en compagnie de Kleiner, à Red Hook, petite péninsule de Brooklyn, face à Governor's Island, où l'on peut facilement aller à pied depuis chez moi. C'est là que je situe l'histoire *Horreur à Red Hook,* celle d'une bande de voyous qui font irruption dans un restaurant. J'ose dire qu'en fait cela me sert de défouloir à la rage et à l'aversion qui sont les miennes pour ces étrangers qui ont soustrait New York à tous les Blancs.

Les bidonvilles de Red Hook

Une mauvaise nouvelle vient tempérer mon enthousiasme du moment. *Detective Tales*, en la personne d'Edwin Baird, me refuse — lettre bateau circonstanciée — *La Maison maudite*.

Début juillet, Sonia et moi sommes à Pelham Bay Park, à l'extrémité nord-est du Bronx, pour une journée de « solitude rurale », *dixit* Sonia. Nous devons déchanter. Quelle foule ! Et là n'est pas le pire, car je découvre là que trois personnes sur quatre sont de flasques et caustiques Noirs souriants et jacassants !

Loin de céder au découragement quant à mes activités littéraires, et alors que Sonia passe le plus clair de ses journées à tenter de se trouver un emploi, j'achète dans une petite boutique un cahier de composition à dix cents ; j'ai dans ma poche (contenus dans un portefeuille que m'a donné Sonia) un crayon et un taille-crayon et je fais une escapade à Elizabethtown — par un *ferry* pris à la Battery — dont j'ai envie de fouler à nouveau le sol. A dix heures du matin, je suis à Scott Park, en plein centre ville, où je m'arrête sur un banc en partie protégé par les branches d'un imposant marronnier. Devant moi, au loin, je peux admirer le clocher néo-gothique carré de l'église épiscopale St-John qui émerge dans le ciel bleu au-dessus d'une rangée de sycomores. Je ne sais quelle étrange maturation se fait alors dans mon esprit mais je sors mon cahier et mon crayon, qui ne me quittent jamais et me mets à écrire. Les idées affluent sans être sollicités, comme cela ne m'est pas arrivé depuis des années. Et subrepticement, la scène réelle, pleine de soleil, se mêle au pourpre et au rouge d'un conte diabolique de minuit — un conte d'horreurs cachées dans l'enchevêtrement des allées de Greenwich Village. Ainsi naît le récit que j'intitule *Lui*.

L'Hudson River à Battery Park

Je reviens à Elizabethtown dans la nuit du 14 au 15, poursuivant, à pied cette fois-ci, par Union Center et Springfield, pour revenir par Galloping Hill Park, Roselle Park et Rahway : énorme distance parcourue, mais je ne suis jamais las lorsqu'il s'agit d'archéologie.

Je continue à mettre un point d'honneur à bien accueillir mes hôtes, lorsque c'est mon tour, au Kalem Club. J'aime traiter bien mes amis, leur servir le café dans mes belles tasses bleues de Chine — j'acquiers à cet effet, pour cinquante cents, un seau en alu qui me permett d'aller chercher le café, car je ne suis pas équipé pour le faire chauffer, à l'angle de State Street et de Court Street. J'aime de même leur offrir de la tarte aux pommes et des *crumbles*, dont Kleiner raffole tout particulièrement. Je me souviens d'une fois où Reinhardt avait dû se décommander au dernier moment : je dus par souci d'économie, me sustenter de *crumbles* durant quatre jours !

La réunion du 14 août se termine à quatre heures du matin. N'ayant pas sommeil, je conçois le plan d'un nouveau récit que j'intitule *L'appel de Cthulhu*. L'écriture devrait en être à mon sens relativement simple. Mais je me trompe alors lourdement.

Alors que j'arrive à la maison, je trouve Sonia en train de refaire ses valises. Elle s'apprête à partir à nouveau pour Cleveland, où après de longs tâtonnements, elle a fini par trouver un job.

Et alors que je lui demande, par pure curiosité, depuis combien de temps elle le sait, elle me répond simplement :
—	Ce n'est sûr que depuis hier, mais très cher, comme cette nuit je ne vous ai point vu, je ne peux vous le dire que maintenant ...

Nul reproche dans ses propos. Manière élégante de me signifier mes écarts de conduite, en l'occurrence une réunion des garçons, chez Kirk, qui, comme souvent, s'est prolongée...

Pour me racheter, j'accompagne Sonia et ses trois valises, bien qu'elle ait sollicité un taxi, et reviens par le métro. Je n'ai pas fermé l'œil depuis la veille et dors donc comme une souche, réveillé par Loveman, en fin d'après-midi, à qui j'apprends le départ de Sonia. Devant ma grise mine et mes cheveux hirsutes, il ne reste que fort peu de temps. Un certain désordre règne dans la pièce — j'avais dit à Sonia que je rangerai — et dans la clarté du jour d'été qui commence à décliner, je réalise qu'à nouveau, je suis célibataire. Je remets un peu d'ordre tout en songeant que lorsqu'un type a été un célibataire retiré et sot durant trente trois ans et demi, comme je l'ai alors été, les chances sont telles que je ne peux recourir à aucun hasard domestique. Ne sont-ce pas là, bien que l'expression ne m'en soit venue à l'esprit, des considérations sur un mariage raté ?

Des missives s'échangent derechef entre votre serviteur et Cleveland. Sonia travaillait à la Halle Brothers Co., qu'avaient fondé en 1891 Salmon P.et Samuel H. Halle. De Paterson, pas de nouvelles significatives... Comment travailler correctement dans de telles circonstances, propices à guetter le moindre cent ? Précisément, une lettre de ma tante Lillian m'arrive, assortie d'un billet de deux dollars. Je conçois avec Samuel Loveman l'idée d'une excursion sur l'Hudson, à laquelle se joint Frank Long. Lorsque nous montons sur le bateau, le soleil est légèrement voilé par une brume qui monte du fleuve et qui se dissipe rapidement au fur et à mesure que s'élève l'astre royal, dévoilant les feuillages mordorés des arbres au-delà des quais de New York. Le bateau sur lequel nous avons embarqué — un ancien *ferry* reconverti — remonte le fleuve jusqu'à Newburgh qui nous apparaît, sur la colline, entassements de demeures d'architecture victorienne, en escalier, que surmonte son église hollandaise réformée de 1835 et la Freedom Tower. Le temps nous est malheureusement compté, ce qui fait que nous ne pouvons explorer la ville autant que nous l'aurions souhaité. Suis-je en train de vieillir ? Durant le retour, je somnole — mes deux compagnons également —, sur le pont, à l'arrière, dans ma chaise longue, emmitouflé dans une couverture, bercé par le ronronnement du moteur. C'est la cloche qui nous réveille peu de temps avant que notre embarcation accoste. A New York, il fait nuit.

Le lendemain, c'est Arthur Leeds qui me sollicite, en fin de matinée (pour tout dire je viens de me réveiller), pour une séance de cinéma en sa compagnie. Certes, il m'allèche en me disant qu'il s'agit d'un film de Fritz Lang — *Siegfried* — mais il se garde bien de m'en annoncer la durée. Et lorsqu'après avoir accepté son invitation, je m'aperçois avant d'entrer dans la salle que la projection dure deux heures et vingt deux minutes, je m'estime fait comme un rat car je ne peux décemment pas reculer. En fait, ce fut l'extase et un délice dont je me souviendrai toujours désormais. Le rythme du film est lourd et lent mais curieusement, cela lui donne un sentiment de grandeur épique. Et l'esthétique ne le cède en rien au spectacle : grands lacs de feu, forêts d'arbres enchevêtrés, palais dominés par des motifs géométriques, costumes à ornementation fleurie, etc. Une des scènes pour moi les plus impressionnantes est celle où le héros, Siegfried, se baigne dans un lac de sang de dragon et où une feuille de tilleul se colle à son cou... Alors qu'en sortant de la salle, nous faisons quelques pas — pour nous dégourdir les jambes après deux heures vingt ! — Leeds, cinéphile averti, éclaire un peu ma lanterne, m'assurant que depuis la fin de la guerre, beaucoup de cinéastes allemands ont donné dans les œuvres de scientifiction, d'horreur ou de fantastique. Et, s'agissant de l'œuvre que nous venons de voir, il me fait remarquer à juste titre, que, dans ce qui fait que je l'ai apprécié, il y a ce que j'avais vu — que j'ai cité plus haut — et ce qui m'a échappé, qui concoure précisément à la réussite du film : les éclairages très stylisés et l'architecture très extravagante.

Nous nous séparons près du pont de Brooklyn. Je lui dis que je suis prêt à recommencer l'expérience si l'occasion s'en présente. Et lorsque je suis chez moi, dans ma robe de chambre élimée, je sais alors que je ne suis hélas ni Siegfried, ni même son père, le roi Sigmund.

Dans les jours qui suivent, entre des lettres de Sonia qui m'arrivent — égale à elle-même, elle m'annonce que tout, ou presque, va bien — et des cartes de James Morton, sympathiques, mais qui font le silence sur ce que j'appelle désormais « l'affaire de Paterson », je me remets à l'écriture.

J'étais en correspondance depuis 1917 avec un Charles W. Smith — ne pas confondre avec Clark A. Smith —, intéressant vieux bonhomme du Massachusetts auquel j'avais déjà confié nombre d'essais et de poèmes pour son fanzine *Tryout*. Il m'a, dans une de ses lettres, soufflé l'idée d'un entrepreneur de pompes funèbres enfermé dans un caveau de village d'où il est en train de sortir les cercueils de l'hiver pour les enterrer au printemps et qui réussit à en sortir en agrandissant une imposte à laquelle il a accédé en empilant les cercueils les uns sur les autres. J'ai déjà travaillé sur le sujet, mais je m'y attelle sérieusement et accouche de *Dans le caveau*. Le truc est fait, mais comme d'habitude, il me déçoit. Mes récits n'ont jamais la plénitude de l'idée — en l'occurrence celle de Ch. Smith — que j'avais en tête — mais comme un tracé rudimentaire de l'image est mieux que rien, je continue à besogner et à faire de mon mieux. Une fois le récit achevé, je le dédicace à Charles W. Smith qui l'accepte et le publie dans son *Tryout*. Quant à Farnsworth Wright, il le refuse pour *Weird Tale,* au motif que « son aspect macabre extrême ne passera pas la censure de l'Indiana ! » Ah ! La fameuse ligne éditoriale ! Bien pratique pour refuser un texte : on y met tout ce qu'on veut !

Pas rancunier, je propose au même F. Wright *La maison maudite* pour publication éventuelle.

L'automne cède peu à peu la place à l'hiver, ma saison exécrée. Au 169, Clinton Street, je tente de survivre, économisant autant qu'il m'est possible, le chauffage, que je n'utilise que la nuit. Pour la journée, ma vieille robe de chambre augmentée d'une couverture sur les épaules et si nécessaire, d'une autre sur les cuisses, me permet, avec des litres de café, de tenir le coup. Le but visé est évidemment le contrôle drastique de mes dépenses.

Côté cœur, c'est également la fraîcheur. Je me suis résigné à l'absence de Sonia. Ça, c'est que je dis par exemple à Samuel lorsqu'il vient me visiter, mais je sais bien qu'il n'en est rien et que j'aimerais qu'en ces temps éprouvants, elle soit à mes côtés. Et je me dis que des années d'amour lentement entretenu auraient pu déboucher sur l'adaptation et une parfaite entente ; les souvenirs, les rêves, les stimuli délicats, esthétiques, et les impressions habituelles de beauté de rêve deviennent alors des modifications permanentes grâce à l'influence que chacun exerce tacitement sur l'autre, une mélodie familière, un décor, une impression atteignant la conscience et la mémoire de l'un des deux ou des deux lorsqu'ils vivent l'un et l'autre dans le même monde mental et spirituel

La réunion du Blue Pencil de la fin août a pour thème littéraire le garçon nouveau-né de l'amateur Ernest A. Dench. Du coup son épouse et lui m'invitent à passer *Thanksgiving* avec eux, à Sheapshead Bay, à Brooklyn. J'écris pour l'occasion un long texte en alexandrins, à la Swinburne, que j'intitule tout bonnement *A un enfant,* que d'aucuns trouveront « inquiétants et exceptionnellement méditatifs. »

Avec l'hiver qui s'annonce, mes voyages commencent à s'espacer ; il y a néanmoins la visite de Canarsuie (Jamaica), un quartier résidentiel et commerçant au sud-est de Brooklyn, où je peux voir le manoir du roi Rufus avec son superbe toit en pente, et ses deux aunes aux feuillages mordorés. Puis, un peu plus tard je visite Kew Gardens, dans le Queens : architecture néo-élisabéthaine non dénuée de charme, enfouie dans la végétation roussie et les éclats rougeoyants des vignes vierges accrochées à certains murs.

Malgré mon temps libre, je dois avouer, à ma grande honte, que je n'écrivis que deux poèmes durant le dernier trimestre de cette année. *Octobre*, poème fantastique, que je jugeai efficace (*Des rêves insaisissables et vagues, aussi fugaces que l'année qui se meurt, Sont entr'aperçus derrière les rideaux, empreints de joie et de peur ; Des souvenirs qui enchantent et vous rappellent une scène ou un visage disparu, Des fantômes, supposons-nous, d'au-delà des mondes et des gouffres de l'espace venus*), et un poème d'anniversaire, pour celui de Georges Kirk le 24 novembre, ce même Kirk qui nous annonce qu'il va (encore) déménager. La librairie demeurera mais lui, au motif que son logement manque selon lui de salubrité, ira s'installer avec son ami Martin Kamin et son épouse, toujours à Manhattan, mais 617 Ouest 115ᵉ Rue.

Je redécouvre alors Algernon Blackood. James Morton m'avait prêté il y avait quelques années son roman *Les saules*, peut-être le récit le plus accablant d'horribles suggestions surnaturelles que j'eus lu depuis une décade. Mais je n'avais guère accordé d'attention à ces autres romans et là, maintenant, il me revient à la faveur d'une visite chez les bouquinistes et je ne tarde pas, bien que Blackwood et moi soyons diamétralement opposés sur le plan philosophique, à le mettre sur le même plan qu'Arthur Machen, c'est-à-dire au sommet.

De temps à autre, Providence me revient avec insistance à l'esprit, avec le retour envisagé qui s'impose à moi, mais c'est toujours le même scénario : plus tard, le temps n'est pas encore venu...

Immergé dans la pénombre de mon studio, je lis et écris beaucoup, n'allumant que lorsque cela devient impérieux, et, à ce moment, la chaude et douce couleur orangée de la lampe mandarine est comme un baume dans la froidure ambiante. Mais une lampe, même à la chaude lumière, ne saurait être suffisante. Je dois faire l'achat d'un poêle à pétrole, doublé d'un sterno à alcool qui me permet de faire chauffer les aliments, car le chauffage de Mrs Burns, ma propriétaire, s'avère vite très insuffisant, d'autant qu'il y a pénurie de charbon depuis septembre à la suite d'une grève des mineurs.

A cette époque je fais la connaissance de Vrest Teachout Orton, Il travaille au service des annonces de l'American Mercury et vit à Yonkers. Il me rend visite peu avant Noël et nous passons l'après-midi et la soirée ensemble, puisque nous dînons chez John's, mon « quartier général ». Je le raccompagne ensuite, en traversant Brooklyn Bridge, jusqu'à Grand Central Station, d'où il prend le train pour Yonkers vers 23 heures.

Yankee jusqu'aux os, Vrest Orton vient du Vermont et n'est à New York, qu'il déteste autant que moi, que pour son travail. Cette même vision de la mégapole nous rapproche et je suis fier de cette nouvelle amitié. C'est qu'Orton dégage un magnétisme rare : petite taille, brun, mince, élégant et rasé de près, joyeusement minutieux dans ses vêtements. Avec ça, une voix douce, agréable et une façon de parler vive et mâle.

Sérieux problème de budget, dû au ralentissement de l'acheminement du courrier (en cause les épisodes neigeux et l'afflux de travail des postiers à la fin de l'année). Mes tantes m'envoient quinze dollars par semaine. Je dois mettre de côté chaque semaine dix dollars pour le loyer et la nourriture, les transports, la blanchisserie et mes fournitures de bureau me coûtent souvent plus de cinq dollars par semaine. Si ce budget ne suffit pas, Sonia comble le dépassement. Et en cette mi-décembre, rupture d'acheminement de cette chaîne tragi-comique : depuis deux semaine les versements de mes tantes ne me sont pas parvenus.

Je trouve au courrier une lettre de Sonia. Elle ne passera pas les fêtes avec moi. « Le travail dicte mes actes, m'écrit-elle en ajoutant : « Je sauverai notre couple, je vous sauverai, *dear...* ». Je pose la lettre sur mes genoux et réfléchit. L'attitude de Sonia sur tous ces problèmes est décidément généreuse et magnanime. Je relis plusieurs fois la missive, et tout se passe comme si Sonia m'impulsait la vie au milieu des vicissitudes dans lesquelles, sans elle, je n'aurai peut-être pas survécu.

Tentons d'oublier les quelques journées éprouvantes que m'imposa la zizanie des services postaux Le jour de Noël, j'arrive chez les Long vers 13 heures trente. Après avoir confié mon manteau à la maîtresse de maison, j'apparais dans mon costume gris, sur lesquels Everett McNeil et Sam Loveman, qui m'ont devancé, me complimentent. Et ce flux de congratulations vestimentaires reprend avec l'arrivée de Reinhardt Kleiner, qui lorsqu'il ôte son manteau, fait apparaître un gilet croisé de soie châtaine qui nous laisse un court instant bouche bée. L'intéressé, ravi de son petit effet, fait rapidement diversion pour ne pas monopoliser l'attention. J'apprécie aussitôt en mon for intérieur la douche chaleur de l'appartement, qui me change étonnamment des froidures du mien. Je ne saurais rapporter ici les nombreuses discussions — pourtant passionnantes — qui émaillent le déjeuner Peu avant le repas. M. Long réclame le silence et opère la distribution des cadeaux, originaux et en même temps consensuels, puisqu'il remet à chacun de petites boîtes de même taille qui contiennent toutes le même mouchoir de soie, à cette différence que la couleur du mouchoir est censée correspondre à la personnalité de chacun. C'est ainsi que le mien est d'un gris « maîtrisé » (*sic*), celui de Frank Long est fièrement violet et celui de Loveman « vieux rose ». Chacun, je pense, apprécie l'épisode dont, pour ma part, je maintiens la pérennité en faisant de mon présent une pochette ton sur ton.

Une énorme dinde fait alors son entrée, servie par la maîtresse de maison. L'imposant volatile a déjà dû souffrir deux fois, lors de son abattage et de sa cuisson, et nous nous préparons à lui imposer l'ultime sacrifice, celui de n'en laisser que les os. Les conversations se prolongent, avec une légère retenue au début, quand les convives soignent leurs papilles, pour reprendre plus vivement ensuite. Rassasié, j'observe, j'écoute Loveman, mon voisin de droite, qui discoure, avec McNeil en face de lui, de l'Atlantide, si mes souvenirs sont exacts. J'écoute mais sans vraiment entendre. Pourquoi à ce moment précis me reviennent en mémoire des vers que j'ai commis neuf ans plus tôt : *Le généreux souper chasse tous les soucis, / Et chaque hôte souriant reste en une entente heureuse.* Le déjeuner s'étiole alors. Chacun apprécie sans nul doute l'ambiance festive qu'il a d'ailleurs contribué à créer. Sam aide la maîtresse de maison à débarrasser la table, puis, connaissant mon dégoût, s'installe assez loin de moi pour allumer un beau barreau de chaise offert par notre hôte, qui a pris soin d'entrouvrir les fenêtres du salon.

C'est alors que les Long nous surprennent à nouveau. Nous avons en effet à nous partager le contenu d'un fourre-tout d'articles acquis chez Woodsworth : savon à barbe, brosse à dents, talc, etc. J'opte pour la brosse à dents, mais je vais découvrir sans tarder dès le lendemain qu'elle est trop dure pour mes gencives.

Vers dix-sept heures, on nous sert thé et/ou café, agrémentées de scones et de muffins.

La soirée s'offre à nous. Vers vingt-et-une heures, aucun d'entre nous ne semble avoir sommeil, surtout pas moi pour qui vivre nuitamment est une habitude. Il y a à ce moment-là un concours. Mrs Long apporte une chemise cartonnée qui contient des illustrations qu'elle a découpées dans des magazines (j'espère qu'elle n'a pas livré les magazines ainsi amputés aux patients de son mari attendant leur tour dans la salle d'attente !). Le jeu est simple : il faut trouver de quels magazines sont tirées les illustrations. La compétition est serrée, mais j'amasse six bonnes réponses, alors que Loveman et McNeil n'en inscrivent que cinq chacun. Pour ce succès, je reçois une belle boîte de chocolats fourrés. Nous n'en avons pas encore terminé. Alors que je m'emploie — un *gentleman* ne saurait moins faire — à offrir des chocolats, M. Long s'active à installer un écran et un appareil de projection. Nous nous regroupons donc, de part et d'autre, derrière l'appareil — M. Long est à la manœuvre — pour suivre deux longs métrages, malheureusement, autant qu'il m'en souvienne, guère intéressants — j'ai d'ailleurs oublié leur titre.

Après cela, alors que Sam et moi envisageons un repli stratégique, nous sommes battus en brèche par notre hôtesse qui nous fait rasseoir autour de la table pour une légère collation, dont je me rappelle que nos assiettes étaient décorées de ce que nous appelons des lollipops, ces personnes, hommes ou femmes chargées d'aider les enfants à traverser une rue en arrêtant la circulation à l'aide d'un panneau en forme de sucette.

Lorsque Sam et moi décidons de partir — Everett et M. Long père tiennent absolument à terminer la partie d'échecs qu'ils ont entamée, sous l'œil exercé de Kleiner — après avoir chaleureusement remercié nos hôtes pour leur accueil et pour cette soirée mémorable, Frank nous accompagne dans l'ascenseur jusqu'au pied de son immeuble, mais ne se risque pas plus avant.

Dehors, quelques flocons de neige descendent lentement entre les immeubles et fondent en arrivant au sol, donnant à l'asphalte un brillant dans lequel se reflètent les lumières de la nuit et l'enseigne lumineuse d'une agence Cook qui annonce en clignotant « Le monde est à vous ». Le métro étant encore clos, nous décidons de marcher jusqu'à son ouverture en direction de notre domicile. Loveman, disert malgré sa nuit blanche, se lance à discourir sur sa soirée du lendemain qui s'annonce, me dit-il, prometteuse. Il ne tarit pas d'éloges pour me parler de Harlem et du Cotton Club où il passera la soirée et certainement une bonne partie de la nuit. Je ne dis rien — m'en laisse-t-il d'ailleurs le temps ? — mais n'en pense pas moins, regrettant en mon for intérieur qu'un ami de la qualité de Sam aille s'encanailler dans ce club de jazz — cette « musique » de nègres — où les foules s'en donnent à cœur joie et où la mafia écoule à longueur d'année sans être inquiétée — mais il n'est guère difficile de deviner pour quelle raison il en est ainsi — des millions d'hectolitre d'alcool de contrebande. La populace aime braver l'interdit et la Prohibition, qui m'avait semble à l'origine une bonne mesure, m'apparaît alors comme une plaie sociale.

L'enthousiasme de Sam se calme dans le métro, où somnolent quelques fêtards. Dans notre wagon, un groupe de ces bambocheurs n'amuse personne ; les femmes tentent de dissimuler des toilettes de guingois et un homme au faux-col de travers essaie de pousser, triste comme un bonnet de nuit, une chansonnette dont il ne dépasse jamais le premier couplet.

Je suis heureux de quitter tout ça pour retrouver mon appartement. Pourtant — la fatigue n'y est certainement pas étrangère — dès le seuil franchi, l'absence de Sonia s'impose à moi. Je tente de ne céder ni à l'introspection ni au défaitisme, mais le fait est là : après un peu plus d'un an et demi de mariage, nous n'avons passé qu'un Noël — et quel Noël ! Passé à faire des cartons pour déménager — et guère plus de dix mois ensemble.

Le metro aérien de New York.

A mon réveil, je ne peux échapper à ce pénible constat : la sympathie qui nous avait liés au départ, faite de désillusion, de penchant philosophique et d'amour pour la beauté partagée, a mené un combat perdu d'avance.

Les jours qui suivent ne me voient pas dans un meilleur état d'esprit. Dans le courrier, il y a une lettre de Paterson — une carte de vœux plus précisément mais ces vœux ne font nulle mention d'un futur emploi auprès de mon ami Morton — si bien que je décide une fois pour toutes de faire une croix sur une éventuelle nomination. De plus, cela lève encore, s'il en était besoin, un obstacle moral pour m'interdire de songer à un retour à Providence.

A la carte de vœux de Morton se trouve jointe un mot pour la prochaine réunion du Kalem Club, précisément à Paterson. Irai-je ou non ? Au vu de l'état de mes finances, j'écris à mon vieil ami James une lettre, qui, savamment troussée, va entretenir le doute. « *Je suis noyé dans les fontaines de mes pleurs, je sombre dans les gouffres de mon affliction ! En comptant les dinars d'or que contient ma bourse tristement plate après les dernières ponctions opérées par mon blanchisseur, je me trouve humilié au point de découvrir que mon estomac et mon intellectualité sont en guerre, si bien que si je bourris le premier je dois être dans la nécessité d'affamer la seconde ! En d'autres termes — un examen de mes coffres exceptionnellement vides révèle cette situation embarrassante : si j'assiste à ce savant pèlerinage Paterson, (soixante ceux cents plus soixante deux cents égalent un dollar vingt-quatre cents) je n'aurai plus un sou pour payer mes repas (des festins très restreints pourtant !) jusqu'à ce que le prochain vaisseau chargé d'or, d'ivoire, de singes et de paons me parvienne, en provenance d'Ophir, cette contrée légendaire d'où le roi Salomon faisait venir son or ! C'est en vérité une tragédie et, pour le reconnaître, je plonge à trois reprises le front dans la poussière ! Naturellement, si à la dernière minute, je suis sauvé par miracle, je serai avec vous pour donner un démenti à ce tableau lugubre de la situation — sinon, je dois, dans un flot de larmes solliciter de vous un milliard de pardons, et vous demander de faire part de mes regrets affectés à tous les sages qui pourront venir ajouter au rayonnement de ce palais déjà illuminé par votre génie en cette joyeuse occasion. C'est moi qui suis dans la détresse, et je me prosterne humblement !* »

Et j'ajoute : « *Mais ne me rendez pas méchamment la pareille en étant trop ruiné pour paraître à la réunion du 13 chez McNeil ! Mon bonheur dépend de la présence décorative de la plus resplendissante des pierres précieuses pour servir d'ornement à ma fête pitoyable ! O Flambeau illuminant les Ténèbres Patersoniques, montrez que vous avez un organe ressemblant à un cœur ; et entassez sur mon crâne indigne les symboles charbonneux des éternelles conflagrations de Satan ! Soyez ici aussi longtemps avant 8 heures que votre fantaisie et les circonstances décideront de vous le permettre et restez assuré que — averti de cette façon salutaire par l'horrible exemple du fiasco de cette semaine — j'aurai mis à gauche assez de fric pour être certain (quand je dis certain, je veux dire absolument certain) d'avoir de quoi offrir les rafraîchissements.* » Pas mécontent de ma prose, je poste *illico* la missive. En clair, je fais l'impasse sur la réunion du Kalem chez Morton pour mieux assister à celle qui aura lieu chez Everett.

Quelques jours avant la réunion chez McNeil, je reçois une assez longue lettre de Paul W. Cook, que j'avais rencontré dès mon entrée à la NAPA, me demandant si je suis intéressé par la rédaction d'un article — de fond, précise-t-il, ce que je traduis par « assez copieux » — sur le fantastique en littérature, pour son fanzine *The Recluse*.

A ce stade de la proposition, il n'y parle point de rétribution, mais je juge que quoiqu'il arrive, rien ne peut pour moi être pire que ma situation actuelle et que j'aurai mauvaise grâce à refuser d'écrire sur un sujet dans mes cordes qui, de plus, m'intéresse. A la réunion du Kalem j'évoque cette proposition de Cook. Les opinions sont mitigées. Morton et Kleiner me disent de « foncer ». Loveman est plus réservé. Selon lui, Cook « paye mal et avec retard ». Everett, qui en tant qu'hôte, s'active à la cuisine, revient avec un plat de cookies pour m'entendre dire que je vais réfléchir. En fait ma décision d'accepter était prise. Peu m'importe que Cook paye en retard — ce que je sais déjà. L'important est pour moi que cela me rapporte quelques dollars. En attendant, je vais au moins m'occuper l'esprit.

Sonia aurait-elle deviné mes pensées ? Dans une lette reçue le lendemain, elle m'écrit qu'elle entérine complètement mon dessein de retour ultérieur en Nouvelle-Angleterre et qu'elle a l'intention de rechercher dans quelque temps des débouchés commerciaux dans le district de Boston — bien que pour l'instant sa seconde situation à Cleveland semble présenter de grands avantages et offrir des conditions exceptionnellement convenables dans ce genre de choses. La rémunération, écrit-elle, n'est pas importante, mais les perspectives de progression sont considérables Cette missive ce Sonia me ragaillardit. Ma « belle » épouse me donne encore une fois une preuve de son âme généreuse. Mon esprit à son tour se met à errer. S'il en est ainsi, je pourrai trouver un logement près de Boston et entreprendre une recherche méthodique de travail par les annonces de *Transcript*, son quotidien, d'une façon qui ressemblera beaucoup à ma prospection, en espérant seulement qu'elle soit moins vaine que par les annonces du *Times*.

Pour l'heure, je réponds favorablement à la proposition de Paul W. Cook et me lance dans cette nouvelle aventure. Mais je ne tarde pas à réaliser l'immensité de la tâche à laquelle je me suis attelé. Une fois le plan ébauché, je me rends vite compte de mes lacunes. J'ai « oublié » certains des ouvrages que je me propose de traiter. Et je n'ai pas du tout lu certains autres que je me dois pourtant d'inclure dans mon projet. J'écris donc à mon commanditaire que le sujet est plus complexe qu'il n'y parait et que j'aurai besoin de temps pour le réaliser. La réponse est on ne peut plus aimable : aucun délai imparti et « Il n'y a absolument aucune limitation de longueur. »

Au risque d'avouer ainsi une sénilité précoce, je me risque à dire qu'avec ma mémoire en décomposition, j'avais perdu les détails de la moitié des choses que j'avais lues depuis six mois ou un an, si bien que pour donner un commentaire intelligent sur les points importants que j'avais choisis, il fallait que je soumette ces points importants à une relecture approfondie. Je dus aller ainsi aussi loin que *Le Château d'Otrante*, récit gothique, d'Horace Walpole et ensuite fouiller cette sacrée chose et voir en quoi consistait réellement l'intrigue. De même pour *Le Vieux Baron Anglais, récit gothique,* de Clara Reeve. Et quand je suis arrivé à *Melmoth ou l'homme errant,* de Charles-Robert Maturin, j'ai soigneusement revu les deux fragments d'anthologie qui constituaient tout ce que j'avais pu trouver Ce fut ensuite le tour du *Vathek* et des *Episodes* de Charles Beckford. Mon dossier de notes de lecture s'étoffait presque à vue d'œil au fil de ces lectures. Puis j'ai relu, d'Emily Brontë son seul chef-d'œuvre, *Les Hauts de Hurlevent*, et ce de la première à la dernière ligne.

Trois semaines se sont écoulées depuis que j'ai mis en route ce travail de relecture. Du coup, pour ne pas rompre le fil, j'ai délaissé ma correspondance qui s'est accumulée au point que je juge indispensable de m'en occuper. Cette pause faite, je relis encore des pages de Bulwer-Lytton et me lance alors dans l'écriture de mon essai. Je rédige les vingt premières pages et dois m'arrêter à nouveau. Tout en feuilletant le fruit de mon labeur, je me complimente moi-même : ce sera un bouquin solide quand je l'aurai terminé.

Je dois effectivement faire une pause — travail alimentaire oblige. Et puis je n'ai pas eu le cœur de refuser l'offre que me transmett Sam Loveman qui m'a débusqué un job de trois semaines, payé dix sept dollars cinquante par semaine — un pactole pour moi — et qui consiste à rédiger des adresses sur des enveloppes de prospection pour les éditeurs Dauber & Pine. Je délaisse donc momentanément et sans problème mes lectures, tout en prenant bien soin de classer les notes prises, pour reprendre ensuite le fil, D'ailleurs j'en suis arrivé à conclure que rien ne compte réellement et que la seule chose à faire est de prendre les valeurs artificielles et traditionnelles que l'on trouve autour de soi et de prétendre qu'elles sont réelles, afin d'entretenir cette illusion que la vie présente une signification, qui donne aux événements humains leur motivation apparente et un semblant d'intérêt. J'en ai désormais fini avec l'intellectualisme — mes goûts sont entièrement ceux d'un ami des antiquités, et de quelqu'un qui s'amuse de certaines futilités particulières en littérature et dans les arts. Bref, un épicurien et un dilettante.

Je suis rapidement devenu pour *Weird Tales* l'auteur qui compte, avec certains de mes textes publiés dans cinq des six numéros entre octobre 1923 et avril 1924. *La Tombe* — on trouva là à ce texte la double influence de R.-L. Stevenson et de Poe. Pourquoi faut-il qu'on éprouve le besoin de rattacher une création à ce qui existe déjà ? — fut publié en 1926. *Weird Tales* payait après publication (et non à l'acceptation des textes) mais j'avais touché beaucoup plus que le traditionnel « cent par mot ». Pour *Dagon*, cela avait été plus de deux. Par la suite, la rétribution baissa, mais jamais au-dessous de deux cents cinquante, ce qui me permit au fur et à mesure des règlements, d'améliorer mon casuel.

Néanmoins, rien n'est simple : pendant la rédaction de ce travail alimentaire, je fus terrassé par une rage de dents qui m'imposa une séance d'urgence, avec la perspective d'une série de trois rendez-vous ultérieurs. Choisir de garnir d'adresses des enveloppes et subir dans le même temps la roulette du praticien nécessite une dose certaine de philosophie !

Plus je déambule dans la ville (pour par exemple, me rendre chez le dentiste, 258, Benefit Street), plus j'en arrive désormais vite à la conclusion que New York n'est pas un endroit pour l'existence d'un Blanc. La métropole est une discordance agitée et criarde, où la rapidité et l'importance sont sans but, hybrides et étrangères au cœur, et sans racines ni traditions historiques. Je sais : je n'ai pas toujours pensé cela. Mon admiration première a résulté d'une observation superficielle de la cité, qui m'a attiré par ce qu'elle avait à montrer de plus immédiat. Mais dès que les visions de New York me furent bien connues, dès que l'étrangeté exotique perdit sa distance mystérieuse, alors, là, tout changea. La division d'avec le monde connu et salubre devint menace hideuse et abîme insondable, et le charme et l'attrait virèrent à l'exil et à la solitude. Ce qui avait donné son choc à la scène originelle avait été sa fraîcheur, son étrangeté et son extrême éloignement. Et avec l'accoutumance, tout était devenu vulgarité, saleté et fruits à jeter à la mer.

Lorsque je reprends l'écriture de l'essai que je dois livrer à Paul Cook, il ne me faut pas longtemps pour m'apercevoir que le temps que je dois y consacrer sera beaucoup plus important que ce à quoi je m'attendais.

Et un nouvel arrêt m'est imposé dans la rédaction du travail car la décision de déménager finit par s'imposer à moi. Je m'étais ouvert de mon intention à Sonia qui — je l'ai déjà écrit — m'approuvait si cela pouvait me rendre les choses plus faciles, et j'avais également informé, mais plus récemment, mes tantes de mon idée. Mais ces dernières lurent certainement ma lettre de travers — ou peut-être m'étais-je mal exprimé.

Toujours est-il qu'une missive de ma tante Lillian m'informe qu'un camion de déménagement, affrété par elle, se présentera à mon domicile le 15 du mois et que je dois par conséquent être prêt ce jour-là. Cette lettre-là a au moins le mérite, à moins de remettre tout en cause, de me dispenser d'avoir à passer de l'intention à l'initiative. J'ai encore presque deux semaines à passer à New York. La lettre de ma tante à la main, je sors faire quelques pas sur le trottoir. L'air est doux, le ciel assez dégagé. J'observe un moment un vieil homme qui promène son chien sur le trottoir d'en face. D'où je suis, je peux apercevoir les conifères les plus proches de Prospect Park, où la nature ne va pas tarder à se réveiller, tout comme à Central Park, auquel mon esprit me ramène en quelques images.

Promenade de Riverside Drive

Je remonte chez moi et planifie mon emploi du temps. D'abord, prévenir Sonia, c'est bien la moindre des choses. J'aurai à assurer la réunion du Kalem Club, qui doit se tenir chez les Long. Ce sera là à coup sûr, une énorme surprise pour les présents lorsque j'annoncerai mon départ.

Je commence le surlendemain par ranger tous mes dossiers de telle manière que lorsque je les rouvrirai je puisse aisément m'y retrouver. Puis je continue par regrouper diverses choses, notamment les vêtements dont je suis sûr de ne pas avoir l'usage avant mon départ.

A Samuel Loveman qui, un jour qu'il « passe une tête » chez moi, me demande la cause du déballage, je réponds de manière laconique que je fais du rangement. Les bras lui-même chargé de ses courses chez l'épicier, il n'insiste pas.

Sonia, qui m'a répondu pratiquement par retour du courrier pour me dire qu'elle viendra m'aider, arrive le dimanche matin. Elle a voyagé de nuit et déclare qu'ayant un peu dormi dans le train, une douche la remettra en forme. Nous parlons évidemment assez longuement de nous. Sonia me dit qu'elle a — déjà — remarqué, à mon sujet, un léger changement d'attitude, très certainement dû, selon elle, au fait que je m'apprête à retourner à Providence. « Vous comprenez, me dit-elle, c'est comme une libération pour vous. » Diable de femme ! Mais je relativise aussitôt car, après tout, c'est certainement elle qui me connaît le mieux. Qui, en effet — mes tantes étant exclues, car elles ne m'ont pas vu « vivre » à New York assez longtemps — est le plus à même de savoir quelles influences peuvent avoir eu sur moi la mégalopole new yorkaise ?

Le lendemain, après avoir bouclé quelques cartons que nous entreposons près du secrétaire — ces cartons-là m'en rappellent d'autres — nous partons à pied nous balader dans Prospect Park. Le printemps est incroyablement doux, l'air suave s'emplit des senteurs exhalées par les cerisiers japonais en fleurs, grosses boules roses piquées çà et là au fil des allées.

Sonia me parle de son travail. D'après elle, la promotion qu'elle espère est pour bientôt, et si, comme elle le pense, elle y arrive, elle cherchera peu de temps après, à se rapprocher de moi, peut-être en cherchant dans un premier temps un emploi à Boston, ce qui lui permettra de pouvoir passer tous les week-ends avec moi.

Elle a même déjà envisagé de proposer alors à mes tantes de louer à Providence une grande maison où nous pourrions vivre tous ensemble et où elle pourrait ouvrir une boutique en rez-de-chaussée. L'idée me séduit mais elle me demande de n'en surtout pas parler, peut-être par superstition, mais parce qu'elle ne veut pas brûler les étapes.

Ce soir-là, à son insistance, nous faisons l'amour. Je m'en serai personnellement passé. Mais un *gentleman* ne se dérobe pas à son devoir, surtout s'il est conjugal. Je raisonne pourtant très différemment d'elle. Pour moi, puisque notre séparation temporaire est inéluctable, pourquoi vouloir à tout prix faire comme si elle n'allait pas avoir lieu ? Ne peut-on pas plutôt considérer la distance de la séparation comme déjà effective, avant même que cette dernière ne se produise ? Je garde en tout cas pour moi cette disposition d'esprit qui n'aurait certainement pas été comprise si je m'en étais ouvert.

En fin d'après-midi, je raccompagne Sonia à la gare. Quand la reverrai-je ? Où ? Etranges questions pour deux personnes ayant décidé de s'unir « pour le meilleur et pour le pire ». Pour l'heure, c'est surtout pour le pire. Je retrouve les cartons, le dîner frugal. Difficulté d'agir : j'ai en horreur ces moments que j'appelle mes « transits » : pas tout à fait parti, pas encore arrivé ailleurs. Samuel Loveman arrive à temps pour m'inviter à passer un moment chez lui, entiché de l'ineffable Hart Crane, Ma soirée me paraît moins pénible.

Dernière réunion pour moi chez les Long. Lorsque j'arrive, James Morton, qui a pu s'échapper de Paterson pour quelques jours, et Arthur Leeds sont déjà là. Sam Loveman, que j'ai tenté de prendre chez lui, mais qui n'y était pas, arrive peu après, suivi de peu par Reinhardt Kleiner. Enfin, George Kirk, retenu par sa librairie, ferme la marche. C'est, comme d'habitude, la mère de Frank qui, en maîtresse de maison accomplie, nous sert le diner. Chacun est invité à parler de lui, notamment de ses travaux ou du moins de ses activités littéraires. Loveman nous promet, dit-il, un morceau d'anthologie pour après le dîner. J'évoque quant à moi mon travail de recherche pour l'essai que m'a confié Paul Cook. Kirk insiste à ce propos pour, me dit-il, me fournir tous les ouvrages dont je pourrai avoir besoin. Lorsque nous en sommes au dessert — des pumpkins au fromage que je trouve délicieux — il y a comme un calme, que j'attribue à la digestion, dans les conversations. Les esprits semblent quelque peu flotter, mais cela ne dure pas : Samuel, qui bouillonne certainement depuis le début de la réunion, tombe sa veste d'alpaga anthracite pour nous livrer à la vue sa chemise rayée grise et blanche et, selon lui, sa dernière trouvaille littéraire. « Oyez, oyez, messeigneurs, vous allez m'en dire des nouvelles ! »

Il ouvre donc un livre dont il a soigneusement caché la couverture et se met à lire : « *J'ai connu des fleuves, j'ai connu des fleuves anciens où le monde est plus vieux que le flux du sang humain dans les veines humaines. Mon âme et devenue aussi profonde que les fleuves. Je me suis baigné dans l'Euphrate quand les aubes étaient neuves. J'ai bâti ma hutte près du Congo et il a bercé mon sommeil. J'ai contemplé le Nil et au-dessus j'ai construit les Pyramides. J'ai entendu le chant du Mississippi quand Abe Lincoln descendit à la Nouvelle-Orléans et j'ai vu ses nappes boueuses transfigurées en or au soleil couchant. J'ai connu des fleuves anciens et ténébreux. Mon âme est devenue aussi profonde que les fleuves.* » Il s'arrête, repose le livre sur ses genoux et relève posément la tête. Pas de doute possible, il a marqué un point. Nous sommes sous le charme, tant de la voix de Sam que de ce qu'il nous lu. Kirk lance prudemment : « Je ne connaissais pas ; de qui est-ce ? » Samuel Loveman, visiblement ravi de son effet, répond en articulant bien

—   Le livre a pour titre *The Weary Blues,* premier recueil de poèmes de Langston Hugues, vingt-six ans.

Ce faisant, il nous dévoile la couverture, simple et efficace, qui s'orne d'une photo de l'auteur. Langston Hugues est un Noir.

Où Loveman a-t-il déniché ça ? Mystère. Lui seul, à ma connaissance, parmi nous, fréquente Harlem. Il a dû dégotter ça dans une de ces petites boutiques qu'il affectionne.

Je suis ébranlé. Le texte lu par Loveman est de qualité — aucun doute là-dessus — mais il n'en demeure pas moins que Hugues était noir... La discussion se prolonge, sans moi, sur le sujet, évoluant du problème particulier aux généralités ressassées. Je connais suffisamment les points de vue de chacun pour être conduit, au bout d'un moment à m'ennuyer. Et c'est à ce moment que j'annonce que j'ai une déclaration à faire. On croit naïvement qu'elle a un lien avec celle qui a cours et l'étonnement est d'autant plus grand quand on sait que j'ai décidé de regagner Providence. La question m'est évidemment posée : « Pourquoi ? ». Je réponds évasivement que je dois faire face à des « problèmes familiaux. » Très pratique la famille en l'occurrence. Chacun y va avec sincérité de son commentaire attendri. Les poncifs circulèrent, les « on va vous regretter », vous allez nous manquer », « j'espère que vous reviendrez nous voir »

Evidemment que je reviendrai ! Vous n'allez pas vous débarrasser de moi comme ça ! Et puis la correspondance sera soutenue, vous pouvez me croire, foi d'Howard. Ces paroles masquent mal l'émotion qui me gagne et que je dissimule ainsi tant bien que mal derrière des boutades.

Il est tard, ce qui me donne le prétexte du départ. Là encore, comme avec Sonia, puisque tout est consommé, autant abréger. Frank demeure bien silencieux. Lorsque je m'avance pour le saluer, il me regarde longuement, prend mes deux mains dans les siennes et les serre longuement.

Sam Loveman, qui connaît mon opinion sur les Noirs, me dit
—   Si j'avais su, j'aurai gardé ça pour une autre fois... »

Je le rassure :
—   C'était très bien Sam. Ne changez rien et ne changez pas.

Les effusions terminées, chacun cachant comme il peut sa surprise et peut-être un certain désarroi, il faut se séparer. Nous nous retrouvons au pied de l'immeuble. Nouvelles poignées de main. Seul demeure George Kirk. Nous décidons de marcher, par West Avenue et la 100e Rue, vers la Battery. Un vent frais s'est levé. Des nuages dissimulent de temps à autre la lune, donnant aux immeubles un tour fantomatique. Nous marchons en silence. De rares taxis jaunes ralentissent parfois en arrivant à notre hauteur. George me renouvelle son offre pour l'essai destinée à Paul Cook. Je le remercie à nouveau, précisant que pour l'heure tout est dans un carton et que je ne m'y remettrai désormais que sous d'autres cieux, en l'occurrence ceux de Providence. Nous nous séparons à Franklin Street — longue poignée de main appuyée.

Il n'est pas loin de huit heures lorsque je me retrouve au milieu des cartons. Je dors deux petites heures. A dix heures, les déménageurs sont là. C'est très bien ainsi.

Le train prenait de la vitesse et je ressentais des convulsions de joie silencieuses en revenant pas à pas à une vie éveillée. Quelque chose s'était déclenché — et tout ce qui était irréel est tombé. Il n'y avait plus d'énervement ; plus de sensation d'étrangeté, il ne me semblait plus que du temps s'était écoulé depuis la dernière fois que j'avais foulé ce sol sacré. De désillusion, ou de désaccord entre ce que j'attendais et ce qui se réalisait, il n'y avait absolument plus trace, parce que l'idée improbable selon laquelle je m'étais trouvé absent avait été entièrement reléguée dans les profondeurs de l'imagination et du rêve. Ce que j'avais vu en songe chaque nuit depuis mon départ se dressait à présent devant moi dans sa réalité prosaïque — exactement semblable, trait pour trait, jusqu'au moindre détail, dans les mêmes proportions. Simplement, j'étais chez moi — et mon pays était tel qu'il avait toujours été depuis l'époque où j'y étais né, trente six ans auparavant.

*   *

*

Il y eut l'installation. Il y eut ce qui fait que, chaque fois qu'un être humain investit un lieu nouveau, il le façonne et l'adapte à sa personnalité. Il y eut cette communion — le mot n'est pas trop fort — avec la nature, celle de Providence et du Rhode Island Les beaux jours étaient là et je ne m'en privai pas.

Et durant ces escapades solitaires dans la campagne où les genévriers en fleurs le disputaient à la verdeur des blés naissants, je songeai à New York, non que je regrettasse en quoi que ce soit de l'avoir fui. Mais le décor et les mauvais souvenirs qui lui étaient associés me ramenaient toujours au même dilemme. J'étais désormais dans la situation d'autres — notamment James Morton — qui, appelés ailleurs, ne pouvaient plus assister régulièrement aux réunions du Kalem Club. Morton n'y venait plus qu'épisodiquement et je jugeai que je pourrai aligner mes pas sur les siens. Providence n'était pas si éloigné de New York que je ne puisse, à moins de finances irrémédiablement défaillantes, faire le trajet pour voir les amis.

La première occasion de réaliser ce projet fut au milieu du mois de septembre lorsque Sonia m'écrivit qu'elle allait venir passer quelques jours à New York pour chercher un emploi qui lui permettrait de se rapprocher de Boston. Et elle en profita pour me suggérer de venir passer quelques jours avec elle. Je délaissai donc momentanément mes travaux, du reste presque achevés, sur le fantastique en littérature, et destinés à Paul W. Cook.

Faisant d'une pierre deux coups, je décide d'en profiter pour assister à la réunion du Club. Mais pressentant que je vais être amené à passer plus de temps ave le « gang » qu'avec Sonia, je décide de prendre une chambre à l'Astor Hotel (Broadway et 44ᵉ Rue) pour être plus libre de mes mouvements. Mon indépendance factuelle retrouvée ne saurait s'accommoder de ce qui me serait apparu comme une entrave. Je passe donc le plus clair de mon séjour avec mes amis, en particulier Frank Long, George Kirk et Vrest Orton. J'ai malgré tout réservé ma soirée du mardi pour Sonia et c'est elle qui insista pour que nous passions ensemble la nuit qui suit. Lorsque nous nous réveillons, Sonia s'aperçoit avec effroi qu'elle va être obligée de courir pour être à l'heure à son travail, ce qui abrége d'autant notre séparation. J'ai pour ma part passé avec mon épouse une excellente nuit qui me conforte dans l'idée que le mariage ne devrait pas viser la permanence, et ne pas y être relié — particulièrement dans le cas de la jeunesse et de l'inexpérience — avec une rigidité superstitieuse. Et si quelqu'un frémit aux possibles excès d'un tel système de libéralité, laissons penser qu'un système à l'occasion excessif est autrement préférable à un système qu'on abandonne avec mépris au profit de pas de système du tout.

De retour à Providence, je bouclai *Epouvante & surnaturel en littérature* que j'envoyai aussitôt à Paul W. Cook.

En novembre 1927, je reçus un courrier d'un certain Adolphe de Castro qui, à l'instigation de Samuel Loveman, me sollicitait lui aussi pour des travaux de révision. J'acceptai et révisai pour lui sa nouvelle *Le dernier examen*, à l'origine *Sacrifice à la science*, que je jugeai nécessaire de modifier radicalement. J'appris par la suite que ce monsieur de soixante-huit ans, avait eu un parcours original. Il s'était appelé Gustave Adolphe Danziger jusqu'en 1921, nom de ses ancêtres, avait changé de nom pour échapper aux Allemands, avait rencontré en 1886 Ambrose Bierce qui lui avait donné le goût de l'écriture, au point de créer alors une maison d'édition. Puis il était arrivé au Mexique en 1913 pour faire la guerre (sic) et où il avait habité entre 1923 et 1925.

Pour la petite histoire, je signalerai que de Castro m'accorda seize dollars pour mon travail de révision, alors que lui fut rétribué cent seize dollars par *Weird Tales* à la parution du texte.

Je ne revins à New York que l'année suivante, en 1928, encore à l'invitation de Sonia qui était venue, à Noël, passer quelques jours avec moi, à Providence. Elle ne m'avait pas à l'époque parlé d'un retour à New York. Et ce fut une fois de plus le travail qui dicta sa loi. En fait, Sonia, m'avait laissé sans nouvelles un bon mois — le temps de déménager et de s'installer à nouveau à Brooklyn, avait mis assez d'argent de côté pour s'assurer un loyer et acquérir la gérance d'un magasin de confection de bibis dans ce même Brooklyn, 370 East 17ᵉ Rue. Elle souhaitait évidemment ma présence à l'inauguration de « sa » nouvelle boutique, sise, m'avait-elle écrit, à deux pas de chez elle. Je mis un moment avant de me décider. D'un côté, il y avait ma haine de New York. De l'autre, mon affection pour Sonia. Il fut clair que je ne pouvais que me rendre à ses vues, mais j'y mis deux conditions : dans ma situation d'homme marié et après deux années de célibat, j'insistai pour que ma venue ne soit considérée que « comme une simple visite ». De plus, il serait clair que je ne séjournerai que quelques semaines.

Ces préambules réglés, *i. e.* acceptés, j'arrive donc chez Sonia aux environs du 15 avril, où je m'installe dans la chambre d'amis. Au dîner, nous faisons le point de la situation. Sonia a fixé l'inauguration de son magasin, au 28 avril. D'ici là, elle aura à « équiper » le magasin, c'est-à-dire à acquérir tout ce qui lui sera nécessaire pour pouvoir l'exploiter : mobilier, cartons à chapeaux, caisse enregistreuse, etc., etc.

Une idée m'assaille soudain :
— 	Mais le local est en état ?
— 	Impeccable. Les précédents locataires l'ont eux-mêmes remis en état et ils n'y sont restés que quelques mois...

La conversation se poursuit sur ce même mode, et je suis moi-même surpris de mon entrain à vouloir prendre part aux problèmes d'intendance générés par la prochaine ouverture de la boutique. Sonia et moi confectionnons alors une sorte de planning, en tenant compte des impératifs qu'imposeront les livraisons des meubles et des accessoires.

Il apparait que je ne serai utile que certains jours, ce qui va m'autoriser quelques rendez-vous et balades avec les amis.

Le 24, je fais avec Sonia quelques courses, puis, le soleil étant de la partie, nous partons pour une grande promenade dans Prospect Park, où je retrouve au fil de mes pas des impressions enfouies : souvenirs de lecture sur des bancs, arbustes que j'ai vu naître et croître...

Après le déjeuner, Sonia part pour son magasin. J'insiste pour l'accompagner mais elle n'a pas besoin de moi. Je décide de rendre visite aux Long qui ont été expropriés, avec d'autres, pour que soit construite une nouvelle voie. Ils demeurent désormais 230 West 90e Rue et, d'une de leurs fenêtres, on peut apercevoir le dôme en marbre blanc, comme le reste de l'édifice, du monument aux militaires et aux soldats, qui borde l'Hudson River. Cette spécificité ne leur fait pas oublier les péripéties qui ont semé la perturbation dans leur famille. Les deux époux me narrent par le menu les incidents auxquels ils ont été soumis : déménagement, emménagement, perte sèche pour M. Long qui dans l'histoire a perdu des patients, parce que son cabinet est désormais trop éloigné de leur résidence. Je compatis à leur malheur relatif, car je comprends et retiens surtout que passé un certain âge, on rechigne parfois à changer ses habitudes. Qu'en sera-t-il de moi lorsque j'aurai l'âge des parents de Frank ? Serai-je moi aussi accroché à mes habitudes ? En y réfléchissant bien, il y a peu de chances que j'aie à nouveau à modifier mes us et coutumes, voire à déménager. A trente six ans, le vieux gentleman ne s'achemine-t-il pas doucement vers une vie des plus casanières ?

Lorsque je décide de partir, Les Long en me raccompagnant à la porte, me demandent pour combien de temps je suis new-yorkais. Et comme ma réponse est des plus évasives, Mrs Long me dit :
— Dans trois jours, c'est l'anniversaire de Frank. Nous vous attendons pour fêter ça avec nous.

Je remercie et promets que je serai là. Frank Long me raccompagne à Brooklyn. Je l'invite à dîner, pour prolonger le plaisir que j'ai à être avec lui, tout en le prévenant que ce sera à la fortune du pot. Sonia est ravie de le revoir et mets les petits plats dans les grands pour nous offrir un repas simple mais digne.

Mais pendant le repas me vient une idée. Je décide de raccompagner Frank jusqu'à la station de métro et de là, j'irai tenter de surprendre Samuel Loveman chez lui, à Columbia Heights. En sortant, j'avise Sonia que je ne serai pas long, mais l'expression de son visage affiche une moue enjouée mais dubitative.

Samuel est de même enchanté de me voir dans l'encadrement de sa porte. Son studio a bien changé : il a fait refaire toute la décoration, qui met désormais en valeur ses livres rares (c'est un point de désaccord entre nous ; pour lui, un livre ne vaut que par sa beauté et sa rareté) et ses bibelots dont certains ne le sont pas moins. Des voilages légers délimitent diverses parties de l'ensemble et donnent ainsi à son antre un raffinement à nul autre pareil. Devant nos cocktails (de jus de fruits pour moi), nous jouons ainsi, enfouis dans de moelleux coussins, les sybarites jusqu'à près de trois heures du matin.

Lorsque je rentre, en taxi, une heure plus tard, je gagne sans bruit la chambre d'amis. Je ne revois Sonia que lorsqu'elle revient, à la fin de l'après-midi, qui pour moi correspond au début de la journée. Le soir il y a la réunion du « gang » dans le nouvel appartement de George Kirk. Je retrouve bon nombre des amis que je n'ai pas encore vus depuis que je suis arrivé à New York. George nous présente à cette occasion son épouse Lucile (ils sont jeunes mariés), jeune femme brune à la taille frêle. C'est pour elle sa « première réunion » et elle a à cœur de se montrer à la hauteur. Et le fait est qu'après nous avoir tôt prévenus qu'elle « n'entend rien aux livres », elle compense ce qui doit lui paraître rédhibitoire par la qualité de la restauration qu'elle nous offre tant en quantité qu'en qualité : thé, biscuits, fromages figurent sur les tables. Et il y a là de quoi tenir vaillamment une bonne partie de la nuit, ce qui fut, puisque derechef je rentrai vers les quatre heures du matin. Pourtant il y eut une ombre au tableau. Je découvris à cette occasion que le « gang » était en train de se dissoudre et de péricliter. J'en fus dans un premier temps étonné, car les conversations avaient été vives et les réparties nombreuses. Mais je dois à la réflexion de me rendre à l'évidence. La qualité des échanges laissait à désirer. Et cette constatation se double d'un sentiment de consternation vite réprimé. Je n'ose penser que mon départ pour Providence a amené cette conclusion. Je tente de me rassurer en pensant que rien n'est immortel — hormis les dieux pour ceux qui y croient.

Dans l'après-midi, j'aide Sonia à rapatrier à sa boutique les cartons à chapeau qu'elle a commandées. Quoi de plus contraignant que ces emballages, légers mais encombrants ? Un taxi nous est nécessaire, qui, devant l'ampleur du phénomène, envisage au mieux le chargement avant de bouger : cartons à chapeau sur la banquette arrière, sur la galerie (dument arrimés !), Sonia et moi devant à côté du chauffeur. Inconfortable mais à la guerre comme à la guerre ! Les quidams qui nous ont vus passer ont dû penser ce jour-là à une séquence de tournage d'un film comique.

Le lendemain, je suis chez les Long vers onze heures et m'apprête à savourer un repas de fête, dont Mrs Long a le secret, pour l'anniversaire de son fils. En fait le repas, quoique correct, est expédié car l'essentiel est ailleurs. Ses parents offrent à Frank (et à moi-même) une promenade sur l'Hudson River et sur le lac Mahopac. En tout début d'après-midi nous prenons donc le *ferry* pour, laissant Yonkers à bâbord, remonter l'Hudson jusqu'à Keekskill (comté de Westchester) où nous sommes accueillis par un curieux immeuble d'angle en briques rouges à un étage, la curiosité consistant en une tourelle accrochée à son angle, édifice en brique blanches faïencées, surmonté d'un toit d'ardoise bulbeux. De là un bus nous amène au bord du lac Mahopac, où nous embarquons à nouveau pour une belle balade sur l'eau. Calme de l'eau sur lequel semble glisser notre embarcation, un sloop étincelant tant brillent ses cuivres, calme et beauté des luxueuses demeures résidentielles édifies sur la colline, verdures ici et là, un peu partout, terrasses, piscines intérieures entrevues à travers des bocages, etc. , le tout sous un soleil printanier. Promenade idyllique loin de New York aux gratte-ciel resserrés et aux immeubles entassés et parfois sans âme.

C'est le 28 qu'a lieu l'inauguration de la nouvelle boutique de Sonia. Nous y sommes assez tôt le matin pour préparer l'événement ; alors que, rideau fermé, je dispose sur une table ce qui ressemble fort à un buffet, Sonia ressort pour aller chercher chez un fleuriste voisin trois bouquets de grosses marguerites qu'elle a commandées deux jours auparavant, fleurs qu'elle a choisies en raison de leur prix avantageux. Elle dispose l'un des bouquets dans un vase pansu dont la faïence bleu outremer fait ressortir l'éclat des fleurs blanches et dispose les fleurs des deux autres bouquets, après les avoir défait, dans des endroits choisis par elle dans la boutique. Peu de personnes ont été invitées par ses soins, ce qui fait que nous sommes peu nombreux mais c'est une réception tout à fait charmante. Et, alors que Sonia offre à tous un visage de contentement, je ne peux m'empêcher — car je la connais bien — de penser que derrière son aménité, elle se pose la question de savoir si cette nouvelle entreprise va porter ses espérances.

Pas rancunier je décide de consacrer une journée à mon ami James Morton. Je prends donc le train de bon matin et en descends à Paterson, que je juge vite sans âme ave ses immeubles de brique rouge et ses rues mal dessinées. Au milieu de ces bâtisses sans intérêt je ne tarde pas, en ayant demandé mon chemin une fois, à trouver le musée devant la façade duquel on a installé une ancienne locomotive à charbon d'une ère révolue, l'ayant ainsi promue au rang de momie industrielle. Mon ami Morton me reçoit chaleureusement, me faisant, après une collation, les honneurs du musée sur lequel il veille, visite au cours de laquelle je suis extrêmement intéressé par les salles de minéralogie du premier étage. Vers dix sept heures nous devisons dans le bureau de mon ami, lorsque sans que je lui demande, il me sert à nouveau l'explication de l'échec de ce que j'avais appelé en son temps la « possibilité ¨Paterson ». En fait lorsqu'il avait pris son poste, les responsables du musée lui avaient laissé entendre qu'ils projetaient son agrandissement, en récupérant une bâtisse voisine, qu'ils auraient fait démolir après le décès de la vieille dame qui l'occupait. Et ils auraient alors eu besoin d'engager un conservateur adjoint. A ce moment-là, Morton aurait fait en sorte que l'on fit appel à moi. Selon les responsables, l'affaire était pratiquement dans le sac, eu égard à l'âge de la dame. Las, le temps passa et, « à l'heure où je vous parle, me dit Morton, elle est toujours là ! »

Bien que rentré tard le soir, je me lève tôt le lendemain matin pour accompagner Sonia à Bryn Mwar, la zone de Yonkers où nous avions acquis des terrains quatre ans auparavant. Le soleil est de la partie. Pourquoi Sonia a-t-elle tenu à fouler derechef le sol de cet endroit ? Je pense qu'elle veut inconsciemment se replonger dans cette époque de notre vie où nous étions encore en position d'avancer. Ce fut la première fois (et la seule, pour autant que je me souvienne) qu'elle eut cette attitude passéiste. Nous marchons, silencieux, sur ces terrains, entre des maisons dans la construction n'est pas encore, ou tout juste, achevée. Sonia accumule au fur et à mesure de nos pas, ce qui forme à la fin un gros bouquet de fleur des champs, qu'elle tient, durant notre trajet de retour, contre elle comme un souvenir pourtant fugace d'une période révolue.

Les Long me fournissent l'opportunité d'une nouvelle excursion. Nous reprenons le même *ferry* qui nous avait amené à Keepskill mais il nous laisse un peu plus au nord sur l'autre rive de l'Hudson d'où, là encore, nous prenons un bus touristique qui nous amène à West Point où nous devons visiter la célèbre Académie militaire, tout au moins ceux des bâtiments auxquels on voudra bien nous donner accès. Avant d'y arriver, nous nous arrêtons devant la statue du grand George Washington, « première statue équestre érigée aux Etats-Unis en 1856 » (*dixit* notre guide). Installé en hauteur sur son socle de pierre, le général lève vers l'avant un bras dont le mouvement est prolongé par un index tendu dont la signification ne prête guère à confusion: en avant ! J'apprécie particulièrement le vert patiné du bronze qui se détache sur les feuillages des arbres en arrière-plan du monument.

A West Point, une grande surprise nous attend. Je ne sais si c'est prévu pour les visiteurs ou si nous sommes les spectateurs privilégiés de l'événement. Toujours est-il que nous sommes les témoins d'une saisissante parade militaire. Et je dois avouer que, même si les marches au pas cadencé n'ont jamais été — et ne sont toujours pas — parmi mes préférées, la rutilance des uniformes et l'harmonie maîtrisée des déplacements m'impressionnent.

Au début du mois de mai, Sonia tire un premier bilan de l'exploitation de son commerce. C'est, dit-elle, « encourageant », formule quelque peu laconique à mon goût. Je le lui dis et dois reconnaître mon erreur de jugement, car ce n'est pas après quinze jours de fonctionnement qu'on peut tirer un bilan définitif.

Le 24 mai, je me lève de très bonne heure. J'ai décidé (cela faisait longtemps qu'il m'avait invité) de rendre visite à l'écrivain et journaliste, d'origine hollandaise, Wilfred Blanch Talman. Il était encore au collège lorsqu'il était, par l'intermédiaire de l'UAPA, entré en correspondance avec moi.

Je l'avais très brièvement rencontré, pour la première fois, en 1925, à mon domicile, lors d'une réunion du Kalem Club. Il avait été étudiant à l'université Columbia de New York. au cours des deux années précédentes, à l'Université Brown à Providence. Et, de retour dans cette ville, j'avais eu de fréquents contacts avec lui et l'avais même assisté dans ses recherches d'héraldisme et de généalogie. Il est pour l'heure reporter dans un journal de Brooklyn.

Je prends donc l'un des premiers métros, puis un ferry pour traverser l'Hudson afin de débarquer à Hoboken, qui fait face à Manhattan, à West Village et à Chelsea. Talman, qui me l'avait promis, m'attend au débarcadère. En tenue sport — pantalon clair et sportswear — il est là, devant les bateaux de plaisance amarrés, l'Américain typique des *Vogue* et autres *Vanity Fair*.

Nous faisons, à pied, le tout d'Hoboken, où il n'y a, de son propre aveu, rien de bien passionnant à voir. C'est donc une promenade de santé qui nous mène jusqu'à Castle Point, grand parc verdoyant qui borde l'Hudson et d'où on a une vue épatante sur Manhattan, et au milieu duquel trône le Stevens Castle et ses quarante chambres, reconverti en bâtiment administratif.

Wilfred m'amène chez lui dans une propriété, à l'extérieur de la ville, que, me dit-il, son père a édifiée en 1905. En chemin, je m'absorbe dans la vision de la campagne lorsqu'il me demande à brûle-pourpoint :
—   Savez-vous que ce fut à Hoboken qu'eut lieu en 1846 le premier match de base-ball ?

Alors que j'avoue mon ignorance, il me précise qu'en fait, il semble que ce soit faux, mais que, par on ne sait quelle convention, le fait a été dument entériné. Etonnant !

Le repas est convivial, dans la grande salle à manger dont le décor est visiblement inspiré par cette ère post-victorienne que j'abhorre. Je n'en laisse toutefois rien paraître. D'ailleurs Wilfred Talman connait parfaitement mon opinion sur la question. Et je me dois de dire que le propriétaire du lieu qui y a au fil du temps ajouté sa touche personnelle en matière de décoration, a ainsi contribué à atténuer l'effet néfaste que j'aurais dû ressentir à la vue des pâtisseries rococo disséminées çà et là dans la pièce. Nous parlons incidemment des travaux de révision en général. Wilfred croit bon à ce sujet de me rappeler l'aide que je lui ai apportée deux ans auparavant en révisant sa nouvelle *Deux bouteilles noires*, qui est parue dans *Weird Tales* l'année passée. Et mon hôte d'évoquer l'*ex-libris* qu'il m'avait confectionné pour me remercier (et qui représente la porte entrouverte d'une vieille maison de Providence). Souvenirs, souvenirs... Wilfred me ramène en voiture — un cabriolet beige — à Nyack, sur les bords de l'Hudson, que je me promets de revenir visiter ultérieurement, car le bourg semble recéler des choses intéressantes. J'attrape là un *ferry* pour Tarrytown, sur la rive ouest du fleuve où je m'avise de prendre un bus en partance pour le bourg proche de Sleepy Hollow où j'ai le temps de faire le tour de l'église de 1685, puis je reviens à pied à Tarrytown avec l'intention de visiter la propriété de Washington Irving, mais un gardien plutôt cerbère me stoppe net à la grille d'entrée avec un « *absolutely private* » qui ne souffre aucune discussion. Je regagne donc la rive où, dans la douceur de fin de journée, un *ferry* me ramène à New York où j'arrive au crépuscule.

C'est à cette époque que je rencontre Zealia Brown Reed, qui m'avait contactée par l'intermédiaire de Samuel Loveman, environ un an auparavant, pour des travaux de révision. Si je ne l'ai pas évoquée plus tôt, c'est que la donzelle n'avait pour moi rien d'attractif. J'avais trouvé le premier texte qu'elle m'avait soumis interminable, nunuche et niais, texte d'une femme qui avait délibérément laissé son imagination derrière elle. Ayant besoin d'argent et par amitié pour Loveman, je m'étais embarqué dans ce *job* au cours duquel j'avais beaucoup souffert. Par charité chrétienne, je me rappelai ce que je lui avais alors écrit pour qu'elle puisse au moins tenter de sauver ses prestations littéraires, à savoir, selon moi, les cinq problèmes de l'écrivain :

1.   Saisir les faits de l'existence.
2.   Penser franc et dire la vérité.
3.   Evincer l'émotion larmoyante et extravagante.
4.   Cultiver l'oreille pour un langage fort, direct, harmonieux, simple et vivant.
5.   Ecrire ce qu'on voit et sent réellement.

La dame m'avait alors remercié pour mes conseils avisés, mais il ne me fallut guère de temps pour m'apercevoir qu'elle n'en n'avait pas tiré grand-chose, même si sa *Malédiction de Yig* m'avait apporté quelques satisfactions, encore que je dus réviser le texte aux trois quarts.

Qui plus est, Miss Reed paye avec retard. Pour cette *Malédiction*, je lui avais demandé dix sept dollars cinquante (alors qu'elle m'en devait déjà vingt cinq pour des travaux antérieurs) quand la dame le céda à *Weird Tales* contre 45 dollars… Pourtant, en dépit de ces reproches récurrents, que je passai sous silence dans notre correspondance soutenue, Miss Reed m'était apparue peu à peu comme une personne à laquelle je pouvais me dévoiler et je m'interroge aujourd'hui : peut-être me suis-je trop exposé ? S'en tenir à un tutorat littéraire eût peut-être été préférable.

Toujours est-il que, de passage à New York, Miss Reed manifeste le souhait de me rencontrer, aspiration on ne peut plus normale à laquelle je souscris. Arrivant de Cleveland, elle est en transit à New York et m'a donné rendez-vous à Grand Central. « Vous me reconnaîtrez facilement : je suis rousse » avait-elle écrit. Certes ! N'ayant toutefois pas l'intention d'arpenter toute la gare à sa recherche, je lui avais précisé en retour que je l'attendrai « devant le kiosque à journaux, à droite de l'entrée principale », qui avait été mon point de ralliement avec Samuel et Sonia la première fois que j'avais foulé le sol new-yorkais.

Elle vient à ma rencontre en droite ligne, semblant venir du diable vauvert, dans le flot des voyageurs qui se dirigent vers la sortie. Pour être rousse, elle l'est, le visage piqueté de taches de rousseur. Sa robe en crêpe de Chine bleu marine, au décolleté en V, mets son teint en valeur et ses boucles d'oreilles serties d'une discrète émeraude complètent harmo-nieusement le tout. Nous prenons une consommation au buffet tout proche. Et si je n'ai pas gardé un souvenir impérissable de notre conver-sation, je me rappelle néanmoins qu'elle fut cordiale. Une heure après midi, après m'avoir remercié d'avoir accepté de la rencontrer, elle repart, se fondant dans la foule comme elle est venue.

J'avais alors prévu plusieurs visites de sites ; je pus en accomplir certaines mais, comme souvent, l'imprévu se chargea de modifier mes plans. Je commençai par des promenades solitaires.

Le Queens me voit déambuler dans deux de ses bourgs : Astoria, prénommé à sa fondation Hallett, du nom du premier propriétaire foncier qui s'y installa, où j'admire le grandiose pont suspendu de Triborough & Manhattan, puis Helmhurst (Middleburgh à sa création en 1662, le bourg ayant changé de nom en 1896). Puis en compagnie de Sonia, je « fais » un autre jour plusieurs villes de Staten Island. Il en sera de même quelques jours plus tard avec Frank Long.

Mais le lendemain je reçois la visite inattendue de Vrest Orton qui, résidant pourtant dans l'agréable Riverdale du Bronx, m'avoue tout de go qu'il exècre de plus en plus New York, au point d'envisager sérieusement de déménager dans une ferme, près de Brattleboro, qu'il vient d'acquérir. Orton insiste pour que je vienne avec lui. J'ai quant à moi prévu de me rendre à West Shokan pour voir mon ami Austin Dwyer (que j'avais connu par James F. Morton), puis de là de gagner peut-être pour quelques jours Washington ou Philadelphie. Mais comme je me garde bien d'exposer à Vrest ce projet, ce dernier n'a guère de peine à me convaincre de l'accompagner. En route pour le Vermont. Va pour Brattleboro, à environ cent cinquante kilomètres, Brattleboro dont je n'ai en fin de compte que le temps d'apercevoir, en passant devant, le bâtiment néogothique du Centre municipal. La ferme d'Orton est en bon état, mais n'a que peu d'équipements : pas d'électricité, une unique tuyauterie qui amène l'eau d'une source, etc. Vrest me demande mon avis. Prudent, je lui dis que s'il a envie de s'y installer, il doit bien réfléchir avant de « sauter le pas ». Vrest ayant reçu de moi ce qu'il souhaite certainement en son for intérieur, *i. e.* ma caution morale, nous rentrons nuitamment à nos bercails respectifs.

Il ne faut pas penser que ce séjour new-yorkais, qui semble se prolonger, ne soit constitué que de frivolités. J'ai mes travaux de révision qui m'occupent et je profite de ma proximité citadine avec Frank Long pour élaborer avec lui une tentative de former une équipe. Notre tandem offrirait ses services pour des révisions, des critiques et/ou des conseils d'ordre littéraire. Nous rédigeons une annonce que Frank, prévoyant

— car s'il reçoit des demandes, il me les transmettra après mon retour à Providence — fait publier à son nom dans *Weird Tales*. Je dois à la vérité de dire que la publication de l'annonce, peu de temps avant mon départ, ne porta guère ses fruits.

Après six semaines de vie new-yorkaise, je fais ma valise pour revenir à Providence. J'ai avant mon départ une ultime discussion avec Sonia. Son travail marche bien ; elle a même engagé une aide pour pouvoir faire face à ses commandes. Bien que le ton de notre discussion soit franc et amène, je sens poindre à certains moments dans les propos de mon épouse comme un sentiment de désillusion, voire même d'irritation quand elle a constaté que je passais finalement plus de temps avec mes amis qu'avec elle. Comme aucun reproche ne m'a été clairement adressé au moment des faits, je me crois victime de mes pensées et de mon imagination débordante.

Quatre mois plus tard, Sonia était à Providence pour me proposer de mettre en route une procédure de divorce. J'acceptai.

Extraits de mon *Journal* ayant trait à New York.

Fin mars 1929 :

L'hiver se termine, J'ai alterné travaux et voyages. Je projette en juillet de voyager vers le Sud. Je passerai donc à nouveau à New York.

Vers la mi-avril, je passe, à leur invitation, une semaine chez les Long. J'en profite pour affiner mon programme estival de voyages.

Début juillet. J'ai maintenant ma propre valise (en carton, à quatre vingt dix neuf cents) et passe donc chez Sonia lui rendre celle que je lui avais empruntée. J'ai le temps de l'informer (car je ne me rappelle pas lui avoir écrit) que j'ai déposé cinq mois plus tôt une demande divorce en bonne et due forme).

Je ne dors chez elle qu'une nuit. Dans la nuit du 10 au 11 juillet, je monte dans le train d'une heure trente pour Philadelphie.

Baltimore, Washington, Annapolis, Alexandria, le Mont Vernon, George-town, Falls Church, New Market. Philadelphie... Trois mois de visites jusqu'en Virginie.

A mon retour à New York, je trouve une lettre de ma tante Annie : elle a un lumbago tenace. Je décide de repartir aussitôt pour Providence.

Dernier trimestre de 1929. Je travaille à la révision de la nouvelle de Miss Reed, *Le Tertre*.

Le mois de janvier m'apporte la triste nouvelle du décès d'Everett McNeil survenu un mois auparavant. Ce bon vieux Mac ! Cela remue en moi des tonnes de souvenirs comme, par exemple, l'impression première, nouvelle et fantastiquement merveilleuse que j'ai reçue de la ville de New York avant qu'elle me dégoûte.

Mardi 20 mai 1930. Je suis comme on dit « sur un coup ». Juste avant mon départ pour New York pour deux semaines, j'ai reçu un courrier d'un certain Clifton E. Fadiman, des éditions Simon & Sculster, qui me demande de lui soumettre, pour une éventuelle publication, un roman, forme littéraire que je ne possède pas. Je mets donc dans ma valise quelques nouvelles que je lui soumettrai.

Chez les Long, où j'ai quasiment désormais la chambre d'amis qui m'attend, les retrouvailles sont toujours aussi chaleureuses. Pour les parents de Frank, j'ai l'impression d'être le second fils qu'ils n'ont pas eu.

Frank et moi partons visiter le tout nouveau musée Rœrich, ce peintre russe devenu bouddhiste après avoir vécu plusieurs années au Tibet. Frank Long émets l'avis que ces toiles ne se rattachent en fait à aucun mouvement occidental de l'époque et que s'il faut y trouver une quelconque référence, c'est peut-être celle de l'art folklorique russe. Pour moi, il passe effectivement quelque chose — sans que je puisse dire quoi — dans son traitement de la perspective et de l'atmosphère qui me suggère d'autres dimensions et d'autres espèces étrangères d'êtres — ou au moins, la porte pour y aller.

Deux toiles de Nicholas Rœrich

Devant l'un des tableaux, je ne peux m'empêcher de prendre Frank à témoin : « Ces fantastiques pierres taillées dans des déserts hautement isolés, ces lignes déchiquetées de cimes inquiétantes, presque douées de sensation, et ces curieux édifices cubiques accrochés à des pentes escarpées qui montent doucement vers des sommets aiguisés interdits ! »

Ni Frank ni moi n'avions vu ça auparavant et quand nous voyons le caractère outrancier et ésotérique de ces toiles, nous devenons des fanatiques des œuvres présentées !

Durant ces deux semaines new-yorkaises, il y a, presque en alternance, pourrait-on dire, des visites de musées, parmi lesquels le Metropolitan Museum — on ne le visite pas en un jour tant il est vaste — et des rencontres avec les vieux amis. C'est ainsi qu'un soir, ma route croise celle d'Hart Crane. On parle alors beaucoup de lui. Son recueil *Le Pont* est un succès. L'auteur est moins flamboyant qui me fait me partager entre admiration et compassion. Lorsqu'il commence à parler, son discours est celui d'un alcoolique dans des phases variées — et avec une correcte quantité de whisky, il est capable de boire afin de bien parler en public — mais dès qu'un début de discussion sur la poésie et la philosophie commence, cet aspect sordide de son étrange double personnalité s'évanouit comme une cape, et fait place à un homme d'une grande érudition, intelligent, au goût esthétique profond, qui peut argumenter de façon intéressante et pertinente comme personne. Des plus curieux !

Dimanche 25 mai 1930. Mon enthousiasme pour Clifton Fadiman et sa proposition de publication retombe comme un soufflé quand je m'aperçois enfin que son courrier était en fait une lettre circulaire ronéotypée !

En feuilletant chez Sonia un journal vieux de deux années, je constate qu'il s'est produit en mon absence un événement qui a dû alors marquer les esprits. Le journal, du 19 novembre 1928, affichait alors, pleine page, en une, la sortie, au Colony Theater, du court-métrage d'animation *Steamboat Willie* des studios Disney. Le journal ajoutait que Walt Disney était le premier à avoir bénéficié d'une bande sonore synchronisé dès sa sortie (soit deux airs musicaux chantés par W. Disney *himself* et des bruitages réalisés « avec les moyens du bord dans un garage » !). L'article annonce que lors d'une présentation expérimentale aux familles des membres du studio, le film avait été projeté tandis que l'équipe jouait de l'autre côté d'une vitre.

De retour à Providence, je m'en échapperai pourtant en octobre pour « faire » Québec.

Un autre personnage qui m'écrivit en juin fut Joseph Vernon Shea. J'avais lu un courrier de lui à mon sujet dans un *Weird Tales* de 1926, mais sa timidité l'avait empêché d'entrer en contact direct avec moi jusqu'à ce qu'il m'écrive par l'intermédiaire de *WT.* en me joignent certains de ses écrits. Il avait alors dix-neuf ans et je lui répondis que j'avais apprécié la lecture de certains de ses textes qui apparaissaient extrêmement intéressants, même s'ils avaient la marque des limites habituelles du débutant. J'ajoutai qu'il ne devait pas craindre d'avoir honte d'un premier travail grossier, car chacun a sa période d'expérience et de découverte. Ce fut le prélude d'une amitié et d'une correspondance longue et féconde.

Juillet 1930. *Weird Tales* réédite *Les rats dans les murs*. Je reçois alors un courrier — réexpédié par le rédacteur en chef, puis de Providence — d'un lecteur enthousiaste. Robert E. Howard vient d'entrer dans ma vie d'écrivain avec son univers bien à lui où l'anthropologie, le folklore et la mythologie tiennent une place importante.

Et ce fut vers la fin de l'année que j'entrai en contact avec Henry St-Clair Whitehead, diplômé (licence de philosophie) d'Harvard (promotion de Franklin D. Roosevelt), diacre de l'Eglise Episcopale, puis archidiacre dans les Iles Vierges, et pour l'heure en poste dans un monastère à Dunedin, en Floride. Et avec tout ça, lecteur assidu et écrivain de littérature fantastique. Une nouvelle amitié naquit et grandit rapidement, qui m'amena à collaborer dès le début de 1931 avec lui.

Au retour de mon voyage estival en Floride (Miami, Key West, St-Augustine, Savannah et évidemment Dunedin, où je rencontrai Whitehead qui m'offrit à cette occasion un splendide costume tropical blanc), je séjournai de nouveau à New York.

Samedi 4 juillet 1931. Je suis de nouveau à New York. Le fait que ce soit l'Indépendance Day n'a rien à y voir. J'ai accepté l'hospitalité de Wilfred B. Talman, dans son grand appartement de Flatbush, duquel je m'absenterai pour passer un week-end avec les Long à Asbury Park, dans le New Jersey.

Le 6, c'est la réunion du Kalem (du moins ce qu'il en reste). J'y rencontre Seabury Quinn, un écrivaillon de *Weird Tales*, que je trouve néanmoins raffiné et intelligent, encore que plus homme d'affaires qu'esthète. J'y rencontre aussi Leonard Gaynor, de la Paramount, qui se déclare intéressé par l'adaptation cinématographique de certaines de mes œuvres. Rien ne sera heureusement décidé ce jour-là, car je suis sceptique et donc réticent parce qu'un dialoguiste pourrait transformer l'atmosphère et l'intégrité artistique d'un de mes récits, écrit avec sérieux, en quelque chose d'écœurant. Il y a réellement peu de chances qu'une histoire fantastique, quelle qu'elle soit, vraiment bien ciselée — où beaucoup de choses dépendent de l'ambiance et des détails des descriptions — puisse être transformée sans une réduction irréparable et la perte de tout ce qui lui conférait sa force.

La veille de mon départ pour Providence, je déjeune chez Sam. Nappe rose, roses rouges sur le coin de la table, vaisselle blanche ornée d'un filet gris perle, Sam l'esthète a bien fait les choses. Lui-même est classieusement vêtu d'un pantalon noir et d'une chemise bleu nuit dont il a retroussé les manches. Le repas est celui d'un traiteur mais tout est bien présenté et d'un raffinement impeccable. Même le soleil est de la partie qui, malgré les stores orangés, réussit à arroser de ses rais les livres de la bibliothèque, dont il fait briller les ors de certaines reliures. Au dessert, Wilfred se lève et revient avec un cintre porteur d'un costume gris souris qu'il se propose de m'offrir pour, me dit-il, compenser le vol dont j'ai été autrefois l'objet. Surpris de l'attention, je me lève pour apprécier le présent qu'on veut me faire. Si le tissu est beau — une sorte d'alpaga — je suis tout de même réticent lorsqu'ayant déplié l'ensemble, je juge la coupe trop audacieuse à mon goût. Me revient en mémoire la fois où Sonia m'avait traîné dans un magasin pour me faire acheter un pardessus et un chapeau neufs ; déjà, à l'époque, j'avais protesté contre la facture moderne du lot et refusé de l'acquérir. Face au présent de Wilfred, j'éprouve une réaction identique, mais là je suis face à l'amitié et je dois tenter d'user de subterfuges pour ne pas blesser mon généreux Wilfred. Et c'est un exercice pour lequel — je dois l'avouer — je ne suis pas très doué, d'autant que ses arguments sont pour moi bien difficiles à contrer. Je sens qu'à chacun d'eux je suis obligé de lâcher du lest jusqu'au moment où je dois abandonner. C'en est fait : je repartirai avec le costume gris souris.

Je reçus à l'automne une lettre d'un nouveau correspondant, éclectique dans ses goûts, puisque, m'écrivait-il, cela allait de la collection des pulps au piano en passant par l'élevage de lapins. J'allais avec lui de surprise en surprise, la plus belle sans doute étant de découvrir qu'il n'avait que seize ans lorsqu'il m'avait écrit pour la première fois. C'est que Robert Hayward Barlow était alors quelqu'un d'étonnamment mûr, que je ne tardai pas à définir comme un enfant prodige.

Au cœur de l'hiver, Carl Jacobi, l'écrivain pour pulps, se mit également en contact avec moi.

En mai 1932, je ne voulais que m'arrêter chez les Long, venant de Providence, et repartir le lendemain. Mais Frank me persuade de rester une semaine car à mon retour ce serait difficile eu égard aux travaux de rénovation de l'appartement qui ne vont pas tarder à commencer.

C'est à l'occasion de ce séjour que Loveman, me présente Richard E. Morse, diplômé de l'Amherst College, qui vient de publier *Jardin d'hiver*, un recueil de poésie qui m'a bien plu.

Arrivé le 18, j'en profite donc pour voir un maximum d'amis et ne repars que le 25.

Washington, Roanake, Knoxville, Chattanooga, Memphis, Vicksburg, Natchez La Nouvelle-Orlééns furent mes escales. C'est dans cette dernière ville que je fis la connaissance de l'écrivain Edgar Hoffmann Price.

A mon retour à New York, je ne dors en effet chez les Long qu'une nuit, dans des odeurs de peinture fraîche, J'ai prévu de prendre le train du lendemain soir pour Providence, mais en tout début de matinée je reçois un télégramme m'avisant que ma tante Lillian est au plus mal.

Une autre mauvaise nouvelle me parvint le 25 novembre : Henry St-Clair Whitehead, chez qui j'avais séjourné au printemps 1931, était décédé deux jours auparavant.

Mon cercle d'amis s'agrandit néanmoins. Il y eut au cours de l'été, Ernest E. Edkins, amateur célèbre des années 1890, dont j'admirais depuis la première heure.les travaux.

Il y eut en mars Harry Kern Brobst, infirmier de son état, avec lequel j'étais en contact depuis deux ans. Après qu'il fut entré au Butler Hospital de Providence pour une spécialisation en psychiatrie, je fus enfin à même de le rencontrer. Grande taille, très vif, nous fûmes aussitôt amis.

Néanmoins, le 26 décembre, je retrouvai pour une semaine, une chambre d'amis des Long. J'avais en effet reçu juste avant Noël une invitation de Papa et Mamma Long à venir pour les vacances. Tout en doutant de la probable clémence du temps, de la protection contre le froid que procure cette corvée de zone piétonne souterraine et des tarifs réduits des bus — huit shillings et quatre pence — de cette néfaste région, j'ai décidé d'accepter — tout en réservant le jour de Noël lui-même pour un dîner et un échange de souvenirs avec ma tante dans un coin civilisé de Providence. Je me suis alors vu, le 26 décembre, à 22 heures, grimper dans le bus New Amsterdam de la New-England Transportation Co., alourdi du festin annuel consommé onze heures auparavant.

A l'aube, le bus traverse Fordham, et entre dans New-York par Blomingdale Road, ce qui fait que je descends carrément devant la porte des Long à huit heures trente, sans avoir eu à traverser les miasmes du Manhattan profond. Le gosse est encore au lit, et Pa et Ma font passer le vieux gentleman dans la salle à manger. Quand Frank, mal réveillé, fait enfin ses premiers pas pour le *breakfast* — depuis un an, il s'est laissé pousser les moustaches — il est littéralement cloué sur place en voyant son Grandpa faisant travailler ses méninges sur le *Morning Tribune*. L'effet de surprise passé, nous entamons une série de discussions à bâtons rompus, sur plein de sujets, depuis le bolchevisme jusqu'aux Iroquois, et ce jusqu'à vingt-trois heures trente (*sic*) le 2 janvier. A l'issue de ce marathon, on prend soin de me loger dans une chambre de l'appartement à la nouvelle porte (que j'avais déjà occupée en 1930), aussi je calcule que mes visites pourront se faire commodément.

Le lendemain, je fais une surprise à Samuel Loveman, chez Dauber & Pine, en passant par chez Kirk, puis je visite le Whitney Museum of Art, sur Madison Avenue, où j'admire des toiles glaçantes — pour moi – d'Edward Hopper.

Lorsque j'en sors, j'avise une cabine téléphonique. Je vais tenter de savoir quand arrivera James Morton. C'est ainsi qu'un homme âgé se tient dans une cabine téléphonique, à la hauteur du magasin United Sigar, à l'angle de la 8ᵉ Rue et de la 6ᵉ Avenue, à Manhattan, en train d'appeler Sherwood 2-4820, pour s'entendre dire que le curateur Morton ne sera pas de retour de son travail avant le mardi suivant ! Ainsi le Destin conspire-t-il à garder à part les grandes âmes

J'en profite aussi pour changer de stylo chez Waterman, bien que je n'aie pas jusque là été satisfait du résultat. Impossible pour moi de faire sortir l'encre selon mon inspiration et ma vitesse d'écriture.

Le mercredi, je surprends Wilfred Talman chez lui — 84, Horatio Street, à Greenwich Village — et j'y trouve également Donald Wandrei, originaire de St-Paul (Minnesota), qui lui rend visite, dont j'avais fait la connaissance trois ans auparavant. Il était alors l'un des plus jeunes membres du *gang*. Il avait travaillé durant un an dans le département publicité chez Edward Payson Dutton, à New York — avec une très bonne rémunération eu égard à son âge (vingt et un ans) et à son inex-périence — mais la bassesse dénuée d'imagination du mercantilisme avait tellement affecté ses nerfs qu'écœuré, il avait dû démissionner, et se résoudre à revenir à son domaine naturel de la poésie et de la prose fantastiques, encore que cela ne le nourrisse pas.

Le gosse nous explique avec force gestes, une mèche blonde lui barrant l'œil gauche, qu'il termine un roman commencé en septembre. Cette nuit-là, je rencontre également, pour la première fois, alors que durant des années nous avions presque failli nous rencontrer, l'ami de Frank, l'écrivaillon Neil Moran, qui, à mon humble avis, ne laissera pas une trace impérissable dans le monde des écrivains. Il a néanmoins l'air d'un type très agréable. Quand on discute ainsi que nous le faisons, on ne voit pas passer le temps. Je dois pourtant m'extraire de cette ambiance dans laquelle je baigne corps et âme. J'ai en effet promis de rendre visite à Samuel Loveman dans son nouvel appartement — 17 Middagh Street — où pour la première fois, ses trésors artistiques sont bien exposés. Là, divine surprise, mon généreux hôte me fait présent de deux belles pièces de musée, à savoir une amulette préhistorique, en pierre, du Mexique, et un silex taillé africain, qui avait à l'origine un manche gravé en ivoire ; elles viennent de la collection de Hart Crane, que sa mère, me dit-il, lui a rendues. J'apprends alors de la bouche de Loveman que son ami Hart a décidé d'en finir avec la vie. Et Samuel de m'expliquer : « Crane s'était rendu au Mexique avec une bourse de la fondation Guggenheim pour écrire un long poème sur des thèmes latino-américains. Mais il s'est en fait laissé aller à ses penchants. Et sur le chemin du retour en bateau, il a décidé d'en finir et a sauté par-dessus bord ». Même si j'avais toujours toléré Hart Crane sans que nous devenions vraiment amis, cette fin tragique m'émeut et je mesure la somme de souffrances qu'il a dû accumuler et endurer.

Bleeker store, 1925

Le jeudi, Frank Long, Donald Wandrei et moi allons au Metropolitan Museum, voir l'Apollon grec (de Giovanni di Tomaso) récemment acquis, devant lequel nous nous extasions et sur lequel beaucoup de choses ont déjà été écrites.

Le lendemain, Frank et moi nous chamaillons toute la journée — il y a des jours comme ça — excepté pour la séance de cinéma à laquelle il m'entraîne. Au programme : *L'Atlantide*, d'après le roman éponyme de Pierre Benoît, dans la version de George W. Pabst, avec Brigitte Helm dans les trois versions. Le film a en effet la particularité d'avoir été tourné dans trois versions, allemande, française et anglaise. C'est cette dernière, tout juste honnête à mon sens, que nous voyons.

A ce propos, je dois dire que je suis allé au cinéma, avec néanmoins des bonheurs inégaux, presque chaque soir — renouvelant ainsi mes performances de juin dernier, lorsque j'étais allé au cinéma dans les mêmes conditions.

Dans la nuit, après *L'Atlantide*, il y a une réunion du gang à deux heures trente, à laquelle assistent seulement Wandrei, Loveman et le bon vieux Leeds. Talman et Kirk n'ont pas pu venir, et Kleiner et Orton n'ont pas répondu à notre convocation. Conversations impromptues et animées, au cours desquelles Arthur Leeds me dit avoir un job à Coney Island, d'où il envoie par courrier des cours par correspondance.

Le samedi après-midi, Neil Moran, Donald Wandrei, Frank Long et moi allons au Musée d'Histoire naturelle — Ah ! Ces dinosaures ! On ne s'en lasse pas — et plus tard dans la soirée je franchis le cap du Nouvel An chez Loveman. Atmosphères de fête de rigueur, avec tout ce qui va avec, sous l'œil éclairé de notre hôte en maître de cérémonie.

Le dimanche après-midi je visite, pour la première fois, l'intérieur de la nouvelle Riverside Church, au nord de Manhattan : c'est du gothique ! — et je « fais » avec Frank le musée de Brooklyn— où nous voyons les nouvelles salles hollandaises.

A cette occasion, je fais faire à Frank son premier tour dans le métro de la 8e Avenue — un engin auquel j'avais déjà goûté seul le mardi précédent.

Le dimanche, Frank et moi explorons le tout récent musée d'Art moderne — 11e West, 53e Rue — où nous voyons au dernier étage la délicieuse collection des « primitifs Américains ».

Nous rendons hommage au célèbre tableau de Whistler représentant sa mère (prêté par le Louvre) que Frank, cependant, trouve quelque peu bourgeois, empreint de puritanisme, et somme toute commun. L'après-midi — il est quinze heures trente — nous nous gavons, de façon gargantuesque, de dinde — ma troisième de ces vacances, et la quatrième depuis le début de l'hiver, en comptant *Thanksgiving*.

Là encore des discussions et le cinéma — *Abraham Lincoln,* de David W. Griffith, avec Walter Huston — et en fin de compte nouvelles discussions.

A vingt-trois heures trente, je pars pour le terminal des bus (le retour par la route étant incertain, j'ai décidé d'aller à la source) et j'ai beaucoup de temps à disposer avant le départ du bus à minuit dix.

A mon arrivée, j'ai trouvé trente-deux lettres qui m'attendaient — à côté d'une montagne de périodiques empilés. Après avoir dormi, je me vautrerai dedans. C'est la belle vie !

Une de ces lettres émane de Vrest Orton. Il n'a reçu la convocation à la réunion du « gang » que le lundi et moi je ne reçois sa réponse que maintenant. Il envisage de passer par Providence très bientôt.

Des préoccupations m'accaparèrent l'esprit durant l'hiver 1933, celles de mon divorce. J'en ai déjà fait état au début de cet ouvrage. Il y eut de même les tribulations avec E. Hoffmann Price et nos échanges épistolaires à propos de notre travail en commun sur *A travers les portes de la Clé d'argent.* La progression de nos raisonnements quant au déroulement du récit fur souvent sujette à divergences qu'il nous fallut résoudre dans l'intérêt même du récit.

Le 4 avril, je suis de retour à New York tôt dans la matinée. Je passe la plus grande partie de la journée avec Frank Long et ses parents et vers dix sept heures, je rejoins Vrest Orton qui m'a donné rendez-vous à Grand Central pour m'emmener chez lui à Yonkers où je retrouve son épouse et ses enfants. Dîner simple mais correct dans une idyllique zone rurale dont je m'échapperai plusieurs fois pour aller rendre visite aux amis dans la grande ville. Lors des heures du petit matin qui suivent les réunions du *gang*, Wilfred B. Talman n'est pas le dernier à tenter sa chance pour m'aider. Il peut, assure-t-il, me trouver un emploi dans un journal. Orton lui-même dit qu'il peut quand je le désirerai, m'assurer un job chez un éditeur. Il l'a déjà fait, ajoute-t-il, pour Wandrei, qui travaille maintenant au département publicité chez E.P. Dutton... J'apprécie toutes leurs tentatives de me faire, sous couvert d'un travail, revenir à New York. Mais c'est sans appel : je leur réponds qu'un *job* à New York est un substitut douteux pour un poste tranquille à l'hospice des indigents de Cranston ou à l'asile Dexter !

Mes voyages de 1933 débutèrent en mai : Washington, puis la Virginie, avec Richmond, Williamsburg, Jamestown, Yorktown, Fredericksburg, Falmouth, puis Athol où je fis un court séjour chez Paul W. Cook.

Mais le 14 juin, ma tante fit une chute dans l'escalier du studio dans lequel nous avions, elle et moi, emménagé le 14 juin, le loyer de notre ancien appartement étant devenu trop lourd pour nos maigres budgets. Cela perturba sérieusement mon futur programme. Après son retour de l'hôpital, je dus en effet engager une infirmière à chaque fois que je devais m'absenter. Je réussis toutefois, en août, à être l'invité des Long à Cape Cod avec en prime, un baptême de l'air (mais oui) au-dessus de Buzzard's Bay.

Fin août, j'effectuai mon troisième séjour à Québec .

Le travail n'était pas non plus absent de mes activités, puisque cette année-là je rédigeai, pour le journal d'entreprise de mon ami Wilfred B. Talman *Quelques souvenirs hollandais en Nouvelle-Angleterre.* Ce fut également cette année-là que j'écrivis *Le monstre sur le seuil* et *Le clergyman maudit,* récit issu — encore — d'un rêve. Insatisfait de mon travail, je refusai néanmoins de présenter *Le monstre sur le seuil* qui dormirait dans mon tiroir trois années durant.

Ce fut de même au cours de cette année 1933 que j'entrai en relation épistolaire avec Robert Bloch, de Milwaukee, mais je ne saurai préciser exactement à quelle date.

J'ai passé un bon Noël chez moi, avant d'aller passer minuit dans la putrescente mégalopole, préparant la salle de séjour avec du gui, et j'ai même étonné ma tante en empruntant un chat pour l'occasion !

Et le 26 décembre, je suis derechef, fidèle à leur invitation, chez les Long pour un séjour de deux semaines. Chers hôtes amis que je retrouve toujours avec autant de bonheur.

Je suis bien décidé à y passer du bon temps, en voyant tout le *gang* — Frank Long évidemment, Loveman, Talman, Wandrei, Leeds, Morton, etc. et l'occasion m'est donnée, au fur et à mesure des réunions de rencontrer nombre de gens nouveaux intéressés par l'écriture du fantastique.

Je revois Samuel, seul, après le Nouvel An, pour un dîner en toute simplicité.

Au moment où je m'y attends le moins, Loveman me bouleverse littéralement en me donnant plusieurs objets pour ma collection d'antiquités : une véritable *ushabti* égyptienne (petite statuette funéraire) vieille de cinq mille ans, une idole de pierre maya presque aussi ancienne, et un singe en bois sculpté de l'ile de Bali. Du coup, dopé par mon imagination qui voit déjà ces merveilleux objets installés dans ma modeste vitrine, je me suis arrangé pour visiter la plupart des musées — recherchant au Metropolitan les nouveaux objets assyriens (dont un couple de colossaux taureaux ailés du Layard — ils encadraient les portes d'un palais), les colossales statues de Mars en terre cuite, et les statues grecques, récemment acquises, de la collection Lansdowne — une Amazone et un Diadumène — ce dernier étant une copie de l'original de Molyclète — tous deux magnifiques, bien que considérablement restaurés.

Je rencontre, au cours d'une soirée chez Samuel Loveman, H. C. Kœnig, ingénieur de son état, qui occupe aux Electrical Testing Laboratories un important poste exécutif. Au cours d'une discussion passionnante, il m'explique qu'il a en charge toutes sortes d'étranges appareils destinés à mesurer la sécurité et l'endurance des appareils électriques domestiques — ampoules, câbles, prises, réfrigérateurs, fers à repasser, chauffe-eau, etc., etc. — qui me suggèrent aussitôt des fusées de l'espace, des bathysphèes, des projecteurs atomiques, et toutes sortes d'attentes de scientifiction. L'homme est délicieusement agréable, qui me fait découvrir au détour de la conversation l'écrivain William Hope Hodgson, que je ne connais pas, et qui me promet de me prêter certains de ses livres. Avec Kirk, je rencontre chez lui T. Everett Harré, l'éditeur de l'anthologie *Beware After Dark*. Il vient juste de faire son trou dans la vente de droits au cinéma — mais « avec ses goûts, me dit Kirk d'un air entendu, il aura tout dilapidé avant un an. » Il a un merveilleux chat nommé William, auquel il est, d'une manière touchante, dévoué.

Mais la rencontre qui m'intéresse le plus est celle d'Abraham Merritt, l'homme du *Gouffre de la Lune*. En entendant parler de ma présence à New-York, il s'est arrangé pour me rencontrer, et m'a invité en fin de compte à dîner à son club — le Players, qui occupe l'emplacement de l'ancienne maison d'Edwin Booth à Gramercy Park. Merritt est un homme blond-roux, costaud, à l'œil de velours d'environ quarante ou quarante cinq ans — extrêmement agréable et aimable, et c'est un causeur bien informé et brillant sur tous les sujets. C'est le co-éditeur d'*American Weekly,* de Hearts, mais son centre d'intérêt principal est l'écriture du fantastique. Il semble connaître depuis longtemps mon travail et avoir une très bonne opinion de moi et reconnaît avec moi que la nouvelle originale *Le gouffre de la Lune,* dans *All-Story*, est son meilleur travail. Il me dit qu'il travaille actuellement sur une suite de *Brûle, sorcière, brûle,* (que je n'ai pas lu, mais il me dit qu'il me l'enverra), dont le cadre est la fabuleuse cité engloutie d'Ys, au large des côtes de Bretagne. « Ça parlera de la légende peu connue, en fait, de la magie de l'ombre » lâche-t-il, son verre de Bordeaux à la main. Il ajoute qu'il se sent beaucoup d'affinités avec les enthousiastes mystiques, et, cerise sur le gâteau pour moi, qu'il est un ami proche de Nicolas Rœrich, le peintre russe dont j'admire les paysages fantastiques tibétains.

J'ai été extrêmement heureux de rencontrer Merritt en personne, parce que j'admire son travail depuis quinze ans. Il a en matière de littérature certains défauts — dus à la satisfaction d'un public populaire — mais pour autant c'est le plus poignant et le plus original auteur fantastique des pulps. Il possède l'étrange pouvoir de créer une atmosphère et d'envahir une région d'une aura de rêve invraisemblable.

Un des derniers que je rencontre est Howard Wandrei, le jeune frère de Donald, un artiste du fantastique d'une habileté et d'un génie étonnant. Certaines des ébauches démoniaques qu'il me montre m'époustouflent littéralement par leur potentiel d'inspiration et leur maîtrise technique. Ce gosse est à mon avis parti pour aller plus loin dans son art qu'aucun de nous — ce peut être l'affaire de quelques années avant qu'il ne soit largement reconnu comme une pointure dans son domaine.

Au tout début du printemps 1934, le petit Robert H. Barlow m'écrivit une annonce capitale. Il m'invitait, au nom de ses parents, dans leur résidence de Floride, « pour le temps que je voudrai ». Bien que ce ne fût pas l'envie qui m'en manquât, j'hésitai. Pourrai-je disposer de la somme souhaitée pour parcourir la mythique Floride ? Vers le 10 avril, je sus que je pouvais concrétiser l'aventure. Je passerai une semaine chez les Long avant de rejoindre De Land.

Vendredi 20 avril 1934. Séjour habituel à New York. Visite aux amis. Deux séances de cinéma auxquelles me traîne littéralement Frank : *Sérénade à trois*, d'Ernst Lubitsch, d'après la pièce éponyme de Noël Coward, où je m'ennuie ferme avec les tribulations platoniques d'une femme avec deux hommes, dans un train ! Et *La patrouille perdue*, de John Ford, qui me surprend agréablement par son action sise en Mésopotamie, par son traitement fantastique et par Boris Karloff, qui a momentanément troqué là ses personnages terrifiants.

Après être resté deux mois à De Land en tant qu'hôte des Barlow, je suis revenu à New York par St-Augustine, Charleston, Richmond Fredericksburg, Washington et Philadelphie. Arrivé à New York le 9 juillet, je fus de suite happé par les Long pour un week-end à Asbury Park et à Ocean Grove. Puis retour à Providence où je trouvai en souffrance vingt-neuf lettres de correspondants !

Cela me prit plusieurs jours pour y répondre, puis j'alternai en automne les promenades et mon travail d'écriture. Période casanière au cours de laquelle j'eus à souffrir, en septembre, de la mort de Sam Perkins, mon bien-aimé petit chat, et de maux intestinaux tenaces. J'en suis encore à me demander quel sacrée gentil truc j'avais avalé. Je n'ai pratiquement pas lu ni écrit aux pires moments de ces troubles où j'étais tout simplement dépassé et plus dans le coup.

Quand on a en tête de bons souvenirs, on fait en sorte qu'ils se renou-
vellent. La période de Noël 1934-1935 n'échappe pas à la règle. J'ai
quitté Providence très tard dans la soirée du 30 décembre (horrible trajet
à pied, à cause du froid, pour gagner la gare) et après la nuit de
somnolence que je vous laisse imaginer, j'arrive à Pensylvania Station
à 7 heures. Comme je ne peux décemment pas débarquer chez les Long
à une heure aussi matinale, je m'accorde un café (le serveur derrière
son comptoir, m'observe, surpris de voir que je fais glisser plusieurs
morceaux de sucre dans ma tasse). La neige qui tombe sur New York,
se transforme, comme dans toutes les villes du monde où elle sévit, en
une bouille immonde qui colle aux chaussures et aux bas de pantalons.
Plaisirs des retrouvailles habituelles chez les Long, où on me déleste
rapidement de mes chaussures que je troque contre de douillettes
pantoufles. Surprise : Frank Long m'annonce que Robert H. Barlow,
l'homme de De Land, est à New York et passera dans le courant de
l'après-midi.

Il est également présent, avec les autres, à la réunion du *gang* du
lendemain : record absolu avec quinze participants ! Pour me ménager
car on sait que le froid n'est pas mon ami, la réunion se fait à domicile,
chez les Long, apparemment ravis d'avoir eu à organiser le buffet et à
pousser un peu les meubles. Depuis le fauteuil d'angle où je suis assis,
j'observe les parents de Frank, sa mère, volubile, mais néanmoins
attentive à tout, son père, plus réservé. Je sais par Frank que ses parents
ne sont pas des amateurs éclairés en matière de littérature, mais ils suivent
néanmoins avec intérêt et amour les travaux de leur fils. J'aurai moi
aussi apprécié que mes parents eussent été témoins de ma réussite. Il y
a bien eu Sonia, mais ça a tourné court. Et dans mon cas peut-on, pour
l'heure, parler de réussite ?

Robert Barlow interrompt le fil de mes pensées. Il engage la discussion
pour me demander de lui réviser *Jusqu'aux océans*, dont il me tend le
texte. Je ne peux rien lui refuser et promets donc de le faire.

La soirée se prolonge ; les départs des invités s'échelonnent. Les plus
bavards sont les derniers à partir. Lorsque M. Long ferme la porte d'entrée
pour la dernière fois, il est quatre heures du matin.

Le clan des Long, augmenté de l'hôte inconditionnel que je suis, n'émerge pas avant onze heures de relevée.

Dans l'après-midi je me mets au travail sur le texte de Bobby. Je ne terminerai qu'à trois heures du matin.

6 janvier. Frank me traîne au cinéma où nous voyons *Cléopâtre*, de Cecil Blount de Mille, qui comporte d'excellentes scènes romaines, mais qui est gâché par la cour du Grec Alexandre, à l'architecture et aux costumes égyptiens. C'est comme si le vice-roi britannique en Inde portait un turban hindou !

Le froid, toujours et encore lorsque j'arrive à Providence au matin du 8 janvier.

Cet hiver-là fut d'ailleurs rigoureux qui me contraignit à restreindre de façon drastique mes promenades campagnardes, que je compensai par des lectures accrues (notamment *Le Golem* de Gustav Meyrink que je découvris) et par des conférences auxquelles j'assistai (sur les mosaïques des IXe et Xe siècles récemment découvertes dans l'église Ste-Sophie de Constantinople, sur Benjamin Franklin, Je songeai néanmoins souvent a la Floride et je ne crains pas de dire que plus l'idée de voyager se rapprochait, plus le désir était grand.

Ce fut pourtant le hasard qui fit que je rejoignis, le 5 juin, De Land, où je suis resté jusqu'à la fin du mois d'août, sans m'arrêter à New York autrement que pour rédiger dans l'après-midi, des cartes postales dans Prospect Park, à Brooklyn.

St-Augustine, Charleston, Richmond, Philadelphie furent mes escales lors de mon voyage de retour.

J'arrive à New York le 1er septembre au soir. Une fois n'est pas coutume. Les Long ne rentrant de vacances que le lendemain, je loge chez Donald Wandrei, qui demeure 10e rue, 155 East, à Greenwich Village, dans un appartement qu'il a pris avec son frère. Ce dernier est toutefois absent (parti à St-Paul), de sorte que j'occupe la chambre vacante. Et pour ménager un peu les Long et m'épargner deux transferts successifs de valises, il a été convenu entre toutes les parties concernées que, pour ce séjour de deux semaines, je logerai chez Wandrei et prendrai mes repas chez les Long.

Au cours de ce séjour, visites presque exclusivement consacrées aux amis, à l'exception d'une après-midi passée à la Bibliothèque publique, à la recherche d'éléments dont j'ai besoin pour mon récit *Le défi d'outre-espace*, ce *round-robin* — exercice nouveau pour moi — que j'ai commencé à écrire à Charleston, et qui marque également ma première tentative d'introduction d'entités étrangères (le ver géant, des créatures ressemblant à des mille-pattes).

Le 19, réunion chez les Long. Ils sont venus, ils sont (presque) tous là : Morton, Talman, Kleiner (qu'il me semble ne pas avoir vu depuis une éternité), Loveman, Koenig, Kirk, Leeds, etc. Au risque de me répéter, encore une bonne soirée prolongée passée en compagnie d'amis.

Je fus de retour à Providence le 16 septembre. Comme d'habitude, une montagne de courrier m'attendait que je mis plusieurs jours à résorber avant d'entamer mes pérégrinations automnales : une réinsertion délicieuse dans le décor de la Nouvelle-Angleterre (Nahant, Marblehead, Wilbraham, Cape Cod) en compagnie de mon ami Edward H. Cole, beau-frère de Maurice W. Moe, une visite de New Haven avec ma tante, Boston en compagnie de Samuel Loveman, pour les bouquinistes et les musées. « Et l'écriture ? » me direz-vous. En octobre, je révise, sans rétribution car je pense que cela va l'encourager à écrire, une nouvelle de William Lumley, un de mes correspondants, intitulée *Le journal d'Alonzo Typer*, et le mois suivant, j'écris en douze jours une nouvelle, *Celui qui hantait les Ténèbres*, dont le décor m'est largement inspiré de la vue que j'ai depuis ma table de travail du 66, College Street.

Le 31 décembre, j'arrive chez Frank Belknap pour une semaine de sociabilité avec le vieux *gang*, et je réussirai durant mon séjour à saluer la plupart des vétérans — Morton, Kleiner, Kirk, Loveman, Talman, Leeds, Wandrei, etc., etc., etc.

A deux reprises — une fois avec Frank et une autre avec Frank et Donald Wandrei, nous visitons le nouveau Hayden Planétarium du Musée d'Histoire naturelle, dans Central Park, et trouvons là un mécanisme hautement impressionnant. C'est une construction ronde, à deux étages, avec un dôme. Au rez-de-chaussée, il y a une salle circulaire dont le plafond figure un gigantesque planisphère, qui montre les planètes tournant autour du soleil à leurs vitesses respectives. Au-dessus se trouve une autre salle circulaire dont le toit est le grand dôme, et dont la ligne basse représente l'horizon depuis New-York, vu de Central Park. Au centre de cette grande salle, un curieux projecteur répartit sur le dôme convexe l'image parfaite du ciel — pouvant reproduire les mouvements naturels apparents de la voûte céleste, et dépeindre les cieux selon une heure, une saison, une latitude ou une période précise de l'Histoire. D'autres parties du projecteur peuvent délivrer convenablement des images du soleil, de la lune, des planètes et des flèches et des cercles schématiques dans un but explicatif. L'effet est tout à fait celui de la réalité — comme si on était dehors sous le ciel. Devant l'étonnement manifesté par mes hôtes, je leur offre à chacun un planisphère (à vingt-cinq cents) pour qu'ils puissent s'épargner des erreurs lorsqu'ils citeront des constellations dans leurs écrits !

28ᵉ Rue, Manhattan, 1930

Durant ce séjour, je rencontre également— c'est devenu un fait commun — de nouvelles figures. C'est d'abord mon récent correspondant Donald A. Wolheim, éditeur et écrivain de scientifiction, qui prépare alors la première convention du genre aux Etats-Unis, qui se tiendra à Philadelphie le 22 octobre de cette année.

Deux jours plus tard, je fais fortuitement la connaissance d'Arthur J. Burks, ex-soldat du Corps des Marines, qui a ramené des Caraïbes où il a été en poste des souvenirs de rituels vaudou dont il a fait des récits. J'avais adoré ses *Cloches de l'océan* que *Weird Tales* avait publié en 1927, et le lui dis.

Autre rencontre importante à mes yeux que celle d'Otto O. Binder (moitié d'un team qu'il forme avec son frère Earl), que je félicite pour son texte *Le premier Martien,* paru dans *Amazing Stories* en 1930, et qui m'avoue au cours de notre conversation, avoir été influencé par les récits de scientifiction d'Otis A. Kline.

Autant de rencontres passionnantes qui jalonnent ce séjour d'une semaine, couronné par un coup de maître, auquel je ne m'attendais pas, du jeune Barlow qui, de passage à New York, me présente chez les Long rien moins qu'une réimpression de mes *Chats d'Ulthar*, que j'avais écrit en 1920 et qui parut dans la même année dans *Tryout*.

Le 7 janvier, j'étais de retour à Providence. J'avais mangé mon pain blanc. L'année 1936 ne serait pas des plus glorieuses.

Lundi 20 janvier. Je figure plus ou moins sur la liste des semi-invalides — à la suite d'une maladie récurrente hivernale qui se manifeste par un gonflement des chevilles et des pieds, aggravé d'une combinaison curieusement persistante de problèmes digestifs d'ordre intestinal et de faiblesse générale peut-être liée à l'épidémie de grippe. Et je dois me reposer fréquemment, et c'est l'enfer de devoir demeurer sans rien faire Malgré toutes ces turpitudes, je réussis tout de même à rédiger, avec Kenneth Sterling, *Dans les murs d'Eryx.*

15 mars. Notre maisonnée a été durement frappée par la maladie. Je n'étais pas plutôt remis de ma grippe de janvier que ma tante attrapa à

son tour une forme plus sévère de cette même maladie — de sorte que depuis la mi-février, j'ai été en même temps gouvernante, secrétaire, garçon de courses, majordome et commissionnaire. Des complications ont prolongé la chose, et il parut rapidement acquis que ma tante devrait passer quelque temps à l'hôpital — puis peut-être d'être transférée dans une maison de convalescence, avant de revenir à la maison.

Dès que ma tante eût été hospitalisée et que j'ai donc eu un peu plus de temps libre, j'ai entrepris, à la demande de son auteur, la révision d'un manuel scolaire.

L'arrivée du printemps ramena le calme dans notre foyer.

Pourtant une nouvelle brutale m'atteignit à ce moment-là. Je reçus le déprimant et stupéfiant message m'annonçant que Robert E. Howard s'était suicidé. Cela me parut incroyable. J'espérais alors recevoir un communiqué me disant qu'il y avait eu une erreur ! La maladie pulmonaire de sa mère fut pour lui et son père la source d'une grande tension, mais je n'aurai jamais pensé que cela suffirait à conduire son système nerveux à cette extrémité destructrice. Pour autant que je sache, sa situation financière n'était pas du tout désespérée.

1936 était décidément une année diabolique !

Les visites se succédèrent, à Providence, durant l'été et l'automne : Maurice W. Moe, Robert Barlow, James Morton, ainsi qu'Adolphe de Castro, venu me proposer des travaux de révision que je refusai poliment, me sentant souvent et de manière inexplicable fatigué, à tel point que je crus bon, la mort dans l'âme, de décliner l'offre des Long de venir passer avec eux le Nouvel An.

Notre Noël fut joyeux — avec la dinde au dîner à l'internat de l'autre côté du jardin, avec un sympathique chat qui erra à travers les tables et en fin de compte sauta sur une banquette, sous une fenêtre, pour un somme. Nous avons eu un arbre au salon devant la cheminée — ses branches verdoyantes festonnées en couches épaisses d'une guirlande imitant la meilleure mousse d'Espagne de Floride, et ses contours accentués par une guirlande lumineuse non inélégante. Autour de sa base étaient rangés les modestes cadeaux saturnaliens — pour moi, un grand pouf pour me permettre d'atteindre les étagères en hauteur de ma bibliothèque, et, pour ma tante, un meuble de rangement pour sa lingerie et objets divers, pas différent de mes propres rangements, mais féminin d'esprit et d'aspect

Dimanche 28 février 1937. Suis complètement effondré avec des troubles intestinaux aigus, qui suivent deux mois d'une grippe qui s'éternise. Je ne sais pas dans quelle épreuve longue ou sérieuse je suis plongé, mais le Dr Dustin projette d'appeler mardi un gastro-entérologue. J'éprouve une douleur constante, ne prend que de la nourriture liquide et suis si ballonné par des gaz que je ne peux m'allonger. Je passe tout mon temps sur un fauteuil, calé avec des coussins, et je ne peux lire ou écrire que pendant quelques minutes. Je prends trois médicaments à la fois.

Tout ce que je peux faire est de m'occuper de quelques problèmes cruciaux et de sortir pour de brèves marches l'après-midi lorsqu'il fait encore assez bon. Le courrier attend... Aussi ai-je peur de n'être pas capable de faire grand chose durant une longue période à venir. Aurai-je même la force de terminer ce journal ?

Referai-je même un jour un voyage à New York, non pour la ville dont vous savez désormais ce que j'en pense, mais pour tous les merveilleux moments que j'ai pu y vivre ?

* *
*

La tante d'Howard Phillips Lovecraft, qui vivait avec lui, envoya le 15 mars 1937 à Robert H. Barlow, exécuteur testamentaire d'H. P. Lovecraft, le télégramme suivant :

HOWARD DECEDE CE MATIN STOP RIEN A FAIRE STOP MERCI STOP ANNIE GANWELL.

Jacky FERJAULT

Times Square, 1938

REPERES

Séjour d'avril 1923
Séjour de septembre 1922
Séjour de mars 1924 à avril 1926
Mariage d'HP Lovecraft & de Sonia H. Greene
Séjour de septembre 1926
Séjour d'avril 1928
Séjour de mai 1930
Séjour de juillet 1931
Séjour de mai 1932
Séjour de juin 1932
Séjour de décembre-janvier 1932-1933
S2jour de décembre-janvier 1933-1934
Séjour de juillet 1934
Séjour de décembre-janvier 1934-1935
Séjour de septembre 1935
Séjour de décembre-janvier 1935-1936

Highline metro, West Side, 1930
un cowboy ouvre la voie

DU MÊME AUTEUR **:**

Les garçons, nouvelles, Ed. du Pont-Médicis, Paris, 1997.
Moi, Howard Phillips Lovecraft, biographie romancée, Ed. de l'Œil du Sphinx, Paris, 2004.
Lovecraft & la politique, essai, Ed. de l'Œil du Sphinx, Paris, 2008.
Les chroniques de Salem, Ed. Edilivre, St-Denis, 2013.
Cent auteurs évoqués par Howard Phillips Lovecraft, essai, Ed. de l'Œil du Sphinx, Paris, 2014.
Chroniques africaines, témoignages, Ed. Edilivre, St-Denis, 2014.

En téléchargement (2015) sur Amazon :

Les garçons, nouvelles.
Les crépuscules de Béni-Saf, roman.
Derrière les fenêtres, roman.
Torgon, nouvelle.
La porte d'or, roman
Histoires de week-end, nouvelles.
Etat des lieux, nouvelles.
La libre chronique de l'Hôtel de Bourgogne, pièce en 6 tableaux.

.

POURQUOI ADHERER A L'ODS

En plus de rassembler toute une « faune de l'espace » passionnée de littératures de l'imaginaire, science-fiction, fantastique, fantasy, etc et tant de chercheurs érudits des univers de l'étrange, l'ODS est une association active qui organise ou coordonne de nombreux événements dans les domaines qui nous intéressent.

C'est un fait que l'activité de publication de fanzines qui était son expression principale à ses débuts a dû être transférée vers notre maison d'édition, EODS, faute de lecteurs assidus dans un secteur qui s'est peu à peu reporté vers le web. Certaines revues ont disparu, d'autres sont nées à cette occasion. Force est de nous adapter au potentiel du lectorat d'aujourd'hui, et nous voilà au XXIe siècle !

Toutefois, tout en nous adaptant, nous tenons, à l'ODS, à préserver cette convivialité qui fut toujours la première motivation de notre existence associative. C'est pourquoi nous poursuivons avant tout l'organisation de rencontres, conférences, congrès, dîners thématiques et autres missions scientifiques autour des thèmes qui nous sont chers. Participer à ces nombreuses activités, les organiser ou permettre à certains invités de venir y présenter leurs travaux, voilà aujourd'hui la vocation de l'ODS. Ainsi, tout au long de l'année, vous êtes conviés à nous rejoindre lors de dîners informels, comme celui du Nouvel Eon en janvier, et toutes sortes de rencontres à thèmes intitulées « on the spot », selon le calendrier de la venue d'auteurs en région parisienne, ainsi qu'à des colloques de haute teneur dont ceux organisés à Rennes-le-Château (ARTBS) ou à Paris comme le Congrès Fortéen, les journées Heuvelmans ou Jacques Bergier, etc, mais aussi à nous rendre visite sur les stands des nombreuses conventions auxquels nous participons.

L'organisation de ces événements et la participation de l'association à ceux organisés par d'autres sont aujourd'hui devenus notre activité principale, car c'est ce qui fait vivre notre univers littéraire et préserve ce caractère unique qui nous plaît. Si certains supports de lecture disparaissent petit à petit au profit de medias plus modernes – du fanzine au webzine, des listes de discussions aux réseaux sociaux, etc. – il reste que nous sommes tous attachés aux livres originaux au format papier, non seulement à l'objet que l'on peut aujourd'hui commander en trois clics, mais surtout à ce qui va autour, c'est-à-dire les rencontres, les discussions, le partage et les possibles collaborations qui s'improvisent au gré des initiatives de nos membres les plus passionnés et, bien entendu, au plaisir de lire !

La participation de chacun à cette fourmillante activité littéraire et autour de la littérature se coordonne le plus simplement possible par le moyen de notre association, et c'est la raison d'être de l'ODS. En y adhérant, et surtout en participant par votre présence et votre concours à ces rencontres, ainsi qu'à la naissance et la réalisation de nouveaux projets, vous nous aidez à prolonger la vie de notre multivers littéraire. Bienvenue à tous et merci pour votre présence !

Emmanuel Thibault

LES ÉDITIONS DE L'ŒIL DU SPHINX

SARL au capital de 15.245 €

R.C.S. Paris B 432 025 864 (2000 B11249)

36-42 rue de la Villette
75019 PARIS
Mail ods@oeildusphinx.com
http://www.œildusphinx.com
Tél 09.75.32.33.55
Fax 01.42.01.05.38

DÉCOUVREZ
NOTRE CATALOGUE
SUR :
boutique.oeildusphinx.com

Achevé d'imprimer en 2016

Dépôt légal : octobre 2016

LES ÉDITIONS DE L'ŒIL DU SPHINX
36-42 rue de la Villette
75019 PARIS
FRANCE